돌아보고 또 돌아봐도

돌아보고 또 돌아봐도

초판 1쇄 인쇄 | 2023년 02월 02일
지은이 | 한판암
펴낸이 | 이재욱(필명:이승훈)
펴낸곳 | 도서출판 수필in
주　소 | 서울 영등포구 경인로82길 3-4(문래동1가 39)
　　　　센터플러스빌딩 1004호(우편07371)
전 화 | 02-2612-5552
팩 스 | 02-2688-5568
E-mail | jlee5059@hanmail.net

등록번호　제2021-000164
등록일자　2021년 10월 6일

ISBN　979-11-92835-03-7

돌아보고 또 돌아봐도

한판암 수필집

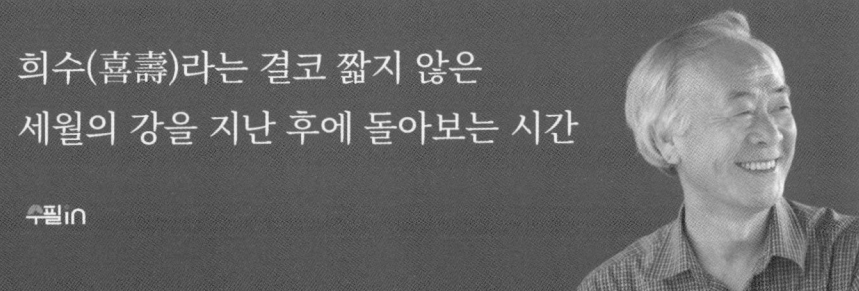

희수(喜壽)라는 결코 짧지 않은
세월의 강을 지난 후에 돌아보는 시간

수필in

서문
70대를 마무리하면서

70대를 마감하는 해이다. 해방둥이로 젊거나 늙은 어느 쪽에서도 차갑게 내치려 해서 미운 오리 새끼같이 어정쩡한 세대인데 생각은 오갈 데 없는 황혼녘 한가운데 서 있다. 적극적인 도전의 결기나 꿈을 이루고픈 당찬 야심을 불태웠던 기억이 아스라한 정황에서 지난 세월이나 삶과 주위를 되새김하면서 자꾸 돌아보게 됨은 어디에 연유할까. 덧없던 지난날 주위들었던 철학이나 윤리, 경험이나 가치관, 부대꼈던 사건과 일, 가족과 연이 닿았던 지인, 세상의 이치와 자연 따위에 자꾸 생각이 미치고 눈길이 머물기 일쑤다.

내년이면 산수(傘壽)에 이른다. 부질없는 얘기지만 그 옛날엔 산수(80세)에 이르면 나라에서 임금이 지팡이를 하사하고 이를 조장(朝杖)이라 했으며 각별한 공경을 표하며 기렸었다. 이뿐 아니라 경로효친 사상을 고취시키기 위해 나라에서 기로소(耆老所)를 설치하고 고희 이상의 충신들에게 기로연(耆老宴)을 베풀기도 했다. 영겁의 세월에 견주면 산수는 찰나에 지나지 않을지 모른다. 하지만 유한한 개인의 일생이라는 측면에서 보면 결코 짧은 세월이 아니다. 여태까지도 하늘의 이치나 자연의 섭리에는 깜깜할 뿐 아니라 사람의 도리도 제대로 깨우치지 못해 아둔한 필부(匹夫)일 뿐이다. 그래서 삶에 기본적으로 요구되는 '너그럽고 어질며 온후하고 덕스럽게'를 뜻하는 "관인후덕(寬仁厚德)"의 품성에 도저히 다다를 수 없으며 까마득하고 아득하다. 게다가 선현들이 일깨워 준 '강이 깊으면 물이 고요하다'라는 "강심수정(江深水靜)"의 경지는 언감생심으로 영원히 넘볼 수 없는 피안의 동경일 따름이다.

　삶을 간추렸던 흔적들이 사방에 널브러진 채 갈무리되던 것을 정리해 갈래짓고 산수의 새해를 맞고 싶었다. 이 같은 소박한 바람을 위해 씨줄과 날줄로 엮어 줄 세우고 무더기 지어 이름 짓기로 했다. 지난 2021년 초부터 2022년 정월까지 써서 컴퓨터에 무질서하게 방치하였던 글 72개를 책으로 묶어내려 한다. 이 글집의 대문에는 "돌아보고 또 돌아보고"라는 문패를 달기로 했고, 모두 6개의 영역으로 나뉘어 '눈물 찔끔거리는 버릇', '물방울이 돌을 뚫을까', '누구를 얼마나 닮았을까', '부당한 통행세 징수', '들국화 예찬', '부엉이 소품' 등으로 명명했다.

  백세시대라도 70대의 끝에 이르렀음은 결코, 짧지 않은 삶을 꾸려온 셈이다. 그런데도 하늘의 천리(天理)나 자연의 이치엔 깜깜하고 사람의 도리마저 어느 하나 제대로 깨우치지 못해 어리보기를 겨우 면한 처지이다. 따라서 세상사에 초연한 채 달관의 경지에서 조감(照鑑)할 재간이 어디에도 없다. 아울러 하찮은 탐욕이나 집착에 갇혀 '이(利)로움을 보면 의(義)로움을 생각'한다는 "견리사의(見利思義)"를 떠올릴만한 인품을 지니지 못해 일희일비(一喜一悲)를 되풀이하는 게 작금의 숨김없는 나의 진면목이다. 이런 처지에서 보고 느끼며 아는 바가 어찌 선현(先賢)의 경지를 따를 수 있을쏜가. 따라서 이번에 펴내는 책이 내게는 소중할지라도 전문가나 독자의 드높은 기준에 견주면 빈 쭉정이가 하도 많아 화조재리(禍棗災梨)를 면키 어려울 게다. 비록 그럴지라도 숨김없는 삶의 증적이며 사고의 범주에서 건져냈던 진솔한 혼이 응축되었기에 또 다른 나의 단면이 틀림없다.

　세월이 지날수록 주위에서 괄호 밖으로 내몰리는 심정이다. 사회적인 참여 기회나 주위의 지인들과 만남이 점점 줄어들고 역할이 축소되는 현실을 받아들이기 어려울 뿐 아니라 마뜩잖고 섭섭하다. 게다가 신종 코로나바이러스 감염증(코로나19)이 기승을 부리며 마스크 착용이 일상화되면서 부쩍 심하게 움츠러들었다. 이런 세월에 존재 이유를 찾으며 글을 쓰는 낙이라도 맘껏 향유하면서 내 얘기를 쉼 없이 조곤조곤 이어갈 참이다. 아름답고 보람된 노년의 희망가를 흥얼대며…….

　　　　　　　　　　　　　　　　계묘(癸卯) 원단(元旦)
　　　　　　　　　　　　　　　　한 판 암

차 례

04　서문│70대를 마무리하면서

Ⅰ.　눈물 찔끔거리는 버릇

16　돌아보고 또 돌아봐도
21　눈물 찔끔거리는 버릇
26　날지도 울지도 않는다
30　노인을 생각한다
35　생이라는 화두
40　허전했던 아내의 생일
44　세월이 간다
48　삶을 생각하다가
53　등산로 옹벽에 새겨진 화두
58　아무거나 경험하려 들지 마소
63　최상의 선은 물과 같다
67　어린 시절의 여름 소환

II. 물방울이 돌을 뚫을까

74 물방울이 돌을 뚫을까
77 임인년을 상징하는 호랑이의 되새김
81 우리말을 혼탁 시킨 일제 그림자
88 족보를 들여다보다가
93 접두사로서 '도읍 도(都)' 자의 특별한 의미
98 십장생도와 만남
102 우리의 사자성어와 조우
108 오도송을 넘겨다보기
115 동양화 건너다보기
121 복숭아에 얽힌 일화
126 되새기는 악어의 눈물
131 위기십결 이야기

III.　누구를 얼마나 닮았을까

137　누구를 얼마나 닮았을까
141　선친 이야기
146　좋아하는 일을 해왔을까
151　메꿀 수 없는 세월의 간극
156　부스터 샷에 즈음하여
160　수선만 떨었던 벌초
165　맏이와 막내의 나이 차이 22살
169　호국의 얼과 흔적을 찾아서
174　누군가에 받았던 용돈에 대한 단상
178　학위복 유감
183　여덟 번째의 등산화
188　정장 유감

Ⅳ.   부당한 통행세 징수

194	부당한 통행세 징수
199	언감생심의 도전에 감동하여
204	까치 까치설날은
211	어벙한 셰프(chef)에 대한 맹목적 신뢰
216	친구들과 만남을 위한 아내의 나들이
221	신경 쓰였던 혈당 수치
225	엄나무 순
229	매실청을 담그며
234	얼결에 담근 마늘장아찌
239	부부의 제주 나들이
243	나그네가 제주에서 마주했던 음식의 편린
248	다시 만난 제주

V. 들국화 예찬

255 들국화 예찬
260 가을이 무르익은 아파트 뜰
264 이름도 폰 번호도 몰라요
269 봄이 오고 있음에도
273 성큼성큼 다가오는 봄
277 여름 등산을 위한 워밍업
282 아닌 밤중에 벌목꾼
287 또다시 겨울의 초입에 서서
291 가파른 비탈의 600개 계단
296 어느 실버타운의 이야기
302 언제 이리도 어엿하게 성장했을까?
306 장맛비가 멎은 사이 잽싸게 등산

VI. 부엉이 소품

312   부엉이 소품
316   김장 모습이 자취를 감췄다
320   지난 다이어리를 들추다가
325   표사(表辭)를 쓸 때
331   책을 펴내는 마음
335   천역의 터널 끝을 기대하며
340   나의 롤 모델 L 박사
344   우리말 겨루기와 J 여사
349   장관을 그리도 하고플까
354   정지용문학관을 다녀와서
360   아흔넷에 책을 펴내시는 열정
364   과거제도 엿보기

숨김없는 삶의 흔적이며 진솔한 혼으로 간직된 나의 단면

Ⅰ. 눈물 찔끔거리는 버릇

돌아보고 또 돌아봐도
눈물 찔끔거리는 버릇
날지도 울지도 않는다
노인을 생각한다
생이라는 화두
허전했던 아내의 생일
세월이 간다
삶을 생각하다가
등산로 옹벽에 새겨진 화두
아무거나 경험하려 들지 마소
최상의 선은 물과 같다
어린 시절의 여름 소환

돌아보고 또 돌아봐도

영원에 견주면 사람의 일생은 촌음이나 찰나에 지나지 않을 게다. 하지만 아무리 장수 운운해도 개인 삶에서 희수(喜壽)는 결코 짧지 않은 세월의 강을 건넌 셈이다. 그런데도 아직 바른 삶을 꿰뚫어 볼 재간이 없고, 넘침과 모자람의 경계를 명확히 가름할 수 없으며, 옳고 그름의 판단 기준이 모호해 끌탕을 치기 일쑤여서 때로는 당혹스럽다. 그래서 모든 걸 홀가분하게 내려놓고 두 어깨에 걸머진 걸망에 단표자(單瓢子)* 하나 달랑 매단 채 죽장망혜(竹杖芒鞋)*의 차림으로 길을 나선 구도자 같은 무애의 삶은 일찌감치 접기로 했다.

사전적인 정의에 따르면 '실현하고 싶은 희망이나 이상' 또는 '실현 가능성이 매우 작거나 전혀 없는 헛된 기대나 생각'을 꿈이라고 하며, '분수에 넘치게 무엇을 탐내거나 누리고자 하는 마음'을 욕심이라고 한다. 이렇게 간단명료하게 정의되는데도 불구하고 치열한 현실에 부대끼다 보면 어디까지가 꿈이고 욕심인지 헷갈려 혼란을 겪는 경우가 숱하다. 이런 우매함 때문일 게다. 무언가의 이해 다툼이나 주고받는 과정에서 부족하다고 여겨 죄다 얻으려고 터무니없는 몽니를 부리다가 되레 큰 손해를 뒤집어쓰고 가슴을 쳤던 적이 꽤나 많다. 이처럼 어리석지 말라고 '족함을 알면 욕되지 아니하고, 멈출 줄 알면 위태롭지 않다'라며 '지족불욕/지지불태(知足不辱/知止不殆)*'라고 일렀나 보다. 이 말은 '부족하다 할 때 손을 뗄 줄 알면 욕을 보지 않고, 멈출 줄 알면 위험을 피한다'라는 뜻일 게다.

무언가를 남보다 더 이루고 얻었거나 가진 이들이 기고만장하여 망나니 같이 행동하는 망종들을 종종 목격한다. 특히 덜떨어진 위인이 벼락감투를 쓰거나 갑자기 부자가 되었을 때 언행이 표변하는 눈꼴사나운 경우가 많다. 그런가 하면 난세나 혼란기에 천지 분간을 제대로 못 하는 얼간이들이 완장을 차고 거들먹거리는 꼬락서니는 상상을 초월한다. 구태여 남의 얘기가 필요할까. 자신에게 조금의 힘이라도 주어졌거나 물질적 얻음을 거뒀을 때 약자를 얼마나 배려했던 가를 돌아보면 될 법하다. 이런 몽매함을 깨우쳐 주기 위해 옛 선조들이 '열흘 붉은 꽃 없다' 해서 화무십일홍(花無十日紅), '십 년을 가는 권세가 없다'라는 뜻의 권불십년(權不十年), '달이 차면 기운다'는 의미의 만월즉후(滿月則虧), '권력은 안개처럼 사라진다' 해서 권서여무(權逝如霧)라고 경고했나 보다.

화자(話者)의 진솔하고 올곧은 말은 진한 감동이나 공감을 불러일으켜 청자(聽者)를 웃기고 울리는 마력을 지녔다. 그런 관계로 단 한마디의 말이 심금을 울려 내 편으로 끌어들이기도 하고 때로는 영원히 척(隻)을 지게 만들기도 한다. 이 같은 맥락에서 '말 한마디에 천 냥 빚을 갚는다'라고 일렀나 보다. 하지만 지나침은 모자람만 못함을 새겨보는 슬기로움이 필요하다. 과하게 자신을 낮추는 겸손은 되레 듣기에 민망하며, 지체가 높거나 윗사람의 아들딸 등을 들먹일 때 낯 뜨겁게 높여 존칭하거나 추켜세우는 비루한 언행 따위는 오히려 예의에 어긋난다. 결국 '지나치게 과도한 공손' 즉 과공(過恭)이 비례(非禮)이듯이 '도에 넘치는 칭찬'인 과찬(過讚) 또한 비례(非禮)이다. 이런저런 경우에 건네기 마련인 말이 함축하는 오묘한 마력을 제대로 꿰뚫어 헤아리는 게 그리 호락호락한 문제가 아니지 싶다.

흔히들 무언가에 불광(不狂) 즉 '미치지 않으면', 절대로 불급(不及) 즉 '미치지(이루지) 못한다'라는 뜻으로 불광불급(不狂不及)이라고 조언한다. 여태까지 살면서 어느 하나에 모두 걸기(all-in)했던 적이 없다. 그런 가치관에서 주위에 견줘 크게 뒤지지 않는 게 성공이고 이룸이라 여기고 어깨동무할 수준에서 머물렀던 지난날이 숨김없는 내 진면목이다. 이제야 돌이켜보니 그런 이유였던가 보다. 크게 이룬 업적도 없을뿐더러 쓰라린 실패도 없었다. 이는 젊음을 송두리째 바쳤던 일터나 현재의 글쓰기에서 내세운 바 없는 장삼이사(張三李四)의 단조로운 삶을 꾸렸다는 증명인 셈이다. 무색무취한 삶을 벗어나라고 선지자들이 '어려서 배우지 않으면 늙어서 아는 바가 없게 되고, 봄에 만약 경작하지 않으면 가을에 바랄 것이 없다'는 의미로 '유이불학/노무소지(幼而不學/老無所知), 춘약불경/추무소망(春若不耕/秋無所望)*'이라고 충고했지 싶다. 하기야 아직도 세상을 보는 눈이 관견(管見)*의 경지를 벗어나지 못한 안방퉁소가 구차하게 무슨 변명을 늘어놓으리오.

나는 군자와 거리가 먼 소인배다. 새해 벽두인 정초에 손주 유진이가 치과에서 턱의 부정교합 교정 시술을 받았다. 의료보험 적용이 되지 않았을 뿐 아니라 시술 비용이 상당했다. 명성이 자자한 명의(名醫)의 시술을 받는다는 뿌듯함에 우쭐해 눈 딱 감고 일시불로 결제했다. 그것으로 입을 닫아야 했는데 이제 중학교 2학년에 진급할 손주에게 시술비 운운하며 매사에 최선을 다하라는 장광설을 퍼부었다. 어디 손주에게만 그랬을까. 주위의 모두에게도 그 같은 무례한 행동을 저질렀으리라. 자고로 왼손이 하는 일을 오른손도 모르게 하라고 일렀거늘 민망한 못난이 짓을 했다. 남우세스러운 행동에 어이가 없어 고개를 절레절레 흔들다가 언뜻 '선한 일을 하더라도 대가를 바라지 않는다'라는 뜻의 '소작복덕/불응탐착(所作福德/不應貪着)'이라는 옛말이 떠올랐다.

태산북두(泰山北斗)를 꿈꿨던 적이 없다. 그런 때문에 젊은 시절 업에서의 제대로 거둔 결실이 하나도 없음을 서러워할 일이 아니다. 게다가 요즘의 글쓰기에서도 주마가편(走馬加鞭)의 단호한 결기가 없이 물러 터졌던 까닭에 천의무봉(天衣無縫)의 결실 또한 부질없는 탐욕이다. 그뿐 아니다. 생의 황혼녘을 지나며 돌아보고 또 돌아봐도 세상 이치나 하늘의 섭리를 제대로 깨우친 게 없다. 언제나 맺고 끊음이 흐리멍덩한 채 좌고우면하며 허송세월하다 백수(白叟)*에 이른 삶이 과연 부끄럽지 않은지 곰곰이 곱씹어 볼 일이다.

* 단표자(單瓢子) : 한 개의 표주박
* 죽장망혜(竹杖芒鞋) : 대지팡이와 짚신이라는 뜻으로 먼길을 떠날 때의 아주 간편한 차림새를 이르는 말
* 노자(老子)의 도덕경(道德經) 제44장의 내용이다.
* 명심보감(明心寶鑑)에 나오는 내용이다.
* 관견(管見) : 가는 붓 대롱으로 하늘을 본다는 의미로 장자(莊子)의 추수편(秋水扁)에서 나오며 '가는 붓 대롱으로 보는 하늘은 좁기만 할 터이다'
* 백수(白叟) : 나이가 들어 늙은 사람

'한여름 밤의 풍경화', 2021 한국수필 창간 50주년 대표작 선집 1,
2021년 11월 5일(2021년 3월 4일 목요일)

눈물 찔끔거리는 버릇

　주책없이 눈시울이 붉어지거나 눈물을 찔끔거리는 버릇이 생겼다. 초등학교 이후 부모님 슬하를 떠나 타향살이를 하면서 외롭고 슬퍼도 청승 떨지 않으려고 스스로 독려했다. 지독한 결기 때문이었던지 젊은 날 특별한 경우가 아니면 눈물을 보이지 않았다. 언제부터이었을까. 슬픈 사연을 듣거나 볼 때, 가슴을 촉촉하게 적시는 애절한 노래, 애달픈 드라마 따위를 대할라치면 평상심을 잃고 눈물을 질질거려 민망한 경우가 흔해졌다. 비슷한 나이 때문일까. 내외가 함께 TV를 시청하다가 그런 지경에 이르렀을 때 어처구니가 없어 휴지를 찾으려면 아내도 마찬가지 상황인 경우가 태반이다. 쑥스러워져 뻘쭘한 마음에 눈길을 피한 채 싱긋 웃음 짓는 것으로 어색해진 사태를 수습한다.

　육 남매 중에 세 번째인 외아들로 태어나 여자 형제들 틈에서 딴에는 외롭게 자랐다. 그에 연유했을까. 초등학교 시절 누군가와 다툼이나 사소한 싸움 뒤에 형이나 동생들이 떼 지어 나서서 편을 들어 옹호해 주던 친구들이 몹시 부럽고 샘이 났다. 그때 여자 형제뿐이기 때문에 도움을 받지 못한다는 견지에서 합리적인 타협이 지고지선(至高至善)이라고 생각했는지도 모른다. 이런 가치관이 지배했던 때문이었을까. 여태까지 누군가와 크게 싸우거나 심하게 다투다가 틀어져 사이가 멀어졌던 적이 별로 없다.

중학교 시절 3년 내내 족대부(族大父) 댁에서 생활했다. 백발에 전형적인 선비풍이었던 족대부가 어려워 집안에서는 늘 언행을 조신하게 했던 때문에 큰소리를 내거나 허튼 행동을 멀리했다. 내 행동거지를 눈여겨 지켜봤던가. 바로 옆집에 살던 우리학교 한문 선생님은 기회가 있을 때마다 덕담을 해주셨다. 중학교에 진학하면서부터 타향을 전전할 때 매일 어둑어둑 땅거미가 내려앉기 시작할 무렵이나 휘영청 밝은 달이 떠오를 때면 왠지 모를 외로움과 막연한 설움에 울컥해지기 일쑤였다. 알량한 자존심이었을까. 그런 난감한 순간에 누군가에게 나약한 속내를 온새미로 들키기 싫어 밖으로 티를 내지 않으려 무진장 애를 썼다. 그렇지만 낯설고 물선 타향을 떠돌면서 적지 않게 진한 가슴앓이를 하면서 아린 아픔을 곱씹었지 싶다.

고등학교는 청주에서 다녔다. 서울에서 대학과 대학원을 마치고 가정을 이루어 신혼생활 중에 두 아이를 얻으며 내 집(강남의 도곡동과 대치동)을 마련하여 둥지를 틀고 15년(1965~1980)

동안 거주했다. 그러다가 뜻하지 않게 일터가 마산으로 정해지면서 가족 모두가 옮겨온 지 41년째(1980~2021)이다. 어린 시절부터 다져진 까닭일까. 고등학교 시절부터 현재에 이르기까지도 가능한 남 앞에서 눈물을 보이는 심약한 모습을 드러내지 않으려는 마음은 여전하다. 그래서 마음을 추스르기 어려울 때면 속으로 아픔을 삭이는 버릇이 습관화되었다. 이런 처사가 너무 버거워 때로는 곧이곧대로 드러내고 실컷 통곡이라도 하고픈 충동이 일지만 용기가 없다.

얼추 35~36년 전의 아픈 상처이다. 그해(1986) 이른 봄 장모님 생신을 챙기겠다고 두 아이와 서울 친정에 갔던 아내가 갑자기 배가 아파 K대학교 혜화동 병원 응급실에 입원해 검사결과 '장폐색'으로 밝혀졌다. 그로 인해 50여 일을 입원해 3회에 걸쳐 개복 수술을 받았던 적이 있다. 그때 어린 두 아들과 마산에서 생활하면서 학교에 나가 강의하고 나서 매주 주말이면 입원했던 아내의 병실을 찾았었다. 내일을 기약하기 어려운 암담한 상황에서 한 번은 12살 위인 손위 동서 집에 찾아가 후련할 때까지 마음껏 울어 재꼈다. 아마도 내 생에서 가장 많이 울었던 것으로 회상된다. 그렇게 했음에도 참으로 모를 일이다. 불효하게도 막상 내 부모님이 별세했을 때는 아픔과 설움을 속으로 삭이며 겉으로 드러내 곡을 피하려 노력했다. 두 분 모두 장례식장을 꺼리던 시절 아파트에서 운명하셔서 이웃에게 폐를 끼치지 않으려는 마음에서 가능한 삼갔다.

올해가 결혼 46년째로서 우리는 서로 달랐다. 나는 을유생(乙酉生)이고 아내는 기축생(己丑生)이다. 내가 컴퓨터공학을 공부했는데 아내는 그림이라서 서로의 전공 분야에 대해 까막눈이다. 나는 걷기 운동을 선호하는데 아내는 수영에 모두걸기하고 있다. 나는 채소를 즐기는 편인데 아내는 육식을 좋아한다. 아내는 이지적이며 끈질긴 성격이지만 나는 충동적이고 급하게 설치는 편이다. 이처럼 우리는 각론의 관점에서 상당한 차이가 있음을 인정하지 않을 수 없다. 배움이나 취향이 사뭇 다른 둘이 가정을 꾸리며 지난 세월 다소 덜컹대거나 삐걱거렸을지라도 커다란 흠이나 무리하지 않는 이인삼각 행보를 하고 있지 싶다.

부부는 서로 닮아가게 마련이던가. 어느 때부터인지 모르지만 사회적인 견해나 가치관에서 결을 같이하는 취향이나 성격으로 바뀌었다. 즐겨 찾는 음식이 비슷해지고 좋아하는 노래의 장르가 일치하기도 했다. 그런가 하면 TV에서 방영되는 드라마나 예능 프로그램 성향까지 서로 엇비슷해져 이제는 리모컨(remote controller) 쟁탈전이 필요 없다. 언제부터였을까. 애절한 노랫가락이나 드라마의 애절한 장면을 비롯하여 구구절절한 다큐멘터리를 시청할 때 누가 먼저랄 것 없이 눈물을 짓는 버릇까지 판박이처럼 빼닮아 가고 있다. 가정을 꾸린 이후 여태까지 애오라지 한곳을 지향하며 걸어온 이인삼각의 여정에서 당연한 귀결일까 아니면 세월이 지나며 나약해진 영혼끼리 이어진 이심전심의 공명(共鳴)이런가. 오늘 아침 꽃등부터 내외가 "엄마의 봄날"이라는 프로그램의 주인공인 할머니의 활처럼 굽은 허리와 다리가 아파 어기적거리며 힘든 농사일을 하는 모습을 보면서 안쓰러워 혀를 끌끌 차며 진하게 가슴앓이를 했다. 이처럼 세월이 흐르면서 시나브로 생각의 결을 서로 닮아가는 우리는 황혼녘에 접어든 지금 고희의 강을 건너서 산수(傘壽)를 향해 휘적휘적 다가가는 생의 동반자이다.

문학공간, 2021년 11월호(통권 384호), 2021년 11월 1일
(2021년 9월 26일 일요일)

날지도 울지도 않는다

　불비불명(不飛不鳴)을 곧이곧대로 해석하면 '날지도 않고 울지도 않는다'라는 뜻이다. 이 말은 고대 중국의 초(楚)나라 장왕(莊王)의 고사에서 유래했다. 주인공인 장왕은 부왕인 목왕(穆王)의 급서(急逝)로 어린 나이에 왕위에 올랐다. 왕위를 승계하면서 홍수와 기근을 비롯해 반란 등을 겪으며 어려움이 닥쳤지만 다행히도 위기를 잘 극복했다. 그렇지만 어찌 된 일인지 국사를 비롯해 조회 등을 외면한 채 주야장천 가무음곡(歌舞音曲)에 푹 빠져 나라꼴이 엉망이었고 국력은 눈에 띄게 약화되었다. 집무실 앞에 '감히 간(諫)하는 사람은 죽임을 당하리라'는 "감간자사(敢諫者死)"라는 섬뜩한 경고 패찰까지 게시하는 괴이한 행동까지 거리낌 없이 했다.

　군왕이 성군이기를 포기한 상태에서 3년이 지나면서 뜻있는 대신들이 국사에 최선을 다하시라고 충언을 거듭했다. 온갖 수단을 동원해 봤어도 나랏일에는 전혀 관심이 없는 왕의 마음을 돌릴 길이 없어 모두가 입을 꼭 다물고 다소곳이 눈치를 볼밖에 속수무책으로 끙끙 앓았다. 혼란기를 호기라고 판단한 모리배와 간신들이 사리사욕에 눈이 어두워 국정을 농단하는 폐해가 도처에서 숱하게 횡행했다.

이에 대해 여씨춘추(呂氏春秋)의 중언편(重言篇)에 다음과 같이 전해지고 있다. 나라가 돌아가는 꼴을 예사롭지 않다고 걱정해 오던 오거(伍擧)가 어전에서 이런 질문을 화두처럼 툭 던졌다. "남쪽 언덕 위에 새 한 마리가 3년 동안 날지도 울지도 않습니다. 그 새는 어떤 새입니까?(有鳥 止於南方之阜 不飛不鳴 是何鳥也)" 이에 대한 왕의 대답이었다. "3년 동안 날지 않았기 때문에 날았다 하면 하늘을 찌를 것이고, 3년 동안 울지 않았기 때문에 울었다 하면 사람을 놀라게 할 것이라고 이르며, 경의 뜻을 익히 알고 있으니 물러가시오"라고 했다. 그 후 여러 달이 지나도 도통 변할 기미가 보이지 않았다. 이에 분기탱천했던 충신 소종(蘇從)이 죽기를 각오하고 다시 직간(直諫)했다. 그러자 진노한 왕이 밖에 "감간자사(敢諫者死)"라는 팻말이 보이지 않더냐며 힐책했다. 이에 굴하지 않고 소종은 "이 한 몸 죽어 성상을 깨우치는 것이 신의 바람입니다"라고 되받았다.

계속되는 충신들의 충정 어린 언행에 때가 되었다고 판단했다. 그에 대오각성한 왕이 육참골단(肉斬骨斷)의 비상한 각오를 하고 일어서 지난 몇 해 동안 주도면밀하게 낱낱이 파악해 두었던 간신 무리를 암 덩어리를 들어내듯이 일거에 척결했다. 아울러 오거와 소종 같은 충신들에게 나랏일의 실권을 과감하게 위임해 크게 성공을 거둠으로써 춘추오패(春秋五霸)* 중에 한 사람이 되었다.

사기(史記)의 골계열전(滑稽列傳)에서 순우곤(淳于髡)이 했던 얘기에도 이 내용이 똑같이 나온다. 여기서 왕은 제나라 위왕(威王)이다. 위왕 역시 밤낮을 가리지 않고 술과 음악과 여자에 푹 빠져 3년을 지냈지만, 어느 신하도 감히 직언하지 못했다. 이때 순우곤이 위왕에게 '3년 동안 날지도 않고 울지도 않는 새' 즉 불비불명(不蜚不鳴)의 새가 무슨 새인지 여쭸다. 이에 위왕은 '한 번 날면 하늘에 오르며, 한 번 울면 사람을 놀라게 할 것'이라고 답했다. 그렇게 대답하는 순간 문득 순우곤의 참뜻을 깨달으면서 마침내 간신들을 척결하고 국정을 바로 이끌어 혁혁한 치적을 이루었던 것으로 전해진다. 사기에는 여씨춘추와 달리 "삼년불비 우불명(三年不蜚 又不鳴)"으로 표기되었다는 전언이다.

외형적으로는 부왕의 급서(急逝)로 얼결에 왕위를 승계한 어린 장왕은 모자란 척, 주색잡기에 빠진 척하며 허송세월하는 바보처럼 비쳤으리라. 노회(老獪)한 대신들 틈바구니에서 어린 왕이 살아남으려는 지혜이자 생존 전략이었을 게다. 일부러 어벙하게 행동하는 과정에서 간신과 충신을 정확히 파악하며 힘을 길러 훗날 기회를 포착했을 때 자신의 꿈을 도모하기 위한 현명한 처신이었다고 생각된다. 이런 맥락에서 불비불명은 '큰일을 도모하기 위해 오랫동안 조용히 때를 기다린다'라는 뜻으로 받아들이는 게 합당한 해석이리라. 다시 말하면 '유능한 사람이 능력을 발휘할 기회를 기다린다'라는 의미이다. 아울러 '일단 뜻을 펼치게 된다면 크게 이룬다'라는 긍정적인 뜻을 함축하고 있다. 또한 이 말은 '자신을 드러내지 않고 때를 기다리며 실력을 기른다'라는 도광양회(韜光養晦)와 유사한 의미로 쓰인다.

불과 얼마 뒤 춘삼월엔 대선이다. 여야를 막론하고 선거 캠프에는 입신양명이라는 로또 당첨을 꿈꾸는 불나방 같은 정치꾼들이 구름같이 모여들어 문전성시를 이루는 것 같다. 그들 중 진정 나라와 국민을 위해 봉사하는 사람들이 얼마나 될까. 대선 후보자들은 그들 중 참된 인재를 주의 깊게 살폈다가 중용해 국정을 바로 펼치려는 맥락에서 '불비불명'의 참뜻을 되새길 수 있는 마음으로 임한다면 더 바랄 나위가 없겠다. 나무랄 데 없는 인품을 갖춘 후보라고 확신이 들면 여야를 불문하고 의심 없이 "꾹! 한 표를 찍어줄 터인데". 왜 이런 불신이 저변에 깔린 걸까. 지난날 총선이든 대선이든 누군가를 찍어주고 나서 후회막급하여 투표했던 손가락을 잘라버리고 싶었던 후회를 숱하게 되풀이했던 아픈 기억 때문일 게다.

* 춘추오패(春秋五覇) : 중국의 고대 춘추시대 제후 간 회맹의 맹주를 말한다. 춘추시대의 5대 강국을 이르기도 한다. 춘추오패는 제나라의 환공(桓公), 진나라의 문공(文公), 초나라의 장왕(莊王), 오나라의 왕 합려(闔閭), 월나라의 왕 구천(句踐)을 의미한다. 그런데 경우에 따라서 진나라의 목공(穆公), 송나라의 양공(襄公) 또는 오나라 왕 부차(夫差) 등을 꼽기도 한다.

경남문학, 2022년 봄호(138호), 2022년 3월 5일
(2021년 12월 1일 수요일)

노인을 생각한다

　사전에 따르면 '나이가 들어 늙은 사람'을 '노인'이라고 애매하게 정의하고 있다. 정확한 기준이 명문화되지 않은 까닭인지 그 연령 기준이 다를 뿐 아니라 자꾸 헷갈린다. 이런 현실에서 통념상 '생의 마지막 단계로서 나이가 든 늙은이'를 '노인' 혹은 '어르신'으로 호칭한다. 그들을 지칭하는 호칭에도 분명 얼굴을 찡그리게 만드는 표현이 있다. 예를 들면 어린 사람들이 어른을 "노친네, 노인네, 노땅, 노궁(老窮)" 등으로 호칭함은 비하로 조롱에 가깝고 옛날 도덕률을 기준으로 하면 '가정교육이 안 됐다'라는 소리를 들을 가능성이 크다. 이 말들은 같은 연령대 사이에는 격의 없이 친근함을 나타내기도 한다. 평균 수명이 대폭 증가하면서 백세시대를 구가하고 있을지라도 '아무래도 뒷방 늙은이 대접에서 크게 벗어나지 못하는' 오늘의 노인들을 생각한다.

　그 옛날 공경의 대상으로 절대적인 존재였던 때문일까. 다양

했던 호칭의 간추림이다. 구로(耉老), 기수(耆叟), 노창(老蒼), 늙으신네, 늙은이, 노년(老年), 노옹(老翁), 노구(老軀), 영감(令監), 백수(白叟), 숙기(宿耆) 따위가 있다. 아울러 높임말로 노군(老君), 노인장(老人丈), 노존(老尊), 존로(尊老) 등이 쓰였다. 한편 무당들은 노인을 "감대"라는 은어(隱語)로 불렀다. 나이든 이들에게 대놓고 '노인'이라는 호칭이 껄끄럽고 야박할 뿐 아니라 결례라고 생각했던 걸까. "노인" 대신에 "어르신"으로 호칭하는 기지와 기민함을 자랑했다. 이런 따스한 배려는 지구촌 모두가 같은 생각이었던가 보다. 그런 맥락일 게다. 일본에서는 "토시요리(としより : 年寄)"로, 영국에서는 "old" 대신에 "elderly"로, 미국에서는 "old man" 대신에 "senior citizen"으로 표현하고 있단다.

유교 사상이 지배했던 사회이었던 때문일까 아니면 단명(短命)한 사회에서 어른에 대한 당연한 예우였을까. 그 시절 연로한 어르신들의 나이 듦에 대해 아름다운 의미나 존경의 뜻을 담아 표현했던 호칭이 흘러넘칠 지경이다. 60세를 이순(耳順), 61세를 환갑(還甲)이나 회갑(回甲), 환력(還曆) 혹은 화갑(華甲), 62세를 진갑(進甲), 70세를 고희(古稀), 71세를 망팔(望八), 77세를 희수(喜壽), 80세를 산수(傘壽), 81세를 망구(望九), 88세를 미수(米壽)라고 호칭했다. 한편 90세를 졸수(卒壽), 91세를 망백(望百), 99세를 백수(白壽), 100세를 상수(上壽), 111세를 황수(皇壽), 120세를 천수(天壽)라 했다. 또한 중국 예기(禮記)에서는 60세를 기(耆), 70세를 노(老)라고 칭했다. 아울러 60~70세 노인을 기로(耆老), 80세와 90세를 모(耄)라고 하면서 그들은 죄를 지어도 형을 받지 않는다(悼與耄雖有罪/不加刑焉)는 입장이 그 당시 사회의 암묵적인 합의이며 정서였던 것 같다. 또한 100세를 기이(期頤), 80~100세를 통틀어 모기(耄期)라고 불렀다.

또 다른 측면에서 어르신들을 섬겼던 흔적이다. 조선 시대 60세인 이순이 되면 동네 이웃들이 지팡이를 만들어 주었다. 이를 향장(鄕杖)이라고 불렀다. 그리고 70세인 고희가 되면 나라에서 지팡이를 만들어 줬는데 이것이 국장(國杖)이다. 어떤 출전(出典)에는 이 국장을 감사(監司)가 만들어 드린다는 이유에서 구장(鳩杖)이라고 호칭했다는 귀띔이다. 또한 80세인 산수가 되면 임금이 지팡이를 하사했다. 이를 조장(朝杖)이라 호칭했다. 이뿐 아니라 경로효친 사상을 고취시키기 위해 나라에서 기로소(耆老所)를 설치하고 고희 이상의 충신들에게 기로연(耆老宴)을 베풀었다.

가는 세월 잡을 수 없듯이 사람이 세월 따라 늙어가며 병듦을 어이 거역하리. 정신이 혼미할 정도로 급변하는 세월 때문일 게다. 삶을 꾸리면서 어렵사리 여뒀던 경륜보다는 변화에 대응력을 더 높이 사는 세상이다. 아날로그 세대(analog generation)에 태어나 디지털 시대(digital age)인 금세기로 이주해 온 디지털 이주민(digital immigrants)들은 젊은 디지털 원주민(digital natives)보다 변화에 둔감해 경쟁에서 밀리거나 패배자로 전락할 개연성이 다분하다. 그런 정황은 깡그리 외면한 채 정권욕에 눈먼 정치 모리배들은 자기 진영에 불리하다고 판단되면 노인들에게 내뱉은 말이다. "…… 그분들은 어쩌면 이제 무대에서 퇴장하실 분들이니까 이제 집에서 쉬셔도 되고……"라고 망언하거나, "누가 봐도 79세면 쉬셔야지 왜 일을 하려고 하나. 쉬는 게 상식……"이라는 망발을 했다. 그런가 하면 "장애인은 다양하다. 1급 2급 3급…… 나이가 들면 다 장애인이다"라는 패륜적인 언사를 거리낌 없이 쏟아내기로 했다. 누구도 피할 도리가 없는 늙음은 순리이며 자연의 이치임에도 말이다.

그 옛날 경륜이란 천금같이 귀중한 가치가 있음을 함축했던 촌철살인의 몇 가지 예이다. '고치는 늙은 누에만이 짓는다'라는 뜻의 노잠작견(老蠶作繭), '오래된 조개가 진주를 만든다'라는 의미의 노방생주(老蚌生珠), '늙은 말의 지혜'라는 뜻으로 쓰이는 노마지지(老馬之智) 따위가 그들이다. 여기서 노마지지에 대한 고사를 살짝 엿보며 그 이면에 숨겨진 참뜻을 되새겼으면 좋겠다. "춘추시대 제나라 환공(桓公)이 고죽(孤竹)을 징벌하러 갔을 때의 일이다. 징벌에 나설 무렵은 봄이었지만 돌아올 때는 겨울로서 악천후 때문에 길을 잃었다. 이때 관중(管仲)이 이런 아이디어를 제시했다. '이럴 때 늙은 말의 지혜가 필요하다'라면서 늙은 말 한 마리를 풀어놓고 그 뒤를 따라갔다. 말이 가는 대로 따라갔더니 거짓말같이 큰길이 나타나 위기를 면했다". 때로는 삶에서 얻은 금쪽같은 경험은 무엇과도 바꿀 수 없이 소중한 자산이련만 그에 대한 합당한 배려 없이 배척되거나 무시하는 단세포적인 현실이 안타깝다.

  왕정 시대 단면의 얘기이다. 임금의 자리를 양위한 왕을 상왕(上王)이라고 호칭했다. 아울러 그 상왕 윗대의 왕을 태상왕(太上王)이라고 했다. 또한 임금의 아내를 왕비(王妃)나 중궁(中宮) 혹은 중전(中殿)이라 했고, 선왕의 비(妃)를 왕대비(王大妃) 혹은 대비(大妃)라 했으며, 전전 임금의 비를 대왕대비(大王大妃)라고 불렀다. 이들 호칭은 존경과 섬김의 마음이 가득 담긴 증적으로 온갖 생각을 불러일으키고 있다. 변화의 물결에 선제적 대응이 생존의 선결 충족요건이며 능력과 효율이 무엇보다 우선하는 각박한 시대라도 과거를 토대로 존재하는 현실이 분명하다. 그럴지라도 늙음을 무조건 폄하하거나 기필코 내치려 모두걸기(all in)를 하지 말고 그들의 풍부한 경륜을 바탕으로 내일을 준비할 수 있는 길을 함께 모색하는 분위기가 조성되었으면 하는 바람은 터무니없는 탐욕일까.

문예감성, 2021년 겨울호(통권 27호), 2021년 12월 15일
(2021년 10월 17일 일요일)

생이라는 화두

을유생으로 희수의 강을 건너고 있다. 옳고 그름을 무시한 채 무모하게 앞을 향해 치닫던 젊은 날을 되돌아볼 세월에 이르면서 생에 대해서 고민을 거듭하다가 다다른 생각이다. 일월이 지나간 자취는 어디에도 맺혀있지 않고 풍운은 어디든 거침없이 가듯이 무흔과 무애의 삶이라면 더할 수 없이 좋을 듯했다. 그럼에도 타고난 그릇이나 바탕이 그에 미치지 못할 뿐 아니라 후천적으로도 신실하지 못해 세파에 영합하며 허접한 일상에 매몰되어 허우적거리며 허업을 짓다가 오늘에 이르렀다. 여태까지 살아온 희수의 세월은 영겁의 세월에 비하면 촌음이나 찰나보다도 짧을 게다. 그렇지만 한 사람의 생에서 희수를 맞이함은 결코 짧지 않은 세월을 살아온 게 틀림없다는 징표이기도 하다. 원래 정형적인 틀이 없을뿐더러 정확한 모범답안도 없는 생이 무엇이며 어떤 의미인지 깨우치지 못한 채 칠흑 같은 어둠에 갇혀 마냥 허둥댈 뿐이다. 이는 아취(雅趣)*의 함정에 빠진 환자가 내뱉는 실없는 독백이 결코 아니다.

세월의 시원과 종착점은 어디일까. 영원하고 무궁한 세월의 참모습은 헤아릴 재간이 없다. 기껏해야 백 년 안팎의 삶을 누리며 온갖 탐욕과 다툼 속에 아등바등하게 마련인 우리네 생은 영겁의 관점에서 보면 얼마나 부질없고 어리석음으로 칠갑한 꼴일까. 세월 또한 청천벽력 같은 천재지변이나 탐욕스러운 인간이 저지른 질곡의 역사와 업보 따위를 품은 채 또 다른 내일을 향해 쉼 없이 달리고 있다. 하지만 세월은 어쭙잖고 중뿔난 통치자나 이념에 따른 지배나 민족과 사상에 따른 속박으로부터 자유로울 게다. 그럴지라도 미욱한 우리의 삶이 어디로 흘러갈지 모른 채 내일을 맞듯이 세월 또한 그런 우리를 빼닮은 흡사한 꼴이지 싶기도 하다.

　조상의 음덕이나 천우신조였던가. 다행히 학업을 마치고 곧바로 남들의 손가락질을 받지 않았던 양지에 자리 잡고 일했었다. 초등학교를 마친 이후 학업 때문에 부모님 곁을 떠나 시작된 타향살이가 여태까지 현재 진행형이다. 어쩔 도리가 없어 동가식서가숙하며 배움을 지속하던 시절 늘 꽃길이나 탄탄대로를 걸었던 것은 아니었다. 그중에 고교 3년 동안은 생에서 가장 힘겹고 혹독한 시련의 세월이었다. 돌이켜 생각하니 만만치 않은 현실의 벽에 막혀 휘청대면서도 포기하거나 엉뚱한 길을 곁눈질하지 않았던 게 얼마나 다행이었는지 모른다. 그 시절은 칠흑 같은 어둠에 갇혀 어디로 가고 있으며 무엇을 지향해야 하는지 방향을 잃고 허구한 날 방황할 때 옆에서 지켜주었던 믿음직한 친구들의 도움으로 극복할 수 있었음에 감사한다. 솔직히 그 시련과 방황의 시절에 내일은 절망적이고 우중충한 악몽이 잇달았다.

쑥스러운 고백이다. 4·19 학생혁명의 여파와 한일협정 문제로 대학가에서 데모가 만연하던 시절 대학 생활을 했다. 어수선했던 사회적 분위기 때문에 너나없이 학업에 전념하지 못했기 때문일 게다. 전혀 뜻하지 않았음에도 운 좋게 단과대학 수석 졸업으로 총장상을 받았었다. 이런 정황을 감안할 때 해당 전공 분야로 진출을 꾀하는 게 합당한 대응이었으리라. 일반적인 통념과 달리 불투명한 앞날에 대해 확신이 서지 않아 병역 의무를 마치고 나서 과감하게 전공을 바꿔 대학원에 진학하는 일생일대의 도박을 감행했다. 새로운 분야에 무모하게 도전한 격이었다. 다행히도 그 결과 상대적으로 선택의 폭과 기회가 많이 주어져 대학에 발을 붙이고 정년까지 일하는 행운을 만끽했다. 이런 맥락에서 한 치 앞도 제대로 헤아릴 수 없는 게 우리네 삶이 아닐까 싶다.

때로는 두려움과 공포의 대상인 풍운에 대한 얘기다. 그들은 어디에서 발생해 어디에 이르러 소멸하는지 정확히 파악하기 어려운 존재로 뚜렷한 정체를 특징짓기 모호한 구석이 많다. 그래도 비바람은 이르지 못하는 곳이 없는 무소불위한 폭군의 면모를 보이는가 하면 못 이룰 게 없는 만능의 면모도 엿보이는 묘한 존재로 인식되기도 했다. 그런가 하면 아름다운 서정의 대상이기도 하고 하늘을 온통 시커멓게 뒤덮는 장마철 비구름이나 태풍과 강력한 돌풍은 어디에 얼마만큼의 피해를 보이며 어떤 형태로 표변할지 단정할 수 없다. 그런 까닭에 한 치 앞의 변화나 상태를 예단할 길이 없다. 우리의 생을 섣부르게 속단할 수 없듯이 말이다.

언젠가 많은 강우를 동반한 태풍이 몰려오던 날 높고 깊은 산에 등산했던 적이 있다. 온 천지에 시커먼 구름이 낮게 내려앉아 장대 같은 비를 퍼붓고 모든 걸 삼켜버릴 듯한 기세로 불어대는 태풍이 엄청 두려웠다. 갑자기 멀쩡한 나무가 우지직 우지직 부러져 쓰러지는가 하면 쌩쌩한 나뭇가지가 맥없이 꺾여 이리저리 날리는 극한 상황에 충격을 받아 정신이 혼미했다. 위험 상황에 몰리니 멀쩡한 길도 위험천만한 험로처럼 보였고 머릿속이 하얘지며 허둥대다가 자칫하면 큰 변을 당할지도 모른다는 잔망스러운 두려움으로 꽉 찼다. 이성적 판단이 불가능한 절체절명의 순간 내일이나 미구에 다가올 미래는 고사하고 당장 눈앞의 펼쳐질 사태도 제대로 예견할 재간이나 묘수가 떠오르지 않았다. 이런 관점에서 생의 굽이에서 맞닥뜨리기 마련인 크고 작은 난관을 헤쳐나갈 신통력을 기대하기 어려울 뿐 아니라 앞날을 제대로 예측하거나 예견할 능력의 바람은 허황한 꿈이며 부질없는 욕심이지 싶다.

웬만큼 세상 구경을 해도 그 핵심(core)을 명확히 규명하기 어려운 게 생에 대한 정의가 아닐까. 세월이 지나면서 이제는 무언가를 조금 알 것 같다는 가당찮은 착각에 빠지기도 했다. 생각과 달리 현실은 영 딴판이었다. 아무리 장수 시대를 들먹여도 생에서 희수는 황혼 쪽으로 이운지* 오래일 게다. 이런 맥락에서 적지 않은 세월 동안 다양한 경험을 하면서 터득한 노하우(knowhow)를 쌓았건만 코앞에 다가온 내일을 예견할 예지력도 지니지 못한 덜 떨어진 존재가 숨김없는 나의 진면목이다. 이래저래 심란해 세월이나 풍운 또한 예측이나 예견이 가능하지 않다는 점에서 우리의 생을 빼닮았다는 터무니없는 견강부회를 하면서 위안을 받으려고 기를 쓰는 내가 진정 정상일까.

* 아취(雅趣) : 고아한 정취 또는 그런 취미
* 이울다 : 꽃이나 잎이 시들다. 점점 쇠약하여지다. 해나 달빛이 약해지거나 스러지다.

시와늪, 2021년 여름호(52집), 2021년 6월 21일
(2021년 3월 28일 일요일)

허전했던 아내의 생일

아내의 일흔세 번째 생일(음력 5월 23일)이다. 알량한 내 머리로 기억하고 있었던 게 아니다. 이제까지 거의 잊고 지나쳤던 전과에서 조금이라도 벗어나고 싶어서 서재와 거실, 식탁까지 세 군데 놓여있던 탁상달력(desk calender)에 꼼꼼하게 적바림해 둔 덕이다. 그런데도 음식을 장만할 수 없어 손 놓고 멍하니 지켜보다가 축하는 고사하고 미역국도 없이 어정쩡하게 보내 무척 아쉽다. 게다가 그 흔한 축하 케이크에 촛불을 밝히고 생일 축가를 부르지도 않은 채 모든 걸 생략했다. 그런가 하면 아침 식사를 모두 걸렀고 저녁은 대용식으로 때워 온종일 부엌일에서 해방되어 행복했다는 아내의 말을 어찌 받아들여야 할지 당최 헷갈린다.

원래는 간단히 생일상을 마련하고 케이크에 촛불을 밝히며 축가라도 부르려 했었다. 하나에서 열까지 당사자가 모두 준비해야 하는 관계로 넌지시 아내의 의향을 떠봤다. 나이가 듦 때문일까. 만사가 귀찮고 번거로우니 모든 걸 과감하게 생략하고 생일날만이라도 부엌일에서 벗어나고 싶다고 했다. 그럴법하다는 이유에서 그것도 한 가지 대안이라고 여겨져 솔깃했다. 게다가 아내의 생일날이 중학교 2학년인 손주가 학교에서 1학기 2차 고사의 마지막 날이라서 공연히 중뿔나게 설쳤다가는 애꿎은 덤터기를 옴팡 뒤집어쓸지도 모른다는 두려움을 외면할 수 없어 잠자코 아내의 뜻에 따르기로 했다.

스물일곱의 끝자락인 동짓달에 혼인했으니 벌써 마흔여섯 해를 함께한 세월이었다. 서울에서 신혼 둥지를 틀고 두 아이를 얻고 난 뒤에 내 일터를 핑계로 마산으로 옮겨온 지 마흔한 해째이다. 서울에서 자라며 학업을 마치고 그대로 뿌리내리기를 바랐던 아내였다. 그런 소박한 소망도 허용되지 않아 이주함으로써 결국 아내는 마산댁으로 살았다. 돌이켜 보니 친구와 부모 형제 곁을 떠나 머나먼 남녘에서 타향살이를 시킨 게 미안하지만 중언부언하지 않으련다.

영겁의 세월에 비하면 우리 부부가 함께한 세월은 촌음이나 찰나에 지나지 않을 터이다. 그처럼 짧기만 했던 지난날 결단코 꽃길이나 순풍에 돛을 달고 순항하던 꿈같은 달콤함만 누렸던 게 아니었다. 부덕한 나를 만난 연(緣) 때문에 당하는 모진 시련이었을까. 가정을 살뜰히 꾸리며 두 아들을 낳아 길렀을 뿐 아니라 여섯 남매 중에 외아들인 집에 들어와서 시부모도 잘 모셨었다. 아울러 시누이들과 피를 나눈 형제 이상으로 지냈음에도 가볍지 않은 사고나 병마의 고초를 당하는 우여곡절도 겪었다. 게다가 초로에 접어들며 생후 달포 남짓한 손주를 양육하기 시작해 현재 열다섯 해째에 이르는 희생은 현재 진행형이다.

삶을 동행하며 또 다른 관점에서 고마움이다. 부자나 고관대작의 후예가 아니기에 신혼 시절부터 여태까지 별로 여유가 없었다. 터무니없이 영재(贏財)*를 탐하거나 현실을 탓하지도 않았다. 빠듯한 수입을 열심히 이리저리 쪼개고 여뤘다. 몸에 밴 알뜰함 덕에 신혼 3년 차에 신 개발지였던 서울의 강남인 도곡동에 작은 아파트도 자력으로 마련할 수 있었다. 그럼에도 자기 전공을 미련 없이 접은 채 살림에 전념하며 지금에 이르도록 이끈 주인공이 바로 아내이다. 그런 현명함이나 희생 또한 그 무엇에도 비할 수 없이 고맙다.

매년 아내의 생일엔 자매 중에서 다섯째와 여섯째 여동생이 각각 약간의 촌지를 내 통장으로 보내온다. 아직 확인은 하지 않았지만 올해도 마찬가지이리라. 적은 액수이지만 인출해서 아내에게 고스란히 건넬 참이다. 게다가 올해엔 아내의 동생 아들딸이 각각 휴대전화로 케이크와 화과자(和菓子 : わかし)를 보냈다는 메시지를 받았는데 아직 찾아오지 않았다. 게다가 나도 미안한 마음에 몇 푼 되지 않지만, 현금 봉투를 마련해 며칠 전에 슬며시 전했다. 이렇게 아내의 생일을 마무리했음에도 마음은 마냥 허허롭고 쓸쓸해 지동지서(之東之西)하고 있다.

어울리지 않게 어린 손주가 족발을 무척 즐겨 매주 금요일마다 시키는 게 관행처럼 굳어졌다. 한데, 오늘은 우연하게도 아내의 생일과 손주가 학교의 시험이 끝나는 날이 겹치는 금요일이라서 평소처럼 저녁 식사에 맞춰 족발을 시켰다. 여기에다가 이웃에서 선물로 준 햇감자와 제자가 지역 특산물을 주문해 보내준 단호박을 쪄놓았던 것을 곁들이는 것으로 저녁을 대신했다. 손주와 아내 그리고 내가 맛있게 저녁으로 먹었으니 불만은 없었다. 그럴지라도 생일날 만찬으로 기껏해야 족발과 감자와 단호박 정도로 해결한 게 마음에 걸릴 뿐 아니라 융통성 없는 단면을 온새미로 드러낸 것 같아 찜찜하기 짝이 없다.

* 영재(贏財) : 남의 재산, 남의 돈

사색의 숲을 거닐다, 한국수필가연대 제26집, 2022년 6월 15일
((2021년 7월 2일(음력 5월 23일) 금요일))

세월이 간다

　또 다른 하루의 시작이다. 어제보다 별로 다를 바가 없는 오늘이다. 하지만 하루하루가 시나브로 쌓이면 상황은 달라진다. 따라서 십여 년 전 내 모습은 오늘의 내가 아니고, 오늘의 나는 십여 년 뒤의 내가 아니리라. 같은 이치로 며칠 전의 행동이나 모습은 기억의 곳간에 생생하게 갈무리되었다. 그러나 세월이 한참 지난 옛일은 가물가물하거나 까마득해 도통 기억이 없다. 순간순간이 단절되는 게 아니라 영원히 이어진다. 그렇지만 아무리 현재를 붙들고 지난날을 당겨 되살려 보고파 발버둥 쳐도 오래된 옛 기억은 깜깜할 뿐 쓸데없는 몸부림에 지나지 않는다.

　비탈진 개울가에 앉아 도란도란 흘러가는 물은 언제 봐도 어제 봤던 물은 없다. 늘 새로운 물이 흐를 따름이다. 쉼 없이 물이 흐르는 까닭에 옛것과 현재의 것을 구분하는 짓은 부질없다. 왜냐하면 흐르며 뒤섞여 앞뒤 것을 가름할 수 없기 때문이다. 인간 사회에서는 편의에 따라 네 편과 내 편으로 나뉘거나 흑묘백묘(黑猫白描)로 가름할 수 있다. 그렇지만 한 번 어우러진 물은 그 시원(始原)이나 성분 따위로 일목요연하게 명확히 구분할 방법이 거의 없다. 또한 물은 한데 혼합되면 화학적인 융합이 가능하다. 하지만 사람의 경우는 사상이나 철학이 다른 상태에서 한데 뭉칠 때 외형적으로는 통합의 모습을 보여도 내면적인 융합 즉 유기적 결합은 거의 불가능하다.

세월은 유수 같다 했던가? 어저께 젊음을 바쳤던 일터에서 물러난 것 같은데 벌써 12년의 고개를 넘보고 있다. 그동안 늘 맘속으로는 하나도 변한 게 없다고 믿어왔다. 역으로 얘기하면 모든 것은 예 그대로라고 객기를 부리고 있었다는 얘기가 성립된다. 인정하기 싫지만 세월을 실감하는 게 하나 있다. 일터에서 내려왔을 무렵에는 매일 오가는 등산길에서 추월당하는 경우가 거의 없었다. 그런데 언제부터인지 뒤에서 따라와 앞지르는 사람이 점점 늘어나고 있다는 서글픈 현실이다. 이는 걷는 속도가 날이 갈수록 점점 느려졌음을 방증하는 징표이다. 어제도 등산길에서 여남은 명을 앞세우고 나서 묘하게 쓸쓸해진 기분을 조곤조곤 곱씹었다.

바람과 세월은 닮은 구석이 있다. 어디서 시작하여 어디로 가는지 가늠하기 어렵다는 데 우선 공통점을 지녔다. 한편 끊임없이 흘러가는 세월이나 쉴 없이 스쳐 지나는 존재가 바람이다. 그렇지만 그 생김새를 눈으로 확인하거나 손으로 만져 실체를 인지할 수 없다는 면에서도 닮은꼴이 틀림없다. 그런가 하면 잔잔하고 부드럽고 따스한 모습의 바람이 있다. 이에 비해서 토네이도(tornado)나 태풍으로 변해 세상을 휩쓸며 엄청난 피해를 보는 원흉이 되는 매정한 구석도 엄연히 존재한다. 세월 또한 태평성대의 자상한 모습을 보이다가 엄청난 재해나 전쟁으로 휘몰아 어두운 질곡의 터널로 몰아넣는 잔혹한 면도 있다. 항상 대하는 바람과 세월이런만 어제의 바람과 시간은 아무리 찾아봐도 흔적조차 찾을 수 없어 오늘도 허둥대면서도 그들과 어깨동무하려고 애를 쓴다. 하지만 그 모습이나 존재를 확인할 수 없어 짝사랑일 뿐이다.

   세월과 구름은 한 치의 오차도 없이 제 길을 간다는 맥락에서 공통분모를 가진 셈이다. 인간 사회에서 발생하기 마련인 질시나 반목, 전쟁과 다툼을 비롯해 천재지변이 발발해도 세월은 오로지 제 길을 묵묵히 갈 따름이다. 한편 하늘을 떠도는 무애도사 같은 멋쟁이 구름 역시 높은 산이나 태풍이 앞을 가로막기도 한다. 그래도 굴하지 않고 자기 길을 가는 비범한 기개 또한 세월과 같은 모양새가 아닐까. 이들에 비해 세상을 올곧게 살겠다고 다짐했었던 내 삶은 어땠을까. 조금만 어려움이 닥쳐도 좌고우면하며 피할 방법이나 면피의 명분 찾기에 급급했던 남우세스러운 행동이 드러나지 않은 내 진면목일 게다. 그런 연유에서 여태까지 살면서 뚜렷하게 이룬 게 전혀 없는 밋밋한 삶이 그를 증명하는 증좌이지 싶다.

언제 황혼의 언저리까지 왔을까. 어쩌다 보니 이번 달 지나면 희수(喜壽)의 강을 건너 일흔여덟에 들어선다. 나름대로 열심히 살려했건만 터무니없는 욕심에 매달려 허송세월하다가 어느 결에 백두옹(白頭翁)에 이르렀다. 끝끝내 변변히 건진 게 없어 한편으로는 민망하고 또 다른 측면에서는 허전하기 짝이 없다. 세월이나 바람과 구름은 허접한 욕심이나 연(緣)에 얽매이지 않고 굳세게 제 갈 길을 가고 있다. 그러나 나는 세상 이 구석 저 구석을 기웃거리다 세월만 보낸 채 지동지서(之東之西)하며 황혼녘에 이른 지금까지 휘청대고 있는 꼴이다. 야속한 세월은 오늘도 여전히 흐트러짐이나 빈틈을 보이지 않고 유유히 흘러가고 있다.

수필과 비평, 2022년 월간 제31권 제2호(통권 244), 2022년 2월 1일
(2021년 12월 4일 토요일)

삶을 생각하다가

어린 시절 "알아야 면장을 하지"라는 말을 많이 들었다. 동족상잔의 6·25 전쟁의 휴전 직후 뒤숭숭했던 시절이다. 이 말에서 "면장"은 '면(面)의 행정을 맡아보는 으뜸 직위에 있는 사람. 또는 그 직위'를 이르는 '면장(面長)'으로 곡해했다. 이런 잘못된 개념의 이해를 바로 잡는 계기는 중학교 시절 한문 시간이었다. 결국 '알아야 면장을 하지'에서 '면장'은 한자로 '面長(면장)'이 아니라 '面墻(면장)'이라는 사실을 바르게 배웠다. 오늘날 '면장(面墻)'의 통상적인 의미는 '어떤 일일지라도 그 일을 하려면 그에 연관된 학식이나 실력을 갖추고 있어야 함을 비유적으로 이르는 말'이다. 지금 돌이켜 생각하니 이 말은 소위 '가방끈이 짧은 사람'들이 새로운 문제에 봉착했을 때 느끼는 참담하고 답답한 심정을 더덜이 없이 표현하는 경우가 대부분이었다. 그러므로 이 말은 행정기관의 장(長)인 '면장(面長)'과 관계가 없는 말로 그 유래이다.

'면장(面墻)'이라는 말을 직역하면 '담장을 마주한 것 같은 답답함에서 벗어남'이다. 그런데 이 말의 어원은 논어의 양화편(陽貨篇)에 나온다. 공자가 아들인 백어(白魚)에게 이르기를 "아들아 너는 어찌 시경(詩經)에 나오는 주남(周南)과 소남(召南)의 시를 배우지 않느냐? 사람으로서 그들을 배우지 않는다면 이는 '바로 담장을 마주해 서 있는 사람(正牆面而立)'과 같이 답답하단다"라고 훈계했단다. 이 과정에서 '면장(面墻)'이라는 단어가 유래했다. 정확히는 '면면장(免面墻)'으로 '담장(墻)을 마주한 것(面) 같은 답답함을 벗어남(免)'이라는 의미이며, 이를 줄여서 '면장(面墻)'이라고 한다. 그러므로 이 말이 함축하는 뜻을 풀어보면 "(열심히 배워서) 알아야(어떤 일을 할 때) 담장을 마주한 것 같은 답답함을 벗어날 수 있다"라는 일깨움일 게다. 그럼에도 우리는 세상을 살면서 이 경우처럼 곡해하거나 사실과 다르게 받아들였던 경우가 어디 한두 가지뿐이었을까 되돌아보지 않을 수 없다.

욕심에는 끝이 없지 싶다. 이 때문일까. 불가에서는 선한 마음을 해치는 세 가지 번뇌인 욕심(貪), 성냄(嗔), 어리석음(癡) 따위를 비유적으로 삼독(三毒)*이라 하여 경계토록 일깨워주고 있다. 이런 맥락일까. 고려 말의 대덕 고승인 나옹선사는 선시(禪詩)를 통해 인간이 탐욕이나 집착을 덜어내거나 내려놓아 어떤 모진 연에도 얽매이지 않고 무애의 삶을 누리라며 이렇게 이른다. 이런 선지자적 가르침에도 불구하고 여태까지도 미망의 언저리를 맴도는 우리가 진정 행복한 삶을 제대로 누리는 걸까.

청산은 나를 보고 말없이 살라하고(靑山兮要我以無語)
창공은 나를 보고 티 없이 살라하네(蒼空兮要我以無垢)
탐욕도 벗어놓고 성냄도 벗어놓고(聊無愛而無惜兮)
물처럼 바람처럼 살다가 가라하네(如水如風而終我)

삶은 연습이나 반복이 없다. 누구든 경험이 없는 미지의 세상을 한 걸음씩 내디디고 있는 셈이다. 하지만 대부분은 평범한 삶이기에 타인이나 후세 사람을 의식하지 않고 편리하고 내키는 대로 삶을 꾸리게 마련이다. 그런 식으로 무심히 지나쳤던 흔적은 뒤따르게 마련인 누군가에게 이정표가 될 개연성은 얼마든지 있다. 이 같은 가정이었을까. 조선의 정조와 철종 시대의 문인 임연당(臨淵堂) 이양연(李亮淵)은 자신의 시집 임연당별집(臨淵堂別集)에 서산 대사(西山大師)의 오도송(悟道頌)*으로 알려졌으며 김구(金九) 선생님이 좌우명처럼 애송했던 '답설(踏雪)'이라는 시를 남겼다.

눈 덮인 들판을 걸어갈 때(踏雪野中去)
어지러이 걸어가지 마라(不須胡亂行)
오늘 내가 남긴 이 발자국은(今朝我行跡)
후일 뒷사람에게 이정표(길)가 되리니(遂作後人程)

얼마나 많이 어떻게 살면 신이나 성현의 경지에 다가갈까. 범부는 감히 넘보거나 꿈꿀 수 없음에도 해탈이나 득도의 경지를 옛 선인들은 이렇게 이르고 있다. 그 옛날 송나라 혜개선사(慧開禪師)는 수행의 이치인 화두를 모은 책 무문관(無門關)에서 설파한 내용이다*. 성현이나 대덕 고승의 반열은 언감생심일지라도 세월이 지나며 나이가 듦에 걸맞게 하늘의 섭리와 자연의 이치에 반하지 않는 삶을 갈망한다. 본바탕 때문일까. 욕심과 현실 사이에는 메꿀 수 없는 간극에 망연자실 아득할 뿐이다.

    큰길에는 문이 없으나(大道無門)
    갈래 길이 천이로다(千差有路)
    이 빗장을 뚫고 나가면(透得此關)
    하늘과 땅을 홀로 걸으리(乾坤獨步)

세월의 흐름에 비례하여 탐욕을 과감하게 내려놓고 더 멀리 더 높은 비상을 염원한다. 닿기 힘든 염원을 하면서도 타고난 천성이 그에 미치지 못하고 그릇이 작은 데다가 후천적인 노력이 턱없이 부족한 때문일까. '드높은 하늘에 두둥실 뜬 달을 보라고 손가락으로 달을 가리키는데, 보라는 달은 보지 못하고 애꿎게 손가락만 바라본다'라는 격인 견지망월(見指忘月)의 어리석음의 언저리를 맴돌 뿐이다. 그런 처지임에도 오늘보다는 나아질 내일을 기대하며 다가올 하루하루에 희망을 기대한 채 황혼의 강을 휘적휘적 건너고 있다.

---

* 삼독(三毒) : 불교에서 깨달음에 장애가 되는 세 가지인 탐욕(貪慾), 진애(嗔恚), 우치(愚癡) 등의 번뇌를 독에 비유 표현이다. 줄여서 탐진치(貪嗔癡)라고 지칭하는가 하면 '불선의 뿌리'라는 뜻에서 불선근(不善根)이라고 호칭하기도 한다. 여기서 탐욕은 탐애(貪愛)라고도 한다. 그 대상이 물질적이나 정신적인 것을 막론하고 그에 대해 사랑하고 집착하므로 애(愛)라고 한다. 한편 진애는 분노하는 것으로, 살아있는 목숨에 대하여 미워하고 성냄을 뜻한다. 여기에 시

기와 질투에 증오까지 포함한다. 또는 자신의 마음에 맞지 않는 과보(果報)에 대해 미워하고 분해하는 것이라고 한다. 아울러 우치는 어리석음, 즉 현상이나 사물의 도리를 이해할 수 없는 어두운 마음 때문에 있는 그대로의 모습을 판단할 수 없게 된다. 따라서 우치로 모든 번뇌가 일어나는 것으로 보고 있다.

* 오도송(悟道頌) : 고승들이 부처의 도를 깨닫고 지은 시가.

* 혜개선사(慧開禪師 : 1183~1260) : 중국 송나라 시절 항주(杭州) 전당(錢塘)에서 태어났으며 '개에게도 불성이 있습니까?'라는 공안(公案)을 가지고 월림 선사 수하에서 6년간 수행했다. 그러던 어느 날 점심때를 알리는 큰 북소리를 듣고 갑자기 깨달음을 얻었다. 그 뒤 '무(無)' 자(字) 화두 타파 체험을 토대로 46세 때 동가의 용상사에서 48칙의 공안들을 제창하고 이를 한 권의 책으로 편찬한 게 바로 선종(禪宗) 최후의 공안집이라고 꼽을 수 있는 무문관(無門關)이다.

시와늪, 2022년 신년호(통권 54), 2022년 2월 3일
(2021년 7월 24일 토요일)

등산로 옹벽에 새겨진 화두

 누가 등산로 옹벽에 글을 새기는 걸까. 이전에 거기에 새긴 여러 낙서와는 격과 결이 달라 의아하다. 강산이 두 번 변하고도 남을 만큼의 세월 동안 찾는 신마산 밤밭고개 언저리의 청량산 등산로가 있다. 길의 시작은 같지만, 초입의 500여 미터를 지나면 두 갈래 길이 있다. 우선 하나는 당국에서 산의 관리를 위해서 5~8부 능선을 따라 임도를 개설하고 포장해 누구나 언제든지 자유로운 차림으로 부담 없이 걷기에 맞춤하다. 다른 하나는 산의 정상을 오르내리는 길이 있다. 전자인 임도는 산허리를 깎아 도로를 개설했기 때문에 산 정상 쪽에는 산사태를 방지하기 위해 시멘트를 타설해 만든 옹벽이 있다. 이 옹벽에 세월이 지나며 이끼가 끼는가 하면 먼지가 덕지덕지 덧쌓여 거무튀튀하게 변모했다. 그런 조건이 젊은이들의 낙서장(落書帳)으로 제격이라 여겨졌던가?

 대충 4km 남짓한 임도 중에 적어도 2km 가까이 옹벽이다. 이

임도를 터덜터덜 걷다 보면 치기가 고스란히 드러나는 낙서들이 꽤 많다. 누군가에 대한 험담이나 욕설이 눈에 띄는가 하면 "철수 ♡ 영희"식의 설익은 풋사랑의 흔적을 "장군이와 명군이 202○년 ○○월 ○○일 다녀 가다"라는 등의 허접한 내용이 주류를 이룬다. 이처럼 눈길을 끄는 내용은 거의 없었다. 쓸데없는 낙서 때문에 애먼 시멘트 옹벽의 민낯을 일그러뜨린 것 같아 안쓰러웠다. 게다가 거의 모든 낙서가 살살 쓴 게 아니라 날카로운 돌이나 쇠꼬챙이로 꼭꼭 눌러씀으로써 옹벽에 지울 수 없이 깊은 생채기를 남긴 경우가 숱해서 더더욱 언짢았다.

옹벽에 쓰인 낙서들은 어린 초등학생의 낙서장을 연상시킬 정도였다. 이런 모습의 옹벽의 모습을 일신시키고픈 마음이었을까. 하루에도 수백 명이 오가는 등산로 초입 옹벽에 누군가가 얼마 전부터 알 수 없는 화두 같은 글귀를 새겨놓기 시작했다. 그것도 삐뚤빼뚤 어설프게 갈겨쓴 낙서가 아니라 달필이며 한자로 일필휘지의 모양새가 예사롭지 않았다. 불과 열흘 전쯤에 발견된 내용은 "上善若水(상선약수 : 최상의 선은 물과 같다)"였다. 오늘 등산을 마치고 하산 길에 눈여겨 살폈더니 역시 한자로 이런 내용이 추가로 옹벽의 얼굴에 새겨져 있었다. "流水花開(유수화개 : 물은 흐르고 꽃이 피네)"와 "但知不會(단지불회 : 다만 알지 못함을 아는가)"라는 글귀이다. 자세히 들여다보니 날카로운 쇠꼬챙이로 새겨 시멘트가 깊게 움푹 파였다.

요즈음 한자를 달필로 쓰며 일부러 쇠꼬챙이를 준비해서 새겼다는 사실을 미루어 짐작해 본다. 글씨체를 미루어 짐작할 때 한자 실력이 수준급이고 한학에 상당히 조예가 깊은 사람으로 여겨지기 때문에 최소한 지천명 이상의 누군가로 여겨진다. 왜냐하면 한글세대는 한자를 모를 뿐 아니라 왕휘지(王徽之)의 서체(書體)를 빼닮은 달필이 있을 수 없다는 이유에서이다. 그렇다면 왜 그 길을 오가는 대부분의 젊은 세대는 무슨 뜻인지 어림도 할 수 없는 글귀를 새겼을까. 요즘 세상 돌아가는 꼴이 하도 맘에 들지 않는 심정을 우회적으로 토로하고 싶은 마음이었을까. 아니면 이따금 오가는 늙은 세대들이라도 자신을 돌아보며 자성하라는 당부이며 조언일까. 그런 심정이라면 좀 더 다른 방법으로 사회에 경종을 울려 줬으면 좋았으련만 그렇지 못해 유감이었다.

"上善若水(상선약수)"를 화두처럼 옹벽에 새긴 이는 노자(老子)의 도덕경 8장에 나오는 "上善若水/水善利萬物而不爭/處衆人之所惡/故幾於道(상선약수/수선리만물이부쟁/처중인지소오/고기어도)"를 소리 높여 말하고 싶었으리라. 다시 말하면 "으뜸가는 선(善)은 물과 같다. 물은 만물을 이롭게 하고 다투지 않는다. 뭇사람들이 싫어하는 곳에 처하니 도(道)에 가깝다"라는 내용을 일깨우거나 들려주고 싶었으리라. 한편 "流水花開(유수화개)"의 원문(原文)인 중국의 소동파나 황정견(黃庭堅)의 시문(詩文)에 나타나는 내용은 아닐지라도 "空山無人/流水花開(공산무인/유수화개)" 정도의 경지를 깨우치고 싶어 새긴 글귀가 아닐까 싶다. 이 글귀가 뜻하는 바는 "텅 빈 산에 사람이 없어도 물은 흐르고 꽃이 피네"라는 자연의 이치와 철학을 깨우쳤으면 하는 바람이었을지도 모르겠다. 또한 "但知不會(단지불회)"를 새긴 뜻은 심오한 불법의 도를 깨우치라는 뜻에서 "但知不會/是卽見性(단지불회/시즉견성)"을 일깨우려는 화두였을 게다. 이는 결국 "다만 알지 못함을 아는가, 그것이 깨달음(見性)*이다"라는 심오한 불법의 도를 염두에 둔 설법 같다는 생각이 들기도 한다. 여기서 "모른다"라는 의미는 일체의 생각이나 견해와 판단을 내려놓은 상태를 뜻한다.

아무리 생각해도 장난이나 허투루 휘갈겨 쓴 허접한 낙서가 아닌 무엇인가 메시지를 던져줌이 아닐까. 어쩌면 대덕 고승이 수도승들에게 내리는 화두와 상통하는 맥락을 떠오르게 한다. 먼동이 트기 전 깜깜한 첫새벽부터 자정이 넘을 때까지 수많은 사람이 오가지만 그 글귀를 눈여겨보거나 이해할 경우는 별로 없지 싶은데도 구태여 새긴 연유가 무척 궁금하다. 비뚤어진 식자(識者)의 고뇌를 표출하고픈 욕심일까 아니면 탐욕으로 오염된 얼과 혼을 제대로 일깨워 바로 세우라는 조용한 충고이자 조언일까. 그가 초야에 묻힌 이름 없는 처사(處士)이던 현실이 마뜩잖아 꼬집고 비트는 해학(諧謔)에 달통한 우국지사이던 등산로를 오가는 길에 한 번쯤 만나봤으면 하는 소망이다. 예사롭지 않은 글귀를 누구도 제대로 거들떠보지도 않은 등산로 옹벽에 새긴 진정한 의미를 파악해 보기 위해서 말이다. 분명 어린아이가 아닐 터이다. 멀쩡한 어른이 인도(人道)에서 낮은 수로(水路)의 바닥으로 내려서서 오가는 등산객들을 등지고 옹벽에 글을 새기는 모습은 아무래도 우스꽝스럽게 투영되었을 터이다. 왜냐하면 어엿한 어른이 길옆 옹벽에 허접한 낙서를 하는 몰골이었을 것이기에 하는 얘기이다. 그가 그런 글귀를 새기며 전하고픈 진정한 메시지가 무엇이고 괴이한 방법으로 자기의 뜻을 표출하게 된 동기는 과연 어디에서 연유할까.

* 견성(見性) : 불교에서 쓰이는 용어로 모든 망념과 미혹을 버리고 자기 본래의 성품인 자성을 깨달아 앎을 뜻한다.

조아문학, 2021년 겨울호(통권 2호), 2021년 12월 념일(念日 : 스무날, 20일) : 여기서 '念'은 "스물(twenty) 입(廿 : '十'을 두 개 합친 글자)"의 음(音)에서 와전된 것이라고 알려짐

(2021년 10월 26일 화요일)

아무거나 경험하려 들지 마소

아내가 아프다면 더럭* 겁부터 난다. '자라 보고 놀란 가슴 솥뚜껑 보고 놀란다'라고 했던가. 미덥지 못한 아내의 건강 때문에 생긴 주책없는 증상이다. 사실 나도 강건한 체질이 아니기에 여태까지 잡다한 병치레에서 벗어나지 못했다. 이런 나보다도 한층 더 병약한 모습을 보여 엄청 신경이 쓰인다.

최근의 일이다. 아내가 지난 연말 무렵부터 창원으로 프랑스 자수(刺繡)를 배우러 다닌다. 자세한 내막을 샅샅이 꿸 수는 없지만 선생님이 연하로 문화센터 등에서 강의를 하며 개인전도 여러 차례 열었던 전문가라 했다. 여럿이 함께하는 공식적인 강좌가 아니라 개인 집으로 찾아가 교습을 받는 눈치이다. 그래서 점심때가 되면 자연스럽게 점심을 준단다. 이 과정에서 사달이 발생했다. 얼추 3주 전에 점심을 얻어먹고 돌아온 직후 심한 복통과 설사를 시작했다. 화들짝 놀라 부랴부랴 응급조치했음에도 멎을 기미를 도통 보이지 않았다. 단골 병원을 찾아 진료 후에 약 처방을 받아 지시대로 따라도 요지부동이었다. 또다시 덜컥 겁부터 났다.

겉으로 드러나게 내색하지 않았지만, 속으로는 '가지가지 하네'라고 생각하면서 또다시 병원을 찾아가도록 내몰며 채근했다. 이번에는 좀 더 큰 병원으로 찾아가 X-Ray도 촬영하고 링거도 맞는 야단법석을 떨었다. 다행히 특별한 이상이 없다는 진료 소견을 듣고 안심하며 여러 날 복용할 약을 처방받아 왔다. 그렇게 세이레* 가까이 죽으로 연명하다가 어제부터 밥을 조금씩 먹을 수 있을 만큼 상태가 호전되었다. 다음 주일 목요일(5월 27일)로 예약된 아스트라제네카(AstraZeneca) 백신을 접종받으려면 체력을 비축해야 할 터이다. 나는 을유생(乙酉生)이라서 화이자 백신을 2차까지 접종했다. 하지만 기축생(己丑生)인 아내는 이제 겨우 1차 접종을 시작할 참이다.

부부가 서로 닮지 않아도 좋으련만 그렇지 않다. 운명이 엇비슷한 둘을 짝지어준 걸까. 우리 내외는 튼튼한 체질로 태어나지 못했던가 보다. 내 생애 최초로 겪었던 건강 위기 얘기이다. 기껏해야 너덧 살 무렵에 돼지고기를 먹고 탈이나 반년 가까이 지독한 고생을 거듭하며 사경을 헤매다가 천우신조로 겨우 목숨을 건졌었다. 그 당시 주위의 모든 이들이 사람 노릇 못할 것 같다고 걱정을 많이 했을 정도였단다. 그리고 20대부터 50대 초반까지 고질병인 치질로 적지 않은 고생을 겪었다. 자그마치 20여

년 이상 끌탕을 치며 고생하다가 우연히 소개받았던 의사의 간단한 수술을 받고 완치되었다. 한편 그 중간인 30대 후반엔 고속버스 교통사고로 6개월 동안 입원하기도 했었다. 신이 그 정도로는 부족하다고 판단했었는지 고희를 넘기면서 가벼운 뇌졸중이 스쳐 지나갔다. 그와 관련된 투약이 오늘도 현재 진행형이다. 이런 허약 체질을 빼닮은 아내는 유감스럽게도 나보다 한 수위를 점유하려고 덤벙대고 있다.

지난 1982년 여름 우리 가족은 몽땅 고속버스 교통사고를 겪었다. 그 후 86년 봄 아내는 대장 절제를 위해 3차례나 배를 개복하고 닫는 위험한 수술을 반복하며 거의 두 달 남짓 입원했었다. 그다음 해엔 난소에 물혹이 생겨 제거 수술을 받기도 했다. 그 시절 험난한 병고를 견뎌낸 뒤인 90년대 중반 무렵 죽이 척척 맞는 지인들과 유럽 여행길에 올랐던 적이 있다. 그때 원인 불명의 복통 때문에 이스라엘에서 하루인가 이틀을 병원에 입원했던 쓰디쓴 경험도 있다. 평탄치 않은 우여곡절을 겪었기에 별 탈 없이 지내려니 했다. 소박한 바람이 천만의 말씀 만만의 콩떡이었던가. 지난해(2020년) 정초에 심한 복통이 며칠간 진동한동 병원을 찾아 정밀 진찰한 결과가 야속하게도 담낭 결석으로 판명되었다. 여기에 엎친 데 덮친 격이었다. 간 수치가 위험할 정도로 높은 것으로 나타나 지루한 기다림 끝에 가까스로 담낭 절제 시술을 받을 수 있었던 관계로 달포 남짓 호되게 치도곤을 당하기도 했다.

아내는 거의 평발에 가깝다. 그래선지 도무지 걷는 것을 싫어한다. 그런 줄을 제대로 꿰지 못했던 천려일실의 불찰이 하나 있다. 지난 86년 큰 수술 후에 퇴원하여 얼추 반년 동안 두문불출한 채 방에 누워 지냈었다. 서울에서 학교에 다니고 사회생활을 했던 때문에 마산에 친구가 하나도 없어 밖에 나다닐 핑곗거리가 없었다. 운전이라도 하면서 자리를 털고 일어났으면 하는 절절한 바람에서 승용차를 사서 무조건 열쇠를 넘겨줬다. 지금 생각하니 그게 돌이킬 수 없는 패착이었다. 그 시절부터 가랑비에 옷이 젖듯이 시나브로 길들어 몇 발짝만 움직여도 차에 의존하는 처지로 전락했다. 이 때문에 척추 협착증까지 생긴 지금엔 아파트 단지 내의 둘레 길을 걷는 것도 부담스러워 한사코 손사래를 치는 처지로 전락하여 막막하다.

나는 어떤 경우라도 아내가 남편보다 단 하루라도 더 살아야 한다고 믿는 사람이다. 단현(斷絃)*의 아픔이 두렵다거나 애절한 사랑의 아픔을 이겨낼 재간이 없다는 이유가 결코 아니다. 오로지 남정네가 청승맞은 외기러기가 되어 잡다한 일상을 제대로 처리하지 못해 겪는 수모를 감당하기 어려우리라는 생각 때문이다. 게다가 아내가 겪을 험한 꼴을 온새미로 지켜본다는 사실은 내가 직접 고문을 당하는 이상으로 곤혹스러울 터이기에 피하고 싶기도 하다. 이런 맥락에서 아내에게 제발 건강에 관한 한 섣불리 '아무거나 경험하려고 들지 마소'라고 주제넘은 참견을 하고프다. 원하는 대로 될 일이 아님에도 말이다. 이런 생각에 빠져들다가 뜬금없이 언젠가 상당한 시선을 끌었던 "임아!

저 강을 건너지 마소"라는 영화가 불현듯 머릿속에 언뜻언뜻 어른거렸다.

* 더럭 : 어떤 생각이나 감정 따위가 갑자기 생기는 모양. 또는 어떤 행위를 갑자기 하는 모양.
* 세이레 : 아이가 태어난 후 스무하루 동안. 또는 스무하루가 되는 날. 대개는 이날 금줄을 거둔다.
* 단현(斷絃) : 현악기의 줄이 끊어짐, 또는 그 줄. 금슬(琴瑟)의 줄이 끊어졌다는 뜻으로 아내가 죽음을 이르는 말.

경남문학, 2021년 가을호(동권 136호), 경상남도문인협회, 2021년 9월 5일
(2021년 5월 22일 토요일)

최상의 선은 물과 같다

 등산로의 수로 옹벽에 글귀를 쓴 이는 누구일까. 불과 며칠 전의 일이었다. 등산로 초입의 임도를 걷는데 산 쪽으로 개설된 수로의 콘크리트 옹벽에 한자로 쓴 "上善若水(상선약수 : 최상의 선(善)은 물과 같다)"가 눈에 띄었다. 도로가 개설된 이후 30여 년이 넘도록 이끼가 끼거나 미세먼지가 덕지덕지 내려앉아 거무튀튀해진 옹벽에 날카로운 돌이나 쇠꼬챙이로 선명하게 휘갈겨 썼는데 달필이었다. 한자와 달필이라는 두 가지 관점에서 미루어 짐작할 때 최소한 장년 이상의 어느 누군가 썼지 싶었다. 한글세대인 젊은 층은 한자에 대한 청맹과니나 다를 바 없어 보고도 무슨 뜻인지 몰라 그냥 지나칠 개연성이 다분하다. 그럼에도 누가 보라고 그런 글귀를 썼는지 숨겨진 연유를 어림할 재간이 없었다. 요즘 세상이 어지럽고 뒤숭숭한 꼴을 한탄하며 장노년층의 일부라도 진정한 의미를 곱씹으며 현실을 되새겨보라는 의도가 담긴 게 아닌지 모르겠다. 진의가 어디에 있던 떡 본 김에 제사 모신다고 했던가. 이참에 상선약수에 대해 되새겨 보련다.

노자(老子)의 도덕경 제8장에서 이렇게 이르고 있다. "최상의 선(善)은 물과 같다/ 물은 만물을 이롭게 할지라도 다투는 일이 없으며/ 사람들이 싫어하는 낮은 곳에 자리한다(上善若水/ 水善利萬物而不爭/ 處衆人之所惡 : 상선약수/수선이만물이부쟁/처중인지소오)". 여기서 '상선약수'가 나타난다.

왜 '최상의 선은 물과 같다'라고 설파했을까. 기본적으로 예로부터 전해지는 유수칠덕(流水七德) 사상이 저변에 깔려 있지 않을까 싶다. 그 첫째로 '높은 곳에서 낮은 곳으로 흐르는 또는 낮은 곳을 찾아 흐르는' 겸손이다. 이를 다른 측면에서 생각하면 '물은 잘난 체하며 스스로 높이려 들지 않고 낮은 곳으로 겸허하게 흐르며 자신의 모습을 바꿔 현실에 적응한다, 결국 부드럽고 강하지만 자신을 드러내거나 과시하려 들지 않는다'. 둘째로 '막히면 돌아갈 줄 아는' 지혜이다. 셋째로 '청탁을 막론하고 구정물도 받아주는' 포용력이다. 넷째로 '어떤 그릇에도 담기는' 너그러운 융통성이다. 다시 말하면 '물은 그릇의 모양이나 형태를 탓하거나 거역하지 않고 담기는 유연성을 지니고 있다'라는 의미이다. 다섯째로 '바위도 뚫는' 인내와 끈기이다. 여섯째로 '장엄한 폭포처럼 투신하는' 용기이다. 일곱째로 '유유히 흘러 바다를 이루는' 대의가 그들이다.

고려의 나옹선사는 "물같이 바람같이 살다가 가라 하네(如水

如風而終我 : 여수여풍이종아)"라고 일갈했다. 여기서 중심 화두는 '흐르는 물처럼 살라'는 조언이다. 왜 이렇게 일렀을까. 물이 흐르지 않고 고이면 썩어 어떤 생명체도 살 수 없다는 관점에서 고인물이 되지 말라는 역설적인 강조의 반어법이 아닐까. 아울러 물은 막히면 돌아가고 조급하게 서둘지도 않을 뿐 아니라 앞서려는 다툼을 모른 채 순리대로 흘러간다는 맥락에서 어떻게 살아야 하는지를 넌지시 이르는 묵언의 가르침이리라.

"지자(知者)는 왜 물을 좋아하는가요?"라는 자공(子貢)의 물음에 대한 공자의 답은 많은 걸 시사한다. "물은 두루 미치지 않는 곳이 없다는 관점에서 사람의 미덕과 흡사하다. 낮은 쪽으로 무질서하게 흘러가는 것 같아도 늘 일정한 방향으로 흐르는 관계로 틀이나 법도를 벗어나지 않기 때문에 정의와 같다. 또한 깊은 계곡으로 낙하해도 본연의 모습을 잃지 않고 의연하게 제 길을 찾아 흐르는 관계로 지혜를 웅변한다. 아울러 물은 연약해 보여도 이르지 못하는 것이 없는 까닭에 슬기의 단면이다. 끝으로 세상에 모든 게 물속에 들어갔다 나오면 깨끗해지기 때문에 비뚤어진 사람을 교화시키는 이치이다. 이런 특징이 곧 지자의 성품을 닮음이라고" 일렀다. 이상과 같은 철학이나 가치관이 상선약수의 타당성을 입증하는 뒷받침이 아닐까.

어쩌면 상선약수는 물에 대한 예찬 성격이 짙다. 이와 결이 다른 얘기일지라도 한 가지 첨언한다. 물이 어디에 흐르느냐 따라 달리 호칭했다. 그 예이다. 서울의 북악산을 중심으로 할 때 오른쪽인 인왕산의 물을 백호수(白虎水), 왼쪽의 삼청동 뒷산의 물을 청룡수(靑龍水), 남산의 물을 주작수(朱雀水)라고 불렀단다. 한편 같은 물이라도 산 정상의 물과 산 아래 물의 맛이 다르고, 석간수와 모래에서 솟아나는 물의 맛이 다르단다. 그런가 하면 흙 속에서 나는 물은 맑으나 텁텁하고, 흐르는 물은 고여 있는 물보다 맛이 좋고, 응달 물이 양지쪽 물보다 맛이 좋다는 귀띔이다.

상선약수에서 '상선'은 가장 합리적이고 최상이라는 의미로서 삶에서 으뜸의 방법은 물처럼 살아가는 것임을 천명하고 있다. 다시 말하면 삶에서 최고의 선택은 '물처럼 살아가는 것'이기 때문에 그 지혜를 물에서 배우라는 고결한 가르침이 담겨 있음을 웅변하고 있지 싶다. 왜냐하면 물은 위에서 아래로 흐르며 막히면 알아서 돌아가면서도 절대로 되지 못하게 앞에 나서거나 우쭐대지 않고 낮은 곳에 자리하는 겸손의 미덕이 넘쳐난다. 게다가 어떤 형태의 그릇일지라도 그 모양이나 형태를 가리지 않고 담기는 유연성이 탁월하다. 또한 어떤 경우에도 자신의 이(利)나 탐욕을 위해 다툼을 벌이지 않아 넉넉하고 너르며 깊은 성인군자의 풍모를 닮았다. 이 같은 존재의 물을 최상으로 꼽아온 선현들이 더욱 크고 높게 보여 존경의 마음을 금할 길 없다.

한국수필, 2021년 11월호(통권 321호), 2021년 11월 1일
(2021년 9월 29일 수요일)

어린 시절의 여름 소환

무더위와 드잡이를 하다가 6.25 전쟁과 궤를 같이했던 어린 시절의 여름을 소환했다. 전쟁의 참화를 피하려고 피란은 불가피했다. 그 시절 아스라한 조각 기억의 퍼즐을 맞춰본다. 대가족이 떠났던 피란지에서 어렵사리 구한 집이 몇 해 동안 비워둬 지붕은 비가 샐 뿐 아니라 방문조차도 제대로 없어 누추하기 이를 데 없었다. 그런 때문인지 여름날 장마가 쏟아질 때면 썩을 대로 썩은 초가지붕 처마 끝에 커다란 구렁이가 위태위태하게 매달렸던 무서운 광경을 몇 차례 목격하며 내 머리 위로 떨어질까 봐 두려움에 떨기도 했다.

구렁이를 집에서 내쫓거나 죽이지 않았던 이면에는 다음과 같은 생각이 깔려 있지 싶다. 우리의 각종 신화나 전승에서는 사악하거나 신비한 힘을 지닌 존재로 등장하는데 특히 재산을 보호하는 신으로 숭배되는 모습으로 자리매김하였다. 이런 맥락에서 터주*나 업(業)*의 위치를 확보한 관계로 구렁이를 죽이거나 내쫓으면 액운이 따른다는 생각이 지배했다. 이런 연유에서 선조들 뇌리에 구렁이는 긍정의 의미로 각인되어 해코지하지 않고 적당한 공존의 길을 택했지 싶다.

피란지에서 우리 나이로 일곱 살에 초등학교를 입학했다가 이듬해 초 고향으로 돌아와 덜컥 홍역에 걸려 어쩔 수 없이 1년을 쉰 다음 휴전되던 해(1953년)에 다시 1학년에 입학하는 우여곡절을 겪었다. 결국 초등학교 1학년에 3년 동안 머물다가 겨우 2학년으로 진급했던 유별난 경험을 했다. 피란에서 돌아오니 우리 동네 모든 집은 불에 타 잿더미로 변했다. 임시 거처로 사용할 움막을 다시 지을 동안 가족 모두가 엄청난 고초를 겪었다. 이 시절 집안에 목욕 시설은 언감생심으로 여름철 불볕더위가 기승을 부리면 하루에도 몇 차례씩 어머니가 등목을 시켜주는 것으로 더위를 견뎌내야 했다. 바가지로 등에 퍼 붓게 마련인 샘물은 얼마나 찼던지 지금 회상해도 몸서리 처질 정도였다. 어쩔 수 없는 환경에 적응하며 시나브로 익숙해졌음일까. 그 후 고등학교 때까지 여름철이면 쭈뼛대거나 망설임 없이 어머니가 시켜주는 등목에 기꺼이 내맡기곤 했다.

피란 뒤 고향으로 돌아온 몇 해 동안 참으로 어려웠다. 누군가의 방화로 동네 전체가 잿더미로 변했을 뿐 아니라 남모르게 감춰두고 떠났던 곡식도 통째로 화마를 피하지 못해 입에 풀칠하기도 힘들었기 때문이다. 따라서 내남없이 초근목피로 근근이 연명하는 서러운 세월이었다. 그 시절 여름날 저녁 모깃불을 평상이나 멍석에 가족이 둘러앉아 감자나 삶은 옥수수를 나눠 먹으며 도란도란 얘기를 나누던 정경은 되레 그리운 추억이 되었다. 어른들 틈에 끼어 얘기를 듣다가 스르르 잠이 몰려와 어머니 무릎을 베고 누우면 드높은 하늘에 은하수가 가득해 쏟아 내리지 않을까 공연한 걱정을 하기도 했다. 비몽사몽의 상태에서 어른들의 얘기에 귀를 쫑긋 세우고 들어보려 기를 쓰다가 어느 결에 잠에 빠졌다가 눈을 뜨면 다음 날 아침인 경우가 숱했다.

어린 시절의 모깃불에 대한 추억이다. 보통 여름철 무더위가 기승을 부리면 저녁 무렵 어른들은 쑥대를 비롯한 생풀을 넉넉히 준비한다. 그랬다가 어슴푸레 어둠이 내려 저녁 식사를 할 즈음엔 마루나 평상 또는 멍석 옆에 모닥불을 피우고 준비한 모깃불용 생풀을 그 위에 놓으면 연기가 모락모락 피어올라 모기를 쫓는다. 모깃불은 잠자리에 들기 전까지 얘기를 나누던 자리에 성가신 모기를 쫓을 수 있는 유일무이한 수단이었다. 요즘에 비유하면 연막 소독이나 살충제를 뿌리는 것과 흡사한 대응책이 아닐까. 그 시절엔 연막 소독이나 살포하는 살충제가 전혀 없었다. 한데, 모깃불이 내뿜는 매캐하고 지독한 연기가 얄밉게 나만을 찰거머리처럼 따라다니며 눈물 콧물을 훌쩍거리게 만들던지 무척 원망스럽고 야속했다.

요즘처럼 선풍기나 에어컨이 없던 시절로서 더위를 식혀줄 유일한 존재가 부채였다. 그것도 접는 부채는 부잣집이 아니면 구경할 수 없었고 오로지 늘 펼친 상태로 긴 자루가 달린 타원형 부채뿐이었다. 가마솥더위가 기승을 부리면 거리낄 것 없는 남정네들은 남의 눈에 잘 띄지 않는 외진 곳의 냇물을 찾아가 멱을 감거나 집안에서 샘물을 길어 올려 등목으로 더위를 달랬다. 하지만 함부로 옷을 벗고 멱을 감거나 씻을 형편이 못 되는 아낙네들은 밤이 이슥해지면 몇몇이 짝지어 냇가의 은밀한 곳을 찾아가 조심스럽게 멱을 감는 것으로 더위를 쫓기도 했다.

지금은 대부분의 집에서 창문이나 출입문에 방충망이 있어 모기 침입을 막고 있다. 하지만 그 시절엔 방충망이라는 게 없었다. 게다가 방안이나 마루 등에서 잠을 잘 때 칠 모기장도 없었다. 그런 때문에 여름이면 살갗이 연약한 어린이들은 모기에 물린 자리가 곪거나 벌겋게 부어올라 고초를 겪는 경우가 다반사였다. 열악한 여름 나기를 하다가 초등학교 졸업할 무렵부터 여유가 있는 집에서는 모기장을 마련하기 시작했다. 초등학교를 마치고 중학교 때부터 타향살이하면서 단 한 번도 모기장을 마련해 모기의 피해에 대비했던 적이 없다. 결국 나는 지금까지 모기장 속에서 안락한 잠을 잤던 경험이 전혀 없는 원시인이다.

여름 하면 피할 수 없는 게 지루한 장마와 소나기를 위시한 비이다. 그 옛날 우리 조상들은 비 오는 날 우비*로 도롱이*를 사용했다. 그러다가 우산이 등장했다. 내 어린 시절 우산은 한지(韓紙)에 기름을 먹여 만든 종이우산과 검은 천(cloth)으로 만든 천우산이 있었다. 오늘날 흘러넘치는 게 검은 천으로 만든 우산이다. 그 당시는 값이 만만치 않아 서민들은 쉬 손에 넣을 수 없었다. 이들 두 가지 재질의 우산이 자연스럽게 시장을 석권했었는데, 신소재인 비닐우산이 출하되며 한때 시장을 지배하기도 했다. 한편 천으로 만든 우산을 내 것으로 지녔던 게 중학교 졸업 무렵인 1958년쯤이었지 싶다.

가정을 꾸린 이후 아파트에 거주하며 완벽한 방충망 덕이었지 싶다. 모기 걱정을 했던 적이 없어 그 문제에 대해서는 그리 민감한 편이 아니다. 또한 어린 시절부터 열악한 환경에 길들여진 연유일 게다. 지금도 더위로 땀이 대책 없이 솟구쳐도 선풍기나 에어컨 바람은 가능한 한 피하려 애를 쓴다. 촌스럽게 그들 바람을 정통으로 맞으면 기침이나 재채기가 계속 나 견디기 어렵기 때문이다. 흔히들 사람은 환경의 동물이라고 한다. 살아온 환경을 무시할 수 없다는 얘기이다. 디지털 세상인 오늘을 살면서 생체 리듬은 아날로그 시대의 수준에 머무는 나는 달갑지 않지만 디지털 이주민(digital immigrants)이 틀림없다.

* 터주(--主) : 집터를 지키는 지신(地神). 또는 그 자리. 가마니 같은 것 안에 베 석 자와 짚신 따위를 넣어서 달아 두고 위한다.
* 업(業) : 민속에서 한 집안의 살림을 보호하거나 보살펴 준다고 하는 동물이나 사람. 이것이 나가면 집안이 망한다고 생각했다.
* 우비(雨備) : 비를 가리기 위하여 사용하는 물건을 통틀어 이르는 말이다. 이는 우산, 비옷, 삿갓, 도롱이 따위를 이른다.
* 도롱이 : 짚이나 띠 따위로 엮어 허리나 어깨에 걸쳐 두르는 비옷. 예전에 주로 농촌에서 일할 때 비가 오면 사용하던 것으로 안쪽은 엮고 겉은 줄거리로 드리워 끝이 너덜너덜하게 만든다.

마산문학 45집, 마산문인협회, 2021년 12월 18일
(2021년 8월 9일 월요일)

Ⅱ. 물방울이 돌을 뚫을까

물방울이 돌을 뚫을까
임인년을 상징하는 호랑이의 되새김
우리말을 혼탁 시킨 일제 그림자
족보를 들여다보다가
접두사로서 '도읍 도(都)' 자의 특별한 의미
십장생도와 만남
우리의 사자성어와 조우
오도송을 넘겨다보기
동양화 건너다보기
복숭아에 얽힌 일화
되새기는 악어의 눈물
위기십결 이야기

물방울이 돌을 뚫을까

'물방울이 돌을 뚫는다'라는 뜻의 고사성어가 수적천석(水滴穿石)이다. 요즈음엔 '매우 작고 미미할지라도 끊임없이 지속하면 큰 열매를 거둘 수 있다'라는 긍정적인 메시지가 강한 의미로 쓰인다. 이 말이 최초에는 현대와 달리 부정적인 맥락이 강했다. 그 유래와 만남이다. 옛날 중국 북송(北宋) 시대로 거슬러 올라가야 한다. 장괴애(張乖厓)라는 이가 숭양현(崇陽縣) 현령(縣令)으로 재직하던 시절의 일화에서 비롯되었다.

'장괴애가 숭양현의 현령 시절 어느 날 한 관원이 관아의 창고에서 나오는 수상한 모습을 발견했다(張乖厓爲崇陽令一吏自庫中出)'. 수상쩍어 그 범법 혐의자를 불러 세우고 연유를 추궁하니 엉뚱한 변명만 주워섬기는 꼴이 믿기지 않아 집요하게 물고 늘어지며 심문했다. 검색결과 '그의 귀밑머리 곁의 두건 속에서 동전 한 닢이 나왔다(視其鬢傍巾下有一錢)'. 그 동전의 출처를 예리하게 파고들며 추상같이 질타하면서 다그치자 이윽고 진실을 실토했다. '그를 조사하니 창고에서 훔친 동전이라고 토설했다(詰之乃庫中錢也)'.

매우 진노한 현령이 그를 엄하게 다스리라 마음을 다지며 지엄한 판결을 했다. '장괴애가 그 관원에게 곤장을 치라고 명하니 그 관원이 억울하다며 말을 내뱉었다(乖厓命杖之 吏勃段曰)'. 동전을 절취했던 관원의 항변이다. '기껏해야 동전 한 닢을 가지고 어찌 과중한 벌로 다스리려 내게 매질을 하려 드십니까(一錢何足道 乃杖我耶)'. 이어서 관원은 이렇게 이죽거렸다. '당신은 내게 장을 칠 수 있을지라도 목을 벨 수는 없을 것입니다(爾能杖我 不能斬弟也)'.

오만불손한 관원의 태도가 괘씸하기 짝이 없었던 현령이 단호한 용단을 내렸다. '장괴애는 붓을 들어 판결문을 쓰면서 말했다(乖厓援筆判曰)'. 이때 그가 한 말들이다. '하루에 한 닢이면 천 일이면 천 닢이 된다(一日一錢天日一千)'라는 꾸짖음에 이어서 '노끈으로 톱질을 해도 너끈하게 나무를 자를 수 있고 물방울이 돌을 뚫는다(繩鋸木斷 水滴石穿)'. 이같이 준엄하게 일갈하고 나서 다음과 같이 관원을 과감하게 처단했다. '스스로 칼을 들고 계단 아래로 내려가 그의 목을 베었다(自仗劍 下階斬其首)'. 관원의 목을 벤 그가 다음과 같이 행동함으로써 지금까지 그 사실이 전해지고 있단다. '대부(臺府)의 감찰 기관에 직접 찾아가서 세세하게 소명함으로써 숭양 사람들 사이에 그 이야기가 여태까지 전해지고 있다(申臺府自劾崇陽人至今傳之)'. 이 고사 내용을 중국의 고서인 학림옥로(鶴林玉露)*에 기록되어 있다.

  우리 주위에서 회자되는 이 성어와 흡사한 몇 가지 예이다. '물방울이 모여 연못을 이룬다'라는 적수성연(積水成淵), '흙이 쌓여 산을 이룬다'라는 적토성산(積土成山), '먼지가 쌓여 산을 이룬다'라는 적진성산(積塵成山), '이슬방울이 모여 바다를 이룬다'라는 노적성해(露積成海), '우공이 산을 옮긴다'라는 우공이산(愚公移山), '도끼를 갈아 바늘을 만든다'라는 마부작침(磨斧作針) 따위가 언뜻 떠오른다. 그런데 위에서 적시한 원문엔 '수적석천(水滴石穿)'이지만 '수적천석(水滴穿石)'으로도 표기한다. 이들 둘은 같은 의미로 통용되고 있다. 현대문명을 맘껏 구가하다가 천박한 물질문명이 영혼까지 타락시켜 반칙과 편법이나 불법이 정도를 깔아뭉개며 횡행하는 오늘날에도 이 같은 철학이 유효하고 곧이곧대로 맹신해도 되는 걸까.

---

* 학림옥로(鶴林玉露) : 중국 송(宋)나라 나대경(羅大經)이 펴낸 책으로 1251년에 18권으로 간행되었다. 이 책은 시화(詩話), 어록(語錄), 소설의 문체로 가술 되어 있다. 한편 문인, 도학자, 선인들의 말을 싣고 있는가 하면 주희(朱熹)나 장재(張載) 등의 말을 인용하고 있다. 아울러 구양수(歐陽修)나 소식(蘇軾) 같은 이들의 글을 찬양하는 내용이다. 전체적으로 천(天)과 지(地) 그리고 인(人) 등의 3부로 나뉘어 있다.

(2021년 4월 11일 일요일)

임인년을 상징하는 호랑이의 되새김

'호랑이 해'인 임인년(壬寅年)이다. 여기서 임(壬)은 '검은색(黑)', 인(寅)은 '호랑이(虎)'를 의미하기 때문에 결국 '검은 호랑이(黑虎)의 해'란다. 원래 호랑이는 용맹하고 기백이 뛰어나며 강인하여 공포의 대상이다. 이와 대비되는 지략과 덕성의 면모도 지녔다고 하여 혐오의 대상인 야생 짐승이 아니라 존숭(尊崇)과 신앙의 대상인 영물(靈物)로 자리 잡기도 했다. 그러므로 사납고 무서울 뿐 아니라 친근하게 인식되기도 하는 두 얼굴의 묘한 존재이기도 하다. 이런 이중성에 기인한 현상일까. 예로부터 우리 선조들은 다양한 부문에서 호랑이는 친숙한 동행자로 여겼던 것 같다.

우리의 다양한 구전설화(口傳說話)나 속담 또는 민화·벽화·회화·공예품·자수·석상 따위에 호랑이가 등장하는 경우가 부지기수이다 이를 미루어 짐작할 때 선조들의 삶과 문화에 깊숙하게 뿌리내리고 있음을 유추할 수 있다. 이 외에도 무신도(巫神圖)나 산신도(山神圖)를 비롯한 불교나 도교의 회화(繪畫)와 같은 종교 분야의 그림에서까지 등장했다. 이렇게 '호랑이와 밀접한 얘기가 많다'라는 맥락에서 감히 호담국(虎談國)이라고 불러도 되지 않을까. 그 몇 가지 예이다. 우리 조상들은 새해를 맞으면 대문에 호랑이가 그려진 문배도(門排圖)를 붙여 잡귀나 나쁜 기운을 물리치는 도액(度厄)과 함께 복을 빌었다. 또한 입춘날 대문에 한자로 '범 호(虎)'자를 써 붙이는 풍습도 문배도와 같은 맥락이리라. 아울러 동국세시기(東國歲時記)에 나타난 '민간의 벽에 닭이나 호랑이 그림을 붙여 재앙과 역병을 물리치려고 한다'라는 내용 또한 결을 같이 한다.

예로부터 호랑이를 산군(山君)·산왕(山王)·산중영웅(山中英雄)·산신령(山神靈)·산령(山靈)·산군자(山君子) 등으로 부름은 옛 선조들의 문화에 깊숙이 스며들어 뿌리를 내렸던 친밀한 동물이라는 증좌이다. 그 예이다. 먼저 이규경(李圭景)의 오주연문장전산고(五洲衍文長箋散考)에서 '호랑이를 산군(山君)으로 모시고 무당이 진산(鎭山)에서 도당제(都堂祭)를 모셨다'라는 기록이 눈에 띈다. 한편 오늘날 산신당(山神堂)에서 '호랑이가 산신으로 사자로 묘사되기도 하고', '호랑이 자체가 산신으로 모셔지기도' 한다는 귀띔이다. 또한 이 땅에 하늘이 열리던 단군신화에서부터 끊임없이 등장하기 시작한 호랑이가 오늘날에 이르러 '호돌이'와 '수호랑'으로 거듭 다시 태어남은 우리 정서 속에 영원한 동반자라는 얘기가 아닐까.

아마도 호랑이가 위엄을 갖춘 군자를 상징함 때문이리라. 오래전 18세기부터 '호랑이가 산을 나서는 모습을 묘사'한 출산호(出山虎) 그림을 많이 그렸다는 전언이다. 이 부류의 그림 중에 단원 김홍도의 송하맹호도(松下猛虎圖)와 죽하맹호도(竹下猛虎圖)가 도드라진다. 또한 최근 작품으로 황종하(黃宗河)의 맹호도(猛虎圖), 불법(佛法)을 수호하는 호랑이 신장(神將) 그림으로써 '절에서 큰 행사를 할 때 해당 방위에 걸어 잡귀를 막는 역할'을 한다는 십이지신도-인신(十二支神圖-寅神), 은산별신제(恩山別神祭)에서 사용하던 산신도(山神圖)가 눈에 띈다. 이 산신도에는 백호(白虎)와 장수(長壽)의 상징인 불로초와 복숭아가 그려져 있다.

민속(民俗)에서 호랑이는 첫째로 '산신으로 좌정(坐定)'하거나, 둘째로 '산신을 보좌하는 동물'로 나타낸다. 또한 호랑이 가죽인 호피(虎皮)나 호랑이 무늬가 주술적인 의미로 쓰인 경우가 있다. 혼례를 치른 새댁이 타는 가마인 사인교(四人轎) 위에는 '액땜 즉 도액(度厄)을 위해 호랑이 가죽인 호피나 호랑이 무늬가 그려진 가마 덮개를 얹고' 다녔다. 아울러 여러 민화(民畵)에서 수많은 사람이 즐겨 그렸던 '까치와 호랑이'의 다양하게 묘사된 모습 얘기이다. 그림에서 호랑이가 때로는 근엄하고 인자한 자태로, 때로는 부드럽고 바보같이 코믹(comic)하게, 때로는 잔뜩 약이 올라 얄궂게 일그러져 삐딱한 몰골로, 때로는 벌을 받으며 괴로워하는 우스꽝스러운 모양으로 표현됨으로써 해학적이고 풍자적이며 추상적으로 희화화(戱畫化)된 경우가 무척 많다. 물론 한 치의 흐트러짐도 없는 성인군자 같은 반듯한 위엄의 본보기 같은 자태도 있지만 말이다. 이외에도 '어려운 일을 당하더라도 침착하게 대처하면 해결할 수 있다'라는 뜻으로 쓰이는 "호랑이에게 물려가도 정신만 차리면 산다"를 비롯한 여러 속담이 현재도 회자(膾炙)되고 있다.

우리에게 12지(十二支) 중에 하나 이상의 매력과 영민함으로 각인된 호랑이다. 그중에서도 검은 호랑이는 강인성, 열정, 불굴의 도전 정신, 강한 독립성, 빼어난 지도력 등을 두루 지니고 있단다. 맹수의 공격성이나 사나운 짐승 대신 우리와 친근할 뿐만 아니라 신통력을 지닌 영물로서 우리를 지켜주는 수호신으로 각인되어 온 호랑이다. 이같이 영험한 영물이 든든하게 옆을 지켜주는 올해 임인년은 두루 행복하고 보람되어 만사형통의 한 해가 된다면 더 바랄 게 없을 터인데.

한올문학, 통권 146호(2022년 2월호), 2022년 2월 10일
(2022년 1월 3일 월요일)

우리말을 혼탁 시킨 일제 그림자

"찌찌, 애매, 우동, 짬뽕, 무대포, 야지, 단도리, 쎄쎄쎄, 빵꾸, 삐까삐까, 자바라, 찌라시, 다마, 곤로, 구루마, 빤스, 다라이, 신쭈, 유도리" 이들은 어떤 공통점을 지녔을까. 공연한 헛수고 말고 아래를 살펴보면 금세 해답을 찾으리라.

"찌찌(ちち : 젖가슴, 유감), 애매(曖昧 : あいまい : 모호), 우동(うどん : 가께우동, 가락국수, 국수), 짬뽕(ちゃんぽん : 얼큰 탕, 뒤섞기), 무뎁뽀(無鐵砲 : むてっぽう : 앞뒤 생각 없이 무턱대고 하는 모양), 야지(野次, 彌次 : やじ : 야유), 단도리(段取 : だんどり : 채비, 준비), 쎄쎄쎄(せっせっせ : 짝짝짝, 야야야), 빵꾸(パンク : puncture : 펑크, 구멍), 삐까삐까(ぴかぴか : 삐까번쩍, 번쩍번쩍), 자바라(じゃばら : 주름 물통, 주름 대롱), 찌라시(散 : ちらし : 전단, 광고지), 다마(珠, 球, 玉 : たま : 구슬, 알, 전구, 당구), 곤로(爐 : こんろ : 풍로, 화로), 구루마(車 : くるま : 차, 마

차), 빤스(ペンツ : pants : 팬티), 다라이(たらい : 대야, 함지), 신쭈(眞鍮 : しんちゅう : 놋쇠), 유도리(ゆとり : 융통성, 여유)"

위 내용에서 공통분모가 일본어라는 사실을 어렵지 않게 깨달을 것이다.

일제 36년의 지배가 끝나던 해에 태어난 해방둥이다. 그런 내가 어느덧 희수(喜壽)에 이르렀으니 일제의 지배를 받은 세월의 두 배를 넘게 살아왔다. 국권을 빼앗겼던 시절 그들은 대놓고 우리 문화 말살 정책을 펼치는 만행을 서슴지 않았다. 그중에서도 우리말과 글을 전면적으로 부정하려던 획책이 극에 달해 수많은 우국지사를 비분강개하게 했다. 해방되고 꽤 많은 세월이 흐른 여태까지도 그 잔재들이 "쓿은쌀 속에 등겨가 벗겨지지 않은 채로 섞인 벼 알갱이"인 '뉘'처럼 입말로 쓰이고 있다. 물론 해방 직후엔 일본말이 무절제하게 뒤섞여 쓰였던 까닭에 "뉘가 많이 섞인 쌀"인 '뉘반지기'를 떠올릴 지경이었다. 그동안 여러 경로를 통해 거의 걸러져 정화되었음에도 아직도 잔재가 남아 있다.

일제로부터 해방된 이후에도 지금 6, 70대 이상의 연령층에서 많이 듣고 입에 올리며 접했던 말의 조각이다.

벤또(べんとう : 도시락), 바께쓰(バケツ : bucket : 양동이), 가미소리(剃刀 : かみそり : 면도(칼)기). 가이당(階段 : かいだん : 계단, 층계), 게다(げた : 나막신), 노깡이나 도깡(土管 : どかん :

토관), 닌징(にんじん : 당근), 다꽝(たくあん : 단무지), 다다미(たたみ : 일본식 방에 까는 두꺼운 깔개), 단스(簞 : たんす : 옷장, 장롱), 마호병(魔法瓶 : まほうびん : 보온병, *마호 ⇨ 마법이나 마술을 뜻함), 멕기(鍍金 : めっき : 도금), 몸뻬(もんぺ 허드레 바지, 들일이나 허드렛일을 할 때 주로 여성들이 입는 일 바지), 사라다(サラダ : 샐러드의 일본식 발음), 사시코미(差翔 : さしこみ 콘센트), 센베이(煎餅 : せんべい : 전병과자), 소바(蕎麥 : そば : 메밀(국수)), 싯뿌(濕布 : しっぷ : 찜질), 쓰리(摸 : すり : 소매치기), 쓰봉(ズボン : jupon : 양복바지), 오뎅(おでん : 어묵), 오카네(おかね : 돈), 우와기(うわぎ : 윗도리, 상의, (양복)저고리), 자부동(ざぶとん 방석), 장깸뽀(じゃんけん : 가위바위보), 조끼(チョッキ : jug : 잔), 조로(如雨露 : ぞうり : 물뿌리개), 쯔메기리(つめぎり : 손톱깎이), 하꼬(箱 : はこ : 상자. 함지), 함바(はんば : 현장식당, 노무자 합숙소), 헤라(へら : (구두)주걱), 후키(吹 : ふき : 분무기, 뿜질) 따위가 언뜻 떠오른다.

한편 하는 일이나 직업을 지칭하던 몇 가지를 대충 간추린 내용이다.

가오((顔 : かお)마담 : 얼굴마담 : 카오 ⇨ 얼굴, 체면), 꼬붕(子分 : こぶん : 부하, 종), 나까마(仲間 : なかま : 거간꾼, 중간상), 데모도(てもと 미장이나 목수의 조수, 심부름꾼), 뎃빵(鐵板 : てっぽん : 우두머리, 두목, 철판), 시다(下 : した : 보조원, 조수), 시로도(素人 : しろぅと : 초보자, 신출내기, 풋내기), 신마이(親

前 : しんまい : 신참, 풋내기), 오야(爺 : おや : 우두머리, 두목, 계주), 오야붕(親分 : おやぶん : 우두머리, 두목, 책임자), 오야지(親爺 : おやじ : 우두머리, 책임자, 공두(工頭)) 따위를 열거할 수 있겠다.

사회생활을 하면서 소용되는 이런저런 개념이나 생각을 나타내는데 사용되는 말들을 여기저기서 설렁설렁 그러모았다.

젠또(見當 : けんとう : 가늠, 어림짐작), 간빠이(かんぱい : 건배, 축배), 젠세이(牽制 : けんせい : 견제), 고바이(勾配 : こうばい : 언덕, 오르막, 비탈), 곤조(根性 : こんじょう : 근성, 본성), 구라(くら : 거짓말, 속이다), 기스, 키스(きず : 흠, 흠집, 상처), 쿠세(くせ : 버릇, 습관), 깡(換 : かん : 환전, 바꾸다), 나가리(流 : ながり : 취소, 깨짐, 유찰, 허사, 무효), 나라비(ならび : 줄서기), 나시(なし : 민소매, 소매 없는 옷), 네다바이(ねたばい : 사기, 날치기), 다스, 타스(タス : dozen, 12개, 타(打), 묶음), 데코보코(でこぼこ : 요철, 올록볼록), 덴싱(でんぜん : 올 풀림, 줄 나감), 마끼(まき : 두루마리, 감은 것), 만땅((滿タンtank) : 만탱크, 가득 채움), 붐빠이(分配 : ぶんぱい ; 분배, 나눔), 시마이(仕舞, 終 : しまい : 마감, 끝냄), 신삥(新品 : しんぴん : 새것, 신품), 싱(芯 : しん : 심(지), 속), 시찌부(七分 : しちぶ : 칠분, (전체의)칠할), 쇼부(しょうぶ : 승부, 결판, 흥정), 아다리(當 : あたり : 적중, 체하다, 단수 바둑), 야마시(山師 : やまし : 속임수, 사기), 야메(やみ : 뒷거래, 암거래), 우라까이(うらがえ : 뒤집기),

야사시(やさし : 아름다운, 우아한), 와리깡(わりかん : 나눠 내기, 각자 부담, 각추렴), 입빠이(一杯 : いつぱい : 한잔, 가득, 양껏), 하야카시(冷 : ひやかし : 희롱, 꼬신다), 후로쿠, 후루쿠(フルク : fluke : 요행, 엉터리) 등을 들 수 있지 싶다.

우리의 일상에 소용되는 잡다한 물건이나 사물에 대한 명칭은 엄청 다양하게 쓰였던 흔적에 어안이 벙벙했다. 젊은 시절부터 공사현장을 전전하며 삶을 꾸렸던 초등학교 친구가 있다. 그는 일본말을 배운 적이 전혀 없음에도 토목이나 건축에 관련된 용어 사용은 박사급이다. 그 분야에서 쓰이는 용어 대부분이 그렇다고 했다. 아직도 특정 분야에는 이런 현실을 논외 하더라도 그 폐해 증적이 입때까지 어른거렸다.

가꾸(額 : がく : 틀, 액자), 간끼리(罐詰 : カンきり : 깡통따개), 구찌베니(口紅 : くちべに : 연지, 립스틱), 곤냐쿠(蒻 : こんにゃく : 곤약), 기지(きじ : 옷감, 천, 원단), 네지(螺子 : ねじ 나사(못)), 다이(だい : 선반, 받침대, 진열대), 덴뿌라(てんぷら : 튀김), 도쿠리(德利 : とくり : 긴 목 셔츠, 조막 병(甁)), 란닝구(ランニング : running shirts : 러닝셔츠), 미깡(蜜柑 : みかん : 감귤, 귤, 밀감), 모찌(もち : 찹쌀떡), 보단(ボダン : button : 버튼, 단추, 누름쇠), 사라(さら : 접시), 사시미(さしみ : 생선회), 세꼬시(背串し : せこし : 뼈 회, 뼈 채로 써는 회), 스시(壽司 : すし : 초밥, 김초밥), 아나고(穴子 : あなご : 붕장어, 바닷장어), 아다라시(新 : あたらしぃ : 새것), 아이롱(アイロン : iron : 다리미, 머리 인두),

앙꼬(あんこ : 팥소 등과 같이 속을 채우는 물건), 오차(おちゃ : 차), 와리바시(わりばし : 소독저), 요지(ようじ : 이쑤시개), 와이로(賄賂 : わいろ : 뇌물), 우나기(鰻 : うなぎ : 뱀장어), 우라(うら : 안감, 뒤), 에리(えり : 깃, 칼라), 지리(ちり : 냄비 요리의 일종) 등을 쉬 접했던 것 같다.

어린 시절부터 들어온 내용 중에 아래의 예들 역시 뇌리에서 쉬 지워지지 않아 되돌아본다는 맥락에서 정리해 봤다.

간조(勘定 : かんじょう : 계산, 셈, 대금지불, 회계), 구치비끼(籤引 : くじびき : 제비뽑기, 추첨), 바가(ばか : 바보), 바가야로(ばかやろう : 멍청이, 멍텅구리), 빠꾸(バック : back : 뒤로, 퇴짜), 뽕구라(ぽんくら : 멍텅구리, 바보, 얼간이), 기레빠시(切端 : きれぱし : 자투리, 조각, 토막), 기마이(氣前 : きまえ : 선심 쓰다, 선심을 보이다), 뗑깡(てんかん : 억지, 생떼, 행패, 방해), 마에가리(前借 : まえがり : 가불), 사바사바(さばさば : 속닥속닥, 뒷거래), 아다마(頭 : あたま : 머리), 엥꼬(えんこ : 떨어짐, 바닥남, 고장 나서 꼼짝 않고 그 자리 섰다), 오사마리(納 : おさまり : 끝맺음, 결말), 와리(割 : わり : 나눔, 분배), 이찌방(一番 : いちばん : 일 번, 첫째, 일등), 하바(幅 : はば : 폭, 너비), 히야시(冷(ひ)やし : 차게 함, 차게 한 것) 등등이 입에 낯익었지 싶다.

통한의 역사였던 일제 36년 지배로부터 독립한 지 어언 일흔

해가 훌쩍 지났음에도 그 질곡의 역사 바로 세우기는 현재 진행형이다. 그 시절 우리 전통을 통째로 부정한 채 창씨개명(創氏改名) 같은 무지몽매한 정책을 거리낌 없이 자행하던 통치의 폐해는 너무도 깊고 컸다. 다른 분야도 크게 다르지 않겠지만 우리말이나 글에서 일제의 그림자를 아직도 완벽하게 지우지 못한 현실이다. 한 나라의 문화나 언어가 넓은 세상의 다양한 문물을 폭넓게 수용하며 대승적인 차원에서 미래의 발전 방향을 겨냥해야 하리라. 그럴지라도 말과 글 부문에서 우리의 영혼과 얼을 모지락스럽게 짓밟으며 혼탁 시킨 일제의 그림자는 반드시 극복해야 할 소명일지어다.

(2021년 1월 26일 화요일)

족보를 들여다보다가

족보는 한 가문의 계통과 혈통 관계를 부계 중심으로 기록한 책이다. 이런 연유에서 동일 혈족의 혈통을 존중하고 가통을 계승하여 명예로 삼기 위해 그 역사와 계통을 밝히는 역사책이라고 규정해도 무리가 없지 싶다. 이를 들여다보다가 몇 가지 관련된 사항이 헷갈려 여러 자료를 들췄던 적바림이다.

족보는 성씨와 밀접한 관계가 있다. 그 옛날에도 성이 다양했던 것으로 유추되는 게 백성(百姓)이란 말로써 이는 백 가지 성씨라는 뜻이기도 하다. 오늘날 우리나라엔 5,582개의 성이 있고 한다*. 고대엔 성씨가 곧 신분을 상징했다는 기록이다. 따라서 보통 사람들은 이름만 있었고 성씨는 없는 경우가 많았단다. 삼한 시대부터 삼국시대까지 일부 귀족만 성을 사용했으리라는 추측이 정설처럼 전해지고 있다. 왜냐하면 성은 나라에 공을 세운 사람들에게 임금이 내려준 것으로 일정한 지위가 부여된 벼슬아치들을 부르던 호칭이기도 했다는 얘기이다. 이렇게 임금이 하사해 주는 것을 사성(賜姓)이라고 한다.

고려 태조인 왕건이 개국공신과 지방 토호 세력을 묶기 위해 전국을 군과 현으로 개편하고 성(姓)을 하사했다. 이를 계기로 우리나라의 성씨 체계의 토대가 마련되었고 이 과정에서 성을 하사받은 이들은 자연스럽게 각 성씨의 시조가 되었다. 그런데도 성의 쓰임이 유명무실했었는지 11대 왕이었던 문종은 '성이 없는 사람은 과거에 응시할 수 없다'라는 법령을 내리기도 했었단다. 한편 조선 시대는 개국 초기부터 일반 백성들도 성을 사용했다. 그렇다고 해도 노비와 천민들은 조선 후기까지도 사용할 수 없었다가 마침내 1909년 새로운 민적법(民籍法)이 제정되면서부터 모든 백성이 성과 본(本)을 가질 수 있었다.

간단명료할 것이라고 예상했는데 오판이었다. 시조라는 개념도 도시조(都始祖), 비조(鼻祖), 시조, 관시조(貫始祖), 기시조(起始祖), 중시조(中始祖), 파조(派祖), 입향조(入鄕調) 등 다양했다. 보통 몇 세손(世孫)인지 따질 때 시조의 종류에 따라 숫자가 바뀌므로 이들 개념의 정확한 이해가 필요하다.

먼저 비조는 시조 이전의 선계(先系) 조상 중에 가장 높은 어른을 뜻한다. 한편 도시조는 계대(系代)의 맨 윗대 조상을 시조로 했는데, 시조 위의 계대를 모르다가 추후에 자료가 발견되어 그 시조의 휘(諱)를 알게 되었을 경우 이를 도시조라고 한다*.

아울러 시조는 한 겨레나 가계의 맨 처음이 되는 조상을 뜻한다.

또한 관시조는 어떤 성씨 본관(本貫)*의 시조가 되는 조상을 말한다. 그런가 하면 기세조는 보통 족보 등의 계대(系代)를 보면 시조를 1세(一世)로 한다. 그런데 윗대 조상의 후계를 상고(詳考)하기 어려워 세계(世系)가 불분명하여 추후에 세를 정함에 도시조나 시조를 1세로 할 수 없을 경우 종중(宗中)의 추존(推尊)을 받아 훌륭한 조상을 1세로 정한 조상을 의미한다.

아울러 중시조는 가문의 흐름이 끊기거나 쇠퇴하여 중간에 이를 회복한 조상 한 분을 다시 시조로 지정하는 경우를 말한다. 또한 파조는 성 씨에서 ○○파(派)의 시조를 지칭하며 파시조(派始祖)라고도 한다. 끝으로 입향조는 어떤 마을에 맨 처음 들어와 터를 잡은 사람 또는 그 조상을 뜻한다.

족보를 볼 때 이따금 몇 세손(世孫)인지, 몇 대손(代孫)인지 헷갈려 당황했던 적이 있다. 그런데 세대(世代)란 '세(世)'와 '대(代)'의 합성어로 여기서 세는 '한 사람의 한평생'을 뜻하고, 대는 '대신하여 잇는다'라는 의미이다. 따라서 세대는 가계 체계 구성의 핵심 개념으로 선조와 후손의 연속성을 나타낸다.

일반적으로 윗대로부터 순차적으로 아랫대를 지칭할 때는 세손으로 호칭한다. 다시 말하면 선조로부터 아래로 후손을 호칭할 때 '세'를 붙여서 시조를 1세(一世), 그 아들은 2세, 그 손자는

3세, 그 증손은 4세, 또한 그 현손(玄孫)은 5세 식으로 후대로 내려가며 호칭해 나가면 된다. 이렇게 세를 따져 나갈 때 기준이 되는 사람의 차례가 되면 자신도 포함시켜 세를 헤아려야 한다. 다음으로 '대'는 대불급신(代不及身)이라 하여 기준이 되는 사람을 빼고 헤아린다. 그런데 대손(代孫)을 규정하는 원칙은 다음과 같이 두 가지가 있다. 첫째로 기준이 되는 사람의 위로 1대조(代祖)(父), 2대조(祖父), 3대조(曾祖父), 4대조(高祖父), 5대조(玄祖父) 하는 식으로 제일 위의 선대(先代)까지 따져나가면 된다. 둘째로 기준이 되는 사람을 중심으로 그 아래로는 1대손(子), 2대손(孫), 3대손(曾孫), 4대손(玄孫), 5대손(來孫), 6대손(昆孫), 7대손(仍孫), 8대손(雲孫) 하는 식으로 가장 아래의 대까지 따지면 된다. 그러므로 가계(家系)의 연속성이라는 맥락에서 주로 대라는 개념을 사용한다.

족보에서 다음 대의 '아들(子)' 이름 대신에 드물게 한자(漢字)로 "无後(무후)"라는 단어가 드물게 세로로 나타난다. 여기서 "무후"란 '뒤가 없다' 혹은 '자손이 없다'라는 의미이다. 다시 말하면 원칙적으로 자식이 없어 대가 끊긴 '절손(絶孫)'을 뜻한다. 또한 족보에 특정한 대의 '형제를 세로로 표기(子 一柱/子 一弘)한 오른쪽에 세로로 '관시조 ○○세(貫始祖 四十八世)/도시조 ○○세(都始祖 六十一世)라는 식으로 나란히 표기된 경우가 보인다. 이는 "일주 씨와 일홍 씨"는 관시조로 따져 48세손인 동시에 도시조로 따질 때 61세손이라는 뜻이다.

같은 씨족의 시조부터 편찬 당시 자손까지의 계보를 기록하고 있는 게 족보이다. 여기서 씨족은 성과 본관이 같아서 동조의식(同祖意識)을 가진 남계친족(男系親族)을 뜻한다. 이를 통해 종적(縱的)으로는 시조로부터 현재 동족원까지의 관계를 파악할 수 있다. 또한 횡적(橫的)으로는 현재의 동족과 상호 혈연적 친소원근(親疎遠近)의 관계를 알 수 있다. 족보의 명칭은 세보, 족보, 파보를 비롯하여 엄청 다양한 이름으로 회자되고 있다. 기회가 닿을 때마다 족보를 들여다보면서 생소했던 의문 사항을 이리저리 자료를 찾아 해결했다. 아직도 항렬자(行列字)*가 어떤 규칙에 따라 정해지는지 아리송하다. 그래도 씨족의 갈래는 청주 한 가의 공안공파(恭安公派) 34세손으로서 족보에 오른 내 이름은 호적에 올라 있는 '판암(判岩)'이 아니라 '판규(判奎)'라는 사실만은 또렷이 기억하고 있다.

* 2015년 '인구주택 총 조사'의 결과에 따르면 우리나라의 성(姓)은 5,582개라고 한다. 이중에 한자로 표기 가능한 성이 1,507개이고, 한자로 표기 불가능한 성이 4,075개라는 믿기지 않는 보고이다.
* 접두사(接頭辭)인 '도(都)'로 시작되어 '우두머리'라는 뜻을 함축하는 명사(名詞)의 예로서 도유사(都有司), 도편수(都邊首), 도목수(都木手), 도사공(都沙工), 도사령(都使令), 도총섭(都摠攝), 도포수(都砲手) 따위가 있다.
* 본관(本貫) : 시조의 출신지 또는 시조가 근거지로 삼은 지역을 뜻한다.

(2021년 6월 7일 월요일)

접두사로서 '도읍 도(都)' 자의 특별한 의미

한자의 '도읍 도(都)' 자가 접두사로 쓰여 '우두머리'라는 뜻을 함축하는 명사(名詞) 얘기이다. 그다지 많지는 않지만 독특한 형태로서 말맛을 제법 차지게 하는 용법으로 흥미를 끌었다. 이와 엇비슷한 특별한 쓰임새이다. '손 수(手)' 자가 "일부의 명사나 명사성(名詞性) 어근(語根)의 뒤에 붙어 '그와 관련된 일을 하는 사람'의 뜻을 더하여 명사를 만드는 경우가 그런 예가 아닐까. 회자수(劊子手), 궁수(弓手), 조수(助手), 선수(選手), 포수(砲手), 가수(歌手), 소총수(小銃手), 석수(石手), 기수(旗手), 고수(鼓手), 소방수(消防手), 공격수(攻擊手) 등이 그들이다.

'도읍 도' 자가 접두사로 쓰여 '우두머리'라는 의미를 나타낸 대표적인 몇 가지 사례이다*. 도편수(都邊手)는 조선 시대에 건축공사를 담당하던 기술자의 호칭이며 각 분야의 책임자인 편수의 두취(頭取)를 칭한다. 현재는 전통적인 방법으로 한옥, 사찰, 궁궐 등의 목조 건축물을 건축하는 기술자를 칭하는 개념으로도 쓰인다. 도유사(都有司)는 향교나 서원을 비롯해 종중(宗中)이나 계(契)에 대한 사무를 맡은 여러 유사(有司) 중에 으뜸인 두인(頭人)을 뜻한다. 도목수(都木手)는 목수의 대괴(大魁)를 말한다. 도사공(都沙工)은 큰 배에서 여러 뱃사공 가운데 괴공(魁公)이다. 도사령(都使令)은 각 관아에서 심부름하던 뭇 사령의 수장(首長)을 이른다. 도총섭(都摠攝)은 조선 중기 북한산성(北漢山城)에 딸렸던 승군(僧軍)의 우이(牛耳)이다. 도포수(都砲手) 여럿이 사냥할 때 사냥을 지휘하는 대장(大將)인 두목 포수이다. 이는 자욱포수와 몰이포수를 위시해서 목포수 등을 총지휘한다. 한편 도성(都城)이나 도읍(都邑) 혹은 도부(都府) 등은 서울(capital city)을 지칭한다.

한편 접두사로 '도읍 도' 자가 사용되어 '우두머리'라는 뜻을 내포한 관직 이름이나 개념들이다. 도승지(都承旨)는 승정원(承政院)의 여러 승지(承旨) 가운데 최상인 정삼품(正三品)의 벼슬 이름으로 도령(都令)이라고도 했다. 도원수(都元帥)는 고려와 조선 시대 임시로 임명되었던 관직으로 품계는 정2품이다. 일반적으로 도원수는 임시 관직으로 전쟁 시에 부여되며, 군정(軍政) 양쪽을 통솔하는 임무를 수행하는 관계로 문관 중에서 최고위 관료가 임명되는 경우가 많았다. 한편 특정 지방 전체를 할당하여 그 지역 병권도 장악했다. 도첨의령(都僉議令)은 고려 시대에 둔 도첨의사(都僉議司)의 최고 벼슬이다. 이는 충렬왕 21년(1295)에 중서령(中書令)을 고친 것이다. 도통(都統)은 고려 때

각 도(道)의 군대를 통솔하던 무관(武官)을 말한다. 도두령(都頭領)은 두령 가운데서 우두머리 두령을 뜻한다. 도장원(都壯元)은 과거에서 갑과(甲科)에 첫째로 급제함, 또는 그런 사람을 뜻하며 장원(壯元)으로 호칭하기도 했다. 도사교(都司敎)는 대종교(大倧敎)에서 덕망이 있는 사람에게 전하여 주는 교직(敎職)이다. 도산지기(都山--)는 산지기 중의 우두머리(head of forest rangers)를 말한다. 도기(都妓)는 조선 시대 관아에 속한 기생 우두머리이다. 이를 행수기생(行首妓生)이라고도 불렀다.

관청이나 관아의 이름에 '도읍 도' 자가 포함된 몇 가지이다. 도감(都監)은 옛날 국장(國葬) 국혼(國婚) 그 밖의 국사(國事)를 임시로 맡아보던 관청이다. 도당(都堂)은 의정부(議政府)의 옛 이름이다. 도찰원(都察院)은 조선 시대 벼슬아치를 규찰(糾察)하기 위하여 둔 의정부(議政府)의 한 관청이다. 도총부(都摠府)는 오위도총부(五衛都摠府)의 준말이다. 도호부(都護府)는 고려와 조선 시대 군(郡) 위에 둔 지방 관아이다.

'우두머리'를 나타낸다는 위엄(威嚴)의 상징을 통해 군림하여 통치하기 쉽도록 유도하기 위해 각종 관직의 벼슬 이름이나 주요 제도나 개념의 첫 글자에 '도읍 도' 자를 붙여 작명했을까. 역사책을 넘겨다보니 그런 경우가 꽤 많았다. 그 중요한 몇몇 예이다. 도봉색(都捧色)은 각 고을에서 수세(收稅)에 종사하던 아전을 말한다. 도사(都事)는 오부(五部)의 종오품(從五品) 벼슬이다. 도시(都試)는 병조(兵曹)나 훈련원(訓鍊院)의 당상관(堂

上官)이나 감사(監司)를 위시하여 병사(兵使)가 매년 봄과 가을에 무재(武才)를 시험하여 뽑던 과시(科試)이다. 도시(道試)는 조선 시대 각 도(道)의 감사에게 명하여 실시하던 특수한 과거로서 도과(道科)라고도 했다. 도정(都正)은 조선 시대 종친부(宗親府), 돈령부(敦寧), 훈련원(訓鍊院)의 정삼품(正三品) 벼슬이다. 도정(都政) 또는 도목정사(都目政事)는 고려나 조선 시대, 이조(吏曹)나 병조(兵曹)에서 벼슬아치의 치적을 심사하여 면직하거나 승진시키던 일을 말한다. 도제조(都提調)는 승문원(承文院), 봉상사(奉常司), 훈련도감(訓鍊都監) 등의 여러 관소(官所)에 각각 딸렸는데, 의정(議政)이나 의정을 지낸 사람에게 시킨 벼슬을 뜻한다. 도척문(都尺文)은 몇 차례로 나눠서 바친 조세(租稅)의 표를 한데 몰아서 발행해 주는 영수증이다. 도총관(都摠管)은 조선 시대 오위도총부(五衛都摠府)에서 군무를 총괄하던 정이품 벼슬이다. 이는 세조 12년(1466)에 도진무(都鎭撫)를 고친 것이다. 도헌(都憲) 또는 대사헌(大司憲)은 먼저 고려 시대에는 사헌부 제일의 벼슬인데 충렬왕 34년(1308)에 감찰대부(監察大夫)를 고친 것으로, 충선왕 3년(1311)에 품계를 정이품(正二品)에서 정삼품으로 낮췄다. 한편 조선 시대 사헌부는 종이품(從二品) 벼슬이다. 정사(政事)를 논하고 백관(百官)을 감찰하며 기강을 확립하는 따위의 업무를 맡았다.

국어학이나 국문학에 대해 도통 아는 게 없는 까막눈으로 맹탕이다. 그 때문일 게다. 이따금 시간 여유가 있을 때면 아주 오래된 우리말 사전*을 들춰보는 것을 즐긴다. 그때마다 우리말의 어원이나 역사를 비롯해 쓰임새의 갈래를 정확히 밝혀봤으면 좋겠다는 주제넘은 엉뚱한 꿈을 꾸기도 한다. 그쪽과는 거리가 먼 길을 걸어왔던 때문에 공연한 욕심은 결국 언감생심으로 허욕이었다. 그런 과정에서 학문적으로 아무런 의미도 없어 같잖은 부스러기를 발견하곤 진흙 속에서 대단한 보석이라도 캐낸 양 의기양양해 호들갑을 떠는 치기 어린 내 모습을 전문가들이 지켜본다면 어떤 일깨움을 넌지시 해줄까.

* 이 문단의 글에서 나타나는 두취(頭取), 두인(頭人), 대괴(大魁), 괴공(魁公), 수장(首長), 우이(牛耳), 대장(大將) 따위는 '우두머리'와 같은 의미로 쓰이는 단어들이다.
* 신한 새국어사전, 책임감수 양주동, 신한출판사, 1974년 3월 25일, 총 1745페이지

(2021년 7월 13일 화요일)

십장생도와 만남

 십장생도(十長生圖) 엿보기이다. 장생불사를 상징하는 해, 달(혹은 구름), 물, 돌, 소나무, 산, 불로초, 거북, 학, 사슴(혹은 대나무) 따위의 열 가지를 소재로 하여 형상화시켜 그린 그림이다. 이들은 민간신앙이나 도교에서 불로장생을 상징한다.

 조선 시대 설날엔 십장생도를 궐내에 걸어놓는 풍습과 임금이 중신들에게 새해 선물로 하사했다. 이를 미루어 짐작할 때 궁중을 비롯해 상류사회에서 세화(歲畵) 또는 장수를 기원하는 축수화(祝壽畵)이었지 싶다. 한편 민간에서도 벽이나 창문에 그리는 습속이 생겼을 뿐 아니라 병풍이나 베갯머리, 선비들의 문방구, 혼례 때 신부의 수저 주머니 따위에 수(繡)를 놓거나 그림을 그리는 풍습이 보편화되었다.

 왜 열 가지를 소재로 그렸을까. 예로부터 십(十)은 완성수(完成

數)이다. 이 수는 남과 북을 의미하며 종(縱 : 세로)인 'ㅣ'와 동과 서를 이르며 횡(橫 : 가로)인 'ㅡ'와 합침으로써 완전하게 '십(十)'이 되는 이치를 충족한다. 이 같은 희망적 사고(wishful thinking)를 담고 있기 때문인지 기독교에서 십자가로 불교에서는 만(卍)자로 쓰고 있다. 이런 맥락에서 세상 모두를 아우르는 뜻을 두루 담으려는 의미에서 열 가지 장생물을 정했지 싶다. 한편 십장생도들을 비교하며 자세히 살펴보면 거기에 포함된 열 가지가 똑같지 않고 한두 개는 다른 것이 포함된 것을 발견할 수 있다. 예를 들면 달 대신에 구름이 그려진 경우나 사슴 대신에 대나무가 그려진 경우처럼 말이다. 마치 우리가 얘기하는 오복이 이르는 5가지가 다르듯이 말이다*.

십장생도에서 장생물의 의미와 그림을 그릴 때 나타내는 방법이다. 먼저 해는 만물의 근원으로 영원을 뜻하며 그릴 때는 반드시 나타내야 하며 적황색 원으로 나타낸다. 달은 해와 쌍을 이루어 영원을 상징하며 순리와 풍류를 이르기도 한다. 때로는 달 대신에 구름으로 대체되기도 한다. 달은 백색 원으로 나타낸다. 한편 달 대신 등장하는 구름은 속세를 초월한 이상향으로 풍류를 즐기는 여유를 뜻한다. 구름은 횡방향(가로)으로 뻗은 무늬로 나타낸다. 그런가 하면 물은 생명력을 함축하며 순결을 상징한다. 이 물은 폭포 같은 배경으로 나타낸다. 돌은 불변성이나 강인성 다시 말하면 굳건함을 함축하며 내나 폭포의 배경으로 표현된다.

소나무는 곧고 굳은 의지가 늘 청청(靑靑)한 푸르름을 뜻하기 때문에 장수를 상징한다. 산은 구름과 함께 이상향으로 여겨져 속세를 초월한 공간으로 인식되어 있으며 돌이 모인 모양이나 먼 배경으로 나타내고 있다. 불로초는 신선 세상의 식물로서 인간이 먹으면 불로장생하리라는 기대를 담은 대상이다. 이 불로초는 붉은색의 버섯으로 묘사되어 바위나 산에 나 있거나 동물이 입에 물고 있는 형태로 표현된다. 한편 거북은 장수를 상징하면서 물 주위에 있다. 또한 학은 거북과 함께 장생을 상징하며 우아함과 도도함을 지닌 것으로 각인되었다. 이는 주로 하늘을 훨훨 나는 자태로 나타내고 있다. 사슴은 뿔을 잘라내도 다시 자라나기 때문에 영속성과 재생성을 지니면서 물을 마시거나 산속에서 유유자적 노니는 모습으로 묘사된다. 또한 대나무는 지조와 절개 또는 영생을 상징하며 소나무와 마찬가지로 배경 역할을 하도록 나타낸다.

국태민안과 수복강녕의 비손은 위로는 나라님을 비롯해 이름 없는 민초에 이르기까지 모두 같으리라. 왜냐하면 상류사회를 중심으로 보급된 벽 거리나 병풍 형태의 십장생도를 위시해 경복궁 자경전의 십장생 굴뚝에서 그런 암묵적인 절절함이 묻어나고 있다. 이들 상류계층과 견줄 수 없는 무지렁이와 다를 바 없는 백성들의 삶에도 똑같은 철학을 바탕으로 한 문화가 뿌리 깊게 자리 잡았던 흔적이 수없이 많다. 그 단편적인 몇 가지이다. 베개나 퇴침(退枕)의 모에 학이나 세상을 밝게 비춰주는 지혜의 상징인 해를 수(繡)놨다. 아울러 문갑에 대나무나 학 또는 소나무가 그려지고 자개장롱에 사슴이나 돌이나 불로초를 위시해서 송죽을 새겼다. 그런가 하면 불로초나 바위를 방석에 수를 놓기도 했었다. 또한 조선 시대 대표적인 백자 항아리 혹은 그릇에 산이나 구름을 새긴 경우나 연적(硯滴)이나 벼루를 거북이 모양으로 빚어낸 심리적 기저에 깔린 사상에서 그런 절절한 꿈의 조각들을 발견할 수 있다. 우연히 지난날 눈 호강을 하며 감상했던 십장생도는 아무리 생각해 봐도 몽환적인 기억으로 남아있다.

---

* 중국의 사서삼경(四書三經) 중의 하나인 서경(書經)의 홍범편(洪範篇)에서 오복(五福)을 일왈수(一曰壽), 이왈부(二曰富), 삼왈강녕(三曰康寧), 사왈유호덕(四曰攸好德), 오왈고종명(五曰考終命)이라고 일렀다. 그러나 청나라 학자 적호(翟灝)는 통속편(通俗篇)에서 첫째로 수(壽), 둘째로 부(富), 셋째로 강녕(康寧), 넷째로 귀(貴), 다섯째로 자손중다(子孫衆多)라고 이르고 있다. 따라서 위의 경우 같은 오복임에도 불구하고 네 번째와 다섯 번째가 서로 다르다.

(2021년 8월 14일 토요일)

우리의 사자성어와 조우

봉이 김선달이 '대동강 물을 팔아먹었다'라는 얘기에서 유래된 말이다. '공공의 물을 속여 판다는 의미로서 남을 감쪽같이 속이는 행위'를 함축하기 위해 생겨난 사자성어가 공수편매(公水騙賣)이다. 언뜻 생각하면 우리에게 잘 알려진 사자성어는 대부분 중국의 고사에 뿌리를 두고 생겨난 것으로 치부할지 모른다. 그러나 그들보다 우리의 생활 주변이나 옛일에서 생겨난 경우가 많았다. 그릇된 생각을 바로잡아 개안(開眼)토록 이끈 길라잡이는 우연히 대했던 책이다*.

'진흙탕에서 싸우는 개'라는 뜻으로 이전투구(泥田鬪狗)라는 말이 있다. 이는 그 옛날 우리 선조들이 8도 사람의 특징을 4글자로 평가한 4자평(四字評)에서 유래한 말이란다*. 그 표현에서 함경도 사람을 "진흙탕에서 싸우는 개처럼 악착같다"는 뜻으로 이전투구(泥田鬪狗)라고 표현한 데서 비롯되었다는 얘기이다.

또한 '명분이 서지 않는 일로 진흙탕에서 싸우는 개들처럼 볼썽사납게 다투는 모습을 비유하는 의미'로 흔히 쓰이고 있다. 그런데 조선의 태조가 8도 사람의 특징을 묻는 말에 정도전(鄭道傳)이 답했던 말이라고 전해지기도 한다. 원래 함경도 출신인 태조에게 이렇게 얘기했더니 얼굴이 매우 굳어졌다고 한다. 이런 분위기를 재빨리 간파한 정도전이 함경도 사람은 그뿐 아니라 석전경우(石田耕牛) 즉 '돌밭을 가는 소와 같이 우직한 성품도 아울러 지니고 있다'라고 말함으로써 태조의 마음을 누그러뜨렸다는 웃픈* 일화도 전해지고 있다.

'문을 막아 의로움을 지킨다'라는 두문불출(杜門不出)은 고려의 멸망과 밀접한 관계가 있다. 고려가 멸망하고 조선의 건국에 얽힌 역사와 밀접한 관계가 있다. 다시 말하면 이성계가 조선을 창건하면서 고려를 섬기던 충신 72명이 새 왕조 섬기기를 거부하면서 경기도 개풍군에 자리한 두문동으로 숨어 들어가 죽을 때까지 나오지 않은 데서 생겨난 고사성어이다. 한편 '한 번 간 사람이 소식이 없다'라는 뜻으로 쓰이는 함흥차사(咸興差使) 얘기이다. 이조의 태조인 이성계와 그의 아들이며 태종인 이방원 사이의 갈등이나 권력 다툼에서 비롯된 사자성어이다. 다시 말하면 태종인 이방원이 아버지이며 태조인 이성계의 환궁을 권유하려고 태조가 머물던 함흥으로 차사(差使)를 보냈다. 하지만 끝내 돌아오지 않아 생겨난 말로써 '한 번 떠난 사람이 돌아오지 않거나 소식이 없다'라는 뜻으로 바뀌어 쓰이고 있다.

103

폭군인 연산군의 문란과 패륜 때문에 생겨난 것이 흥청망청 (興淸亡請)이란다. 연산군은 조선 8도에 채홍사(採紅使)를 보내 미모의 처녀를 뽑고 각 고을에서 미녀와 기생들을 관리하도록 했다. 그런가 하면 기생의 명칭도 운평(運平)으로 개칭하고 원각사를 폐지하고 기생양성소로 바꿔 버렸다. 한편 맘에 드는 운평을 궁궐로 불러들이면서 그 호칭을 흥청(興淸)으로 바꿔 불렀다. 아울러 흥청 중에서 자기와 잠자리를 함께한 경우는 천과(千科)흥청이라 했고, 그렇지 못한 흥청은 지과(地科)흥청으로 머물게 했다. 이처럼 흥청들과 놀아나다가 망했다고 해서 흥청망청(興淸亡請)이라는 말이 생겨났다.

우리 사자성어에는 불교와 연관된 경우가 적지 않다. 그중에 두 가지 예이다. 먼저 이판사판(理判事判)이다. '이판(理判)'과 '사판(事判)'이 합쳐진 말로써 조선의 억불숭유(抑佛崇儒) 정책과 밀접한 관계가 있다. 이 정책으로 승려들의 특권이 박탈되면서 천민 취급을 받으며 잡역이나 노역을 감내해야 했다. 이런 열악한 환경에서도 참선과 수행만을 전념하는 승려들이 이판승(理判僧)이고, 그들과 달리 사찰의 살림을 꾸리면서 잡일을 도맡았던 승려들을 사판승(事判僧)이라고 했다. 이렇게 누구는 앉아서 수행만 하고 누구는 온갖 잡일을 하면서 천덕꾸러기처럼 살다 보니 자연스럽게 이판승과 사판승 사이에 분란과 갈등이 발생할 수밖에 없었다. 이 같은 이판승과 사판승 사이의 분란이 "이판사판" 상황이 된 것이다. 따라서 '막다를 데까지 이르러 어찌할 수 없는 지경에 이른다'라는 상황을 이판사판이라고 한다. 다음으로 '떠들썩하게 시끄럽고 여럿이 모여서 다투고 시비하는 모양'을 이르는 야단법석(野壇法席)이다. 여기서 '야단(野壇)'은 '야외에 세운 단'을 의미하고, '법석(法席)'은 '설법을 행하는 자리'를 뜻한다. 결국 이들 두 개가 합쳐진 단어로 '야외에 단을 세우고 설법을 행하는 자리'를 지칭한다. 이는 불교 행사인 영산재와 관련이 있다. 여기서 영산재란 '부처님이 수많은 대중 앞에서 진리를 설파한 것을 기념하여 모든 영혼의 극락왕생을 비는 행사로서 3일 동안 수천 명이 모여 치르는 행사'이다. 이 영산재를 개최하기 위하여 야외에 설법할 자리를 준비하는 분주하게 움직임을 야단법석으로 묘사한 것이다.

어린아이의 천재적 재능이 만들어낸 성어가 칠세입춘(七歲立春)이다. 추사 김정희 선생이 일곱 살 때 대문에 '입춘대길(立春大吉)'이라는 입춘방을 써 붙였다. 그런데 재상 채제공(蔡濟恭)이 지나가다가 그 글을 보고 집 안으로 들어갔다. 평소 추사 선생의 부친과 채제공 사이는 썩 좋은 편이 아니었다. 그럼에도 찾아온 채제공을 보고 웬일이냐고 물었더니 대문의 글씨가 너무 좋은데 누가 썼는지 알고 싶어 방문했다는 얘기에 아들의 글씨임을 밝혔다. 이에 채제공은 아이가 명필이 될 터이지만 운명이 순조롭지 않을 상이니 글씨 공부 대신에 학문에 매진하는 게 좋겠다는 말을 남기고 돌아갔단다. 그 후 성장하여 글씨로 유명해졌지만 제주도로 귀양을 갔다가 돌아오는 고초를 겪었다. 추사가 24세에 중국에 가서 당대의 거유(巨儒)들과 교류하며 자기 서체를 체계화시켜 누구도 따를 수 없는 독보적인 경지를 이루었다. 그는 모든 서체에 뛰어났다. 특히 행서(行書)는 조선 후기 서예가들에게 큰 영향을 끼쳤다. 예로부터 '될 성싶은 나무는 떡잎부터 다르다'라고 했던가. 천재 서예가 글씨는 일곱 살에도 출중하여 칠세입춘이라는 성어가 탄생했다.

여태까지 사자성어 하면 중국의 것으로 지레짐작하고 그 유래를 살펴보려는 지혜가 없었다. 우연히 귀한 책을 대하면서 무진장한 우리의 그것에 반해서 읽고 또 읽으며 그 참뜻을 되새겨 봤다. 그런데 이런 자료에 관심을 가진다는 게 적지 않은 세월을 살았다는 반증이 아닐까 싶기도 하다. 왜냐하면 한자(漢字)를 잘 모르는 젊은이들의 경우 그 참뜻을 새겨 보는 데 한계가 있을 것이라는 이유에서 머지않아 사어(死語)로 전락해 화석 취급을 당하는 게 아닐까 하는 우려를 지울 수 없다. 우리가 살면서 입말로 언중(言衆)에게 널리 공감되던 내용이 시대를 관통해 후세에 전해지며 살아남는 유행어가 사자성어로 자리를 굳힌 경우가 대다수로 여겨진다. 이런 맥락에서 오늘날 어느 죄수가 일갈했다는 "유전무죄(有錢無罪)", "무전유죄(無錢有罪)" 또는 "불광불급(不狂不及)" 따위의 신조어도 먼 미래에 사자성어 반열에 오를 가능성을 조심스레 점칠 수 있지 않을까. 먼 훗날 요즈음 통용되는 말 중에 어느 것이 밤하늘에 영원히 명멸하는 별처럼 사람들의 가슴에 새겨질까 엄청 궁금하다.

* '한국 고사성어', 미래문화사, 임종대, 2015. 1. 30

* 그에 따르면 경기도 사람을 경중미인(鏡中美人), 충청도 사람을 청풍명월(淸風明月), 전라도 사람을 풍전세류(風前細柳), 경상도 사람을 송죽대절(松竹大節), 강원도 사람을 암하노불(岩下老佛) 황해도 사람을 춘파투석(春波投石), 평안도 사람을 산림맹호(山林猛虎), 함경도 사람을 이전투구(泥田鬪狗)로 표현했다는 기록이다.

* 웃픈 : 웃기다와 슬프다가 합성된 신조어로 '웃기지만 슬픈'이라는 의미이다.

((2022년 1월 념일(念日 : 20일, 스무날) 목요일))

오도송을 넘겨다보기

 게송(偈頌)은 수행하다가 깨달음을 얻거나 법문을 설할 때 자신의 감흥을 운문체로 나타낸 간결한 선시(禪詩)이다. 깨달음을 읊은 게송 중 하나가 오도송(悟道頌)이며, 그 효시는 조동종(曹洞宗)을 일으킨 동산양개(洞山良价) 선사가 남긴 '과수도영(過水睹影)'으로 알려졌다*. 지난날 별처럼 빛났던 선사들이 남긴 주옥같은 오도송 중에 몇몇과 만남이다. 해탈의 경지에 이르신 대덕 고승들의 유작이기 때문에 범속한 처지에서 말장난 같은 지나친 중언부언은 흠집을 내거나 얼토당토않은 사족을 다는 짓으로 사료되어 조심스레 안내하는 선에서 머물 참이다.

 원효(元曉) 대사(617~686)이다. 칠흑같이 어두운 밤 잠결에 갈증이 심해 무덤에서 해골 물을 마신 뒤 아침에 깨어나 화엄경(華嚴經)에 나오는 '일체유심조(一切唯心造)'의 이치를 깨닫고 나서 읊은 내용이다.

마음이 생하는 까닭에 온갖 법이 생기고(心生卽種種法生)
마음이 멸하면 부처님 모신 감실과 해골이 묻혀있는 무덤이 다르지 않네(心滅卽龕墳不二)
삼계가 오직 마음이요, 모든 현상이 또한 앎에 기초한다(三界唯心 / 萬法唯識)
마음밖에 무엇을 따로 구하랴(心外無法 / 胡用別求)
나는 당나라에 가지 않겠다(我不入唐)

혜능(慧能) 선사(638~713)이다. 깨달음이란 원래 형상이 있는 나무와 같은 것이 아니며 마음 또한 실체가 없다. 아울러 본래의 마음은 청정하니 어느 구석에 티끌(번뇌)이 있겠는가라고 일갈하는 내용을 담고 있다.

깨달음은 본시 나무가 아니요(菩提本無樹)
밝은 거울 또한 거울이 아니네(明鏡亦非臺)
본래 한 물건도 없는데(本來無一物)
어디에서 티끌이 일어나랴(何處惹塵埃)

나옹(懶翁) 선사(1320~1376)이다. 우리가 사는 세상 말없이 살고, 티 없이 사는 게 과연 가능할까. 하지만 그냥 읽으면 머리와 마음이 깨끗해질 법하다. 이 선시(禪詩)처럼 사랑이나 미움도 벗어던지고 성냄이나 탐욕도 벗을 수만 있다면 얼마나 행복할까. '물처럼 바람처럼 살라'는 내용에 빠져들고 싶을 뿐이다. 초자연주의적인 낭만이 삶에 보탬이 될 법해 더더욱 친근하고 살뜰하게 다가온다.

청산은 나를 보고 말없이 살라하고 (靑山兮要我以無語)
창공은 나를 보고 티 없이 살라하네 (蒼空兮要我以無垢)
람욕도 벗어놓고 성냄도 벗어 놓고 (聊無愛而無惜兮)
물처럼 바람처럼 살다가 가라하네 (如水如風而終我)

무학(無學) 대사(1327~1405)이다. 기록에 따르면 25세에 묘향산 금강굴에서 읊은 것으로 전해지고 있다. 삼라만상이 깨닫고 보면 부처가 아닌 게 없는 차별 없는 세상을 이르는 게송이다. 즉 불교에서 이르는 삼독(三毒)인 세 가지의 번뇌인 욕심(貪), 성냄(嗔), 어리석음(癡)을 씻어내 불성(佛性)을 드러내 서로 사랑하고 감사하며 화합함으로써 자비심 가득한 세상임을 이른 내용이지 싶다.

푸른 산 푸른 물이 나의 참모습이니 (靑山綠水眞我面)
밝은 달 맑은 바람의 주인은 누구인가 (明月淸風誰主人)
본래부터 한 물건도 없다 이르지 마라 (莫謂本來無一物)
온 세계 티끌마다 부처님 몸이런가 (塵塵刹刹法王身)

서산(西山) 대사(1520~1604)이다. 어느 날 새벽닭 우는 소리에 깨달음을 얻고 지은 것으로 전해지고 있다. 여기서 머리는 외형을 뜻하지 싶다. 왜냐하면, 세월 따라 머리의 색깔은 변하지만 마음의 근본은 그렇지 않음을 묵시(默示)하고 있다. 닭 우는 소리에 문득 이런 깨달음을 얻었기 때문에 장부의 일을 마쳤다는 걸까. 그 깨달음의 세계는 모든 게 그렇고 그렇다고 고백하고 있다. 또한 온갖 보배와 대장경도 원래는 빈 종이였을 뿐이라는 일갈이다. 대사의 오도송 중에 '답설(踏雪)'이 훨씬 많이 알려져 회자되지 싶다.

> 머리는 희어져도 마음은 희어지지 않는다고 / 옛사람이 일찍이 말하였거늘(髮白非心白 / 古人曾漏洩)
> 이제 닭 우는 소리 듣고 / 장부의 큰 일 능히 마쳤네(今聞一聲鷄 / 丈夫能事畢)
> 홀연히 본 면목을 깨달아 얻으니 / 모든 것이 다만 그렇고 그렇도다(忽得自家處 / 頭頭只此爾)
> 수많은 보배와 같은 대장경도 / 원래 하나의 빈 종이로다!(萬千金寶藏 / 元是一空紙)

만해(卍海) 선사(1879~1944)이다. 1917년 섣달 눈 덮인 설악산 오세암(五歲庵)에서 겹겹이 쌓였던 미망에서 득도한 순간에 읊은 내용이다. 참선 수행 중 내면을 이렇게 토로하고 있다. 1행에서 이르는 곳마다 주인이면서 참되길 기원하고 있다. 한편 2행에서 아직도 미망에서 벗어나지 못한 객을 면치 못한 터수에 향수까지 떨쳐내지 못한 미망에 머물러 있음을 고백하고 있다. 또한 깨달음의 순간을 "한 소리 크게 질러 삼천세계 깨뜨리니 / 눈 속에도 복사꽃이 흩날린다"라고 읊었다.

> 남아 대장부는 머무는 곳이 바로 고향인 것을(男兒到處是故鄕)
> 수많은 나그네 시름 속에 애태웠네(幾人長在客愁中)
> 한 번 버럭 소리 지르니 삼천세계가 깨지고(一聲喝破三千界)
> 눈 속에 붉은 복사꽃 흩날리네(雪裡桃花片片紅)

효봉(曉峰) 선사(1888~1966)이다. 제비집에 사슴이 알을 품음은 자연의 이치에 반하는 법이다. 아울러 불 속의 거미집에 물고기가 차를 끓이는 형국의 시끄러운 집의 소식을 뉘라고 알겠는가. 마음의 한 부분은 서쪽으로 나머지 한 부분은 동쪽으로 흘러간다는 탄식이다.

> 바다 밑 제비집에 사슴이 알을 품고(海底燕巢鹿胞卵)
> 타는 불 속 거미집에 고기가 차 달이네(火中蛛室魚煎茶)
> 이 집 소식을 뉘라서 알랴(此家消息誰能識)
> 흰 구름은 서쪽으로 달은 동쪽으로 달리네(白雲西飛月東走)

성철(性澈) 선사(1912~1993)이다. 조심스러운 접근이다. 1행에서 깨달음에 최고의 경지(崑崙頂)에 이르니, 2행에서 깨달음의 빛(光)에 비하니 일월(日月)의 빛은 어둠에 지나지 않았다. 또한 깨달음이 광대무변(廣大無邊)하여 기존의 천지를 뒤덮는다. 한편 3~4행에서 깨달은 기쁨에 한바탕 웃고 나서 세상을 다시 보니 세파에 찌들지 않은 청정무구한 세상이 흰 구름 속에 옛 그대로 있더라는 의미를 담고 있다.

> 황하수 서쪽으로 거슬러 흘러 곤륜산 정상에 치솟아 올랐으니(黃河西流崑崙頂)
> 해와 달은 빛을 잃고 땅은 꺼져 내리도다(日月無光天地沈)
> 문득 한 번 웃고 머리를 돌려서니(遽然一笑回首立)
> 청산은 예대로 흰 구름 속에 서있네(靑山依舊白雲中)

고산 스님(1933~2021)의 오도송이다. 1933년 출생하여 13세에 출가해 조계종 총무원장, 쌍계사 총림방장 등을 역임하며 수많은 저서를 남겼다. 이 오도송을 다른 스님들은 간절한 정진의 정점이었다고 평하고 있다.

    마음 작용은 한바탕 꿈이요(心行一場夢)
    한마음 쉰 것이 곧 잠깸이라(息心卽是覺)
    꿈과 잠깸이 한결같은 가운데(夢覺一如中)
    마음 광명이 대천세계에 비추도다(心光照大天)

작자 미상의 '봄을 찾다(尋春)'라는 내용이다. 이는 중국의 성명 미상의 비구니가 지은 것으로 알려진 것으로 내용이 쉬우면서도 강한 공감을 불러일으키고 있다. 봄을 찾아 종일 짚신이 닳도록 먼 산 구름이 덮인 곳까지 헤맸건만 끝내 빈손으로 집에 돌아오니 창가 나뭇가지에 매화향이 가득히 봄을 안고 와 있었다는 내용이다.

    종일 봄을 찾아다녔으나 보지 못했네(盡日尋春 不見春)
    짚신이 닳도록 먼 산 구름 덮인 곳까지 헤맸네(芒珪遍踏 瀧頭雲)
    지쳐 돌아오니 창 앞 매화 향기 미소가 가득(歸來笑然 梅花臭)
    봄은 이미 그 가지에 매달려 있었네(春在枝頭 己十分)

오랜 역사 때문일까. 기라성 같은 대덕 고승들이 도를 닦으며 수행을 하다가 득도를 하거나 깨달음을 얻을 때 남긴 오도송을 일일이 헤아리기 어려울 정도이다. 이런 현실에서 내가 기억하는 선사(禪師)들이 남긴 선시를 넘겨다본 흔적이다. 또한 이들은 학문적인 갈래나 불교사적인 맥락에 따라 골랐던 게 아니다. 결국 내 생각이 닿는 범위 내에서 취향에 맞는 경우로 원칙이 없는 극히 일부분과 조우였을 뿐이다.

* 오도송(悟道頌)의 효시 : 조동종(曹洞宗)을 일으킨 동산양개(洞山良价 : 807~869) 선사가 효시로 알려져 있다. 조당집(祖堂集) 제5권의 '운암화상장(雲岩和尙章)'에 의하면, 그가 개울을 건너면서 깨달음을 얻고 '과수도영(過水睹影)'이라는 게송을 남긴 게 최초라고 한다.

(2021년 7월 31일 토요일)

동양화 건너다보기

여태까지 동양화하면 수묵담채에 여백의 미를 어렴풋이 떠올리고 있었다. 앎이 얕고 식견이 좁았던 까닭에 기껏해야 십장생도(十長生圖) 정도가 장수와 복을 비는 수복강녕(壽福康寧)의 뜻을 담고 있는 그림으로 어림짐작하는 수준이 전부였다. 동양화에서 난초 한 포기와 소나무나 바위 혹은 까치 따위가 특별한 뜻을 지니고 있다는 사실을 인지하지 못할 만큼 미욱했다. 만시지탄일지라도 최근 우연히 관련 자료와 책*을 접하고 동양화에 등장하는 소재가 지니는 참뜻에 대해 무지했던 미망(迷妄)에서 깨어나려 기지개를 켜는 중이다. 다양한 동식물과 자연이 등장하는 그림 중에서 눈길을 끄는 몇 가지 흥미로운 경우와 조우이다.

먼저 '대나무와 바위' 그림인 죽석도(竹石圖) 얘기이다. 이는 장수를 축하하거나 기원을 비롯해 대나무가 60년 만에 꽃이 핀다는 견지에서 회갑(回甲)을 축하하는 의미이다. 여기서 대나무인 '竹(죽)'은 '祝(축)'이고, 바위는 수석(壽石)이기 때문에 '壽(수)'를 이르는 것으로 결국 '축수(祝壽)'이다. 한편 '패랭이꽃'은 석죽화(石竹花)인 까닭에 '대나무와 바위'와 동일한 뜻을 가진다는 견해이다. 아울러 '죽순(竹筍)' 그림은 '자손을 본 것을 축하한다'라는 축손(祝孫) 다시 말하면 위축견손(爲祝見孫)이라는 얘기이다. 그런데 죽순의 '筍(죽순 순)'은 '孫(손자 손)'과 음이 유사해 자손을 말한다는 것이다.

'표범(豹)과 까치(喜鵲) 및 소나무(松)' 그림은 '새해를 맞이하여 기쁜 소식만 있다'라는 의미로 신년보희(新年報喜)라고 한다. 이 그림에서 소나무는 정월이나 장수 혹은 칭송을 뜻하는데 여기서는 신년을 나타낸다. 한편 까치의 한자어 표기인 '희작(喜鵲)'의 '희(喜)'를 따서 '기쁨(喜)'을 나타내고, 표범의 '豹(표)'는 '보(報)'와 발음이 같다.

'고양이(부엉이)와 국화' 그림은 '유유자적 은둔해 살면서 고희(古稀)를 맞다'라는 얘기로 은거모질(隱居耄耋)이 된다. '고양이(猫)를 국화(菊花) 옆에 그리면', 이때 고양이는 '70세 노인(耄)', 국화는 '은일자(隱逸者)' 그리고 '국(菊)'이 '거(居)'와 발음이 비슷하다는 이유에서 '은거(隱居)'를 의미한다. 한편 고양이 대신에 부엉이를 그리면 부엉이를 묘두응(猫頭鷹)이라고 부르기 때문에 고양이와 동일시한다.

'고양이와 참새' 그림인 묘조도(猫鳥圖)는 '고희(古稀)'를 뜻한다. 이때 '고양이(猫)'는 '모(耄 : 70세)'를 의미하고, '雀(참새 작)'은 '鵲(까치 작)'과 득음(得音)이 같으므로 '까치의 기쁨(喜)' 을 뜻한다. 참고로 중국 그림에서 참새를 노란색으로 그린다고 한다. 여기서 '黃雀(노란 참새)'은 '歡(환)'의 음과 비슷함 때문이 라는 해석이다.

'갈대와 기러기' 그림은 '편안한 노후를 보낸다.'라는 취지에서 노안도(老安圖* : 蘆雁圖)라고 한다. 여기서 '蘆(갈대 노)'는 음 이 같은 '老(늙은이 노)'를 의미하고, '雁(기러기 안)'은 음이 같 은 '安(편안할 안)'을 뜻한다. 참고로 '기러기와 달밤' 그림은 '안 락(安樂)'을 나타낸다. 이 그림에서 '달(月)'은 '즐거움(樂)'을 상징한다.

'난초와 귀뚜라미' 그림은 '자손이 벼슬하다'라는 의미의 손입 관아(孫入官衙)를 이른다. 난초의 한 종류인 '蓀(향풀이름 손)' 은 '孫(자손 손)'과 음이 같아 '자손(子孫)'을 지칭한다. 보통 난 초를 그릴 때는 간결하게 그린다. 하지만 자손을 나타낼 경우는 무성하게 그린다. 아울러 난초와 귀뚜라미를 함께 그리는 것은 '蟈兒(귁아 : 귀뚜라미)'의 발음이 '官衙(관아)'와 유사하다는 의 미에서 '손입관아(孫入官衙)'를 뜻한다. 한편 '난초와 여치' 그 림에서는 여치가 알을 99개 낳는다는 뜻의 다산을 상징하기 때 문에 '자손 번창'을 나타낸다.

'게 두 마리와 갈대' 그림은 '연이어 소과와 대과에 급제하여 임금이 하사한 음식을 받는다'라는 뜻의 이갑전려(二甲傳臚)*를 의미한다. 게는 껍질이 단단하므로 '甲(갑)'을 뜻하고 여기서 두 마리는 소과와 대과를 연이어 장원급제를 나타낸다. 또한 '蘆(갈대 로(노))'는 '臚(살갗 려)'로 결국 장원급제자에게 임금이 내리는 음식을 지칭한다.

'학과 소나무' 그림에서 학(鶴)은 고고한 선비의 품격인 일품(一品)*이나 수(壽)를 상징한다. 한편 솔가지의 '薪(섶나무 신)'자가 신년인 '新(새 신)'을 의미하기 때문에 '신년(新年)', '壽(수 : 百齡)', '頌(송)'을 뜻한다. 그런데 학 한 마리만 그리면 학이 천년을 산다는 맥락에서 천수도(千壽圖), '학과 대나무'를 그리면 축수도(祝壽圖)라고 한다. 또한 '학과 소나무'를 그리면 소나무도 오래 살아서 백령(百齡)(여기서 '백(百)'은 잣나무를 의미하는 '柏(나무이름 백)'과 같은 음인 '백(百)'임)이라는 의미를 담아 학수송령도(鶴壽松齡圖)라고 한다. 이들 외에도 '장수를 기원'하는 송학하령(松鶴遐齡), '부부가 함께 장수를 축원'하는 의미로 학수송령(鶴壽松齡) 따위의 문구가 회자되기도 한다.

'모란과 목련 및 해당화' 그림은 '부귀(富貴)가 귀댁(貴宅)에 깃들기를 기원한다'라는 의미로서 부귀옥당(富貴玉堂)이다. 여기서 모란에서 '富貴(부귀)'를, 목련의 옥란화(玉欄花)에서 '玉(구슬 옥)'자를, 해당화(海棠花)에서 '棠(팥배나무 당)'의 음과 같은 '堂(집 당)'을 취하여 '富貴玉堂(부귀옥당)'이라고 했다.

이들 외에도 다양하다. 예를 들면 '모란과 나비와 고양이' 그림은 '7, 80세까지 부귀를 누린다'는 뜻의 부귀모질도(富貴耄耋圖), '고양이와 바위' 그림은 고희까지 장수하라는 기원을 담고 있다. 아울러 '모란과 장닭' 그림은 부귀공명도(富貴功名圖), '모란과 병(甁)' 그림은 부귀평안도(富貴平安圖), '모란과 대나무와 바위' 그림은 축수부귀(祝壽富貴), '모란과 돌(壽石)'이나 '모란과 소나무' 그림은 부귀수고(富貴壽考)*, '모란과 백두조(白頭鳥)' 그림은 '머리가 하얗게 셀 때까지 부귀하라'라는 의미로 부귀백두도(富貴白頭圖)라고 한다.

동양화에 등장하는 동식물이나 자연이 뜻하는 바가 간단할 것으로 덤벼들었다. 하지만 웬걸? 천만의 말씀 만만의 콩떡이었다. 진득하게 파고들려고 했지만 무궁무진한 고사(古事)와 철학이 담겨있어 감당할 식견이 턱없이 모자라 제풀에 나가떨어질 수밖에 달리 묘책이 없었다. 일단은 여기서 멈추고 좀 더 정신자세를 가다듬은 훗날 다시 도전하리라는 다짐을 하며 아쉽지만 접한 자료를 덮어야 했다.

* '동양화를 읽는 법', 조용진 저, 집문당(2013)

* 노안도(老安圖) : 대원군 시절 성행했다고 전해진다. 실제로 대원군의 당호가 노안당이고, 지금도 운현궁의 대청마루 하나는 노안당(老安堂)이고, 다른 하나는 노락당(老樂堂)이다.

* 전려(傳臚) : 천자가 부른 합격자 이름을 전각(殿閣) 안에서 계단 아래로 전달하는데, 호위하는 병사가 6~7명이 나란히 합창하여 호명하는데 이를 전려(傳臚)라 했다. 다시 말하면 금전(金殿)에서 이름을 부르는 것을 전려라 했다. 또 다른 쓰임이다. 명사(明史)의 선거지(選擧志)에 따르면 '회시(會試)에서 이갑 중에서 일등'을 전려하고 부르고 있다.

* 일품(一品) : 학에는 천수(天壽)라는 의미 외에 일품(一品)이라는 우의(愚意)가 있다. '학이 밀물(潮)이 밀려오는 앞에 서다'는 뜻으로 일품당조(一品當潮)라고 한다. 이는 다시 말하면 일품이 밀물인 조(潮) 앞에 당하여 있는 모습을 뜻한다. 여기서 밀물을 뜻하는 '潮(조수 조)'와 '朝(아침 조)'가 동일하게 발음된다는 이유에서 '一品當朝(일품당조)' 즉 당대의 조정(當朝)에서 벼슬이 일품(一品)까지 오르라는 말이 탄생했다.

* 수고(壽考) : 오래 삶을 뜻한다.

현대작가, 제11호, 2022년 3월 30일
(2021년 12월 27일 월요일)

복숭아에 얽힌 일화

복숭아에 얽힌 일화 얘기이다. 지구촌에는 5백여 종(種)이 자생할지라도 우리에게 친숙한 것은 백도(白桃)와 황도(黃桃)를 비롯한 천도(天桃) 따위가 아닐까. 하기야 이들 외에도 예로부터 알려진 선도(仙桃), 벽도(碧桃), 승도(僧桃), 유도(油桃), 편도(扁桃), 상후도(霜後桃), 수밀도(水蜜桃) 따위가 아른아른 떠오른다. 여름 과일로 널리 사랑을 받아왔음에도 그다지 달갑지 않은 사연의 얘기가 전해짐은 어디에서 비롯된 걸까. 이런저런 몇 가지의 간추림이다.

옛날엔 복사나무라고 부르는 경우가 흔했다. 하지만 요즘엔 복숭아나무라고 호칭하면서도 꽃은 예전처럼 '복사꽃'이라 부르기도 한다. 조선 시대 봄날 꽃구경은 거의 복사꽃을 지칭한 개념으로 오늘날 벚꽃과 흡사하게 봄꽃의 제왕 취급을 받았던 것 같다. 그 옛날엔 그를 능가할 봄꽃이 흔치 않았던 모양이다. 이런 이유에서 '복숭아꽃이 만개한 정경'을 무릉도원(武陵桃源)이라고 일렀다. 아울러 '복숭아꽃이 흐드러지게 핀 나무 밑에서 맺은 아름다운 결의'라는 뜻으로 삼국지에서 도원결의(桃園結義)라고 했던가 보다.

우리 선조들은 복숭아가 젊은 여인네 젖가슴이나 엉덩이를 닮아 남자의 음심(淫心)을 자극해 학문에 전념할 수 없도록 방해한다고 여겼나 보다. 그래서 일게다. 선비의 집 울안에는 복숭아나무를 심지 않았단다. 서구 사상도 우리와 궤(軌)를 같이하나 보다. 복숭아 생긴 모습이 젊은 여인네의 신체적 특징을 닮았다는 이유였을까. 영어 단어 "peach"에는 '여성의 엉덩이'라는 뜻이 함축되어 있단다. 또한 그 향기에서 비롯했는지 "peach"에는 '마음에 드는 여자'라는 뜻도 지녔다는 귀띔이다. 이런 삐딱한 뜻의 반영일까. '성에 대해 개방적이거나 문란한 여성'을 일컬어 "팔자에 도화살(桃花煞)*이 꼈다"라고 말해왔다. 아울러 성인잡지를 "도색잡지(桃色雜誌)"라고 표현했다. 그보다 심한 비유는 복숭아 꼭지를 중심으로 정확하게 절반으로 가르면 딱딱한 씨 주변의 전체적인 형상이 기묘하다고 생각해 뚱딴지같이 엉뚱한 상상을 불러일으킨다는 관점 또한 오래전부터 널리 퍼졌던가 보다*.

귀신을 쫓는 과일이라는 견지에서 제사상에 올리지 않았단다. 그런 관습은 중국 전설의 영향을 받았지 싶다는 얘기이다. 그 하나이다. '예(羿)'라는 활 잘 쏘는 망나니가 있었는데, 어떤 사람이 그를 복숭아나무 몽둥이로 쳐 죽였다. 그 이후 모든 귀신이 복숭아를 무서워하게 되었단다. 또 다른 하나이다. 회남자(淮南子)에 따르면 하(夏)나라에 천자의 자리를 빼앗고 악정을 펼쳐 백성의 원망을 샀던 인물이 있었다. 어떤 이가 복숭아나무 방망이로 그를 때려죽였다. 그 뒤로부터 귀신이 복숭아를 무서워했다는 얘기이다. 물론 이 같은 전설이 있으나 기본적으로는 축귀력(逐鬼力)이 조상신의 출입을 막기 때문에 제사상에 올리지 않았을 게다. 그보다는 생김새가 여인네의 특정한 신체 부위를 빼닮은 꼴이라는 이유에서 민망하다는 마음에서 구태여 피하려 애썼던 때문이 아니었을까.

어떤 이유였던 복숭아나무는 재앙과 귀신을 쫓는 용도로 사용되었다. 아울러 복숭아는 불로장생의 선과(仙果)로 여겨 신성시 여겨왔다. 한편 무속(巫俗)에서 동쪽으로 뻗어있는 도동지(桃東枝)는 부정이 발생한 곳곳을 쳐내거나 귀신이 씌어 아픈 사람을 때려서 잡귀를 몰아내는 무구(巫具)로 사용하기도 했다. 여기에는 복숭아나무가 오목(五木)* 중에 정기(精氣)가 가장 좋다는 믿음이 깔려 있지 싶다. 찬 기운이 가시지 않은 시기에 봄기운을 가장 먼저 받아들여 잎이 돋아나기도 전에 꽃을 피우는 양기가 충만한 양목(陽木)이기 때문에 귀신과 음기(陰氣)를 쫓는 힘이 강하다고 믿었지 싶다. 한편 해가 돋는 동쪽은 만물이 약동하는 근원으로 양의 기운과 생명력이 가득하므로 동쪽으로 뻗은 가지인 동도지가 힘이 강하다고 치부했으리라.

민속에서도 동도지 얘기가 보인다. 정월 대보름날 동도지를 꺾어다가 둥글게 만들어 소의 목에 걸어주면 더위를 막고 귀신을 쫓는다는 얘기가 전해지고 있다. 그런가 하면 규합총서(閨閤叢書)에 "술을 담근 뒤에 동도지로 저어 술맛이 나빠지는 것을 막았다"라는 기록도 있다. 또한 홍만선(洪萬選)의 산림경제(山林經濟)에 의하면 "복숭아나무는 백귀(百鬼)를 제압하므로 선목(仙木)이라고 한다"라고 기술하고 있다. 한편 조선왕조실록에도 복숭아나무에 대해 여러 차례 나타난다. 그 예 중 하나이다. 숙종실록(肅宗實錄에 "임금이 상가를 방문할 때 복숭아나무와 갈대 이삭으로 잡귀를 쫓았다"라는 기록이 눈에 띄기도 했다.

무조건 부정적 이미지만 씌워진 게 아니라 회춘하거나 장수를 하는가 하면 불치병을 낫게 하는 효험 얘기도 전해진다. 그 옛날 중국에서 동방삭은 천도를 먹고 삼천갑자(三千甲子)를 살았으며, 손오공도 천도를 즐겨 먹었으며, 봉신연의(封神演義)에서 천도를 많이 먹으면 도사가 된다고 이르고 있다. 아울러 옥황상제는 반드시 천도·반도(蟠桃)*만을 장복했다는 얘기도 흥미롭다. 한편 결이 조금 다를지라도 복숭아벌레를 먹으면 예뻐진다고 하여 동양에서 여성들은 '복숭아는 밤에 먹는 것'이라고도 여겼단다. 또한 도교(道敎)에서는 퇴마(退魔)의 힘이 있다는 믿음에서 복숭아나무를 깎아 만든 도목검(桃木劍)이 설화나 전설에서 대요괴용결전병기(對妖怪用決戰兵器)로 등장하기도 했다.

친근한 이미지가 담긴 또 다른 예의 일부이다. 해수나 변비 또는 파혈의 약재로 쓰이는 복숭아씨의 알맹이를 도인(桃仁), 임질의 약재로 쓰이는 복숭아나무의 진을 도교(桃膠), 복숭아화채를 도화채(桃花菜), 도색(桃色)의 아름다운 얼굴을 도안(桃顔), 복숭아꽃으로 빚은 술 혹은 복숭아꽃 빛깔이 나는 술을 도화주(桃花酒), 봄철의 시냇물을 도화수(桃花水), 사기(邪氣)를 물리치는 데에 약으로 쓴다는 복숭아털을 도모(桃毛), 복사꽃이 아름답게 피는 때라는 의미로 도요시절(桃夭時節), 복숭아씨로 담근 술을 도인주(桃仁酒), 뜰에 가득한 복숭아꽃이라는 뜻의 만정도화(滿庭桃花), 복숭아와 오얏이 천하에 가득하다는 뜻으로 '우수한 문하생이 많다'라는 의미인 도리만천하(桃李滿天下) 등이 눈에 띈다. 귀신이 무서워하기 때문에 우리 조상들은 울안에 심는 것을 꺼렸는가 하면 제사상에도 올리지 않았다. 그래서일까. 오래된 고택의 앞뜰이나 정원에는 매화나 살구나무는 보여도 복숭아나무는 찾아보기 어려운 형편인가 보다. 이런 알쏭달쏭한 현실을 빗대서 여도지죄(餘桃之罪)*란 말이 생겨난 걸까.

---

* 도화살(桃花煞) : 여자가 한 남자의 아내로 살지 못하고 사별하거나 뭇 남자와 상관하도록 지워진 살(煞)을 말한다.
* 원래는 입에 담기 껄끄럽게 직설적으로 나타내고 있어 완곡한 표현으로 대체했다.
* 오목(五木) : 오곡(五穀)의 풍흉을 점칠 수 있다는 다섯 종류의 나무로서 대추나무(棗), 버드나무(陽), 복숭아나무(桃), 느릅나무(楡), 회나무(槐)를 일컫는다.
* 반도(蟠桃) : 삼천 년에 한 번씩 열매가 열린다는 선경에 있는 복숭아.
* 여도지죄(餘桃之罪) : 같은 행동도 사랑받을 때와 미움받을 때에 따라서 다르게 받아들여진다는 뜻이다. 애증지변(愛憎之變)이라고도 한다. 직역하면 '남은 복숭아의 죄', '먹다 남은 복숭아를 왕에게 먹인 죄'라는 의미이다.

한맥문학가협회사화집, 제16호, 2022년 2월 25일
(2021년 9월 1일 수요일)

되새기는 악어의 눈물

　악어의 눈물(crocodile tears)이라는 말을 자주 들어왔다. 하지만 악어는 우리에게 낯설고 익숙한 동물이 아니기에 쉬 확인하기 어렵다. 그런 까닭에 과연 '악어가 눈물 흘리는지' 여부에 우선 의심이 들게 마련이다. 또한 악어가 눈물을 흘린다고 할 때 '그 이유는 뭘까'라는 데 관심이 집중되지 않을 수 없다. 사전에서 눈물을 "눈알 바깥면의 위에 있는 눈물샘에서 나오는 분비물. 늘 조금씩 나와서 눈을 축이거나 이물질을 씻어내는데, 자극이나 감동하면 더 많이 나온다"라고 정의하고 있다. 보통의 경우 '진정한 참회나 슬픔을 비롯해 공감을 하는 순간 흘리는 것'으로 여기고 있다. 자고로 잘잘못의 판단 능력이 없는 어린 영유아들이 '어른의 관심을 끌거나 자기의 의사를 관찰하기 위해 끈질기게 엉엉 또는 징징거리며 억지로 눈물짓는 위장 상황'을 "눈물을 쥐어짠다"라고 말한다. 이와 같은 맥락에서 악어의 눈물에 대한 접근이다.

악어의 눈물에 대한 유래이다. 그 옛날 이집트의 나일강에 서식하던 악어들이 사람도 잡아먹었다고 전해진다. 이들 악어가 사람을 잡아먹는 과정에서 눈물을 흘렸다는 전언이다. 이 악어의 눈물은 먹이가 된 사람을 위해 흘린 애도의 눈물이라는 믿기지 않는 전설이 전해지면서 사실로 여겨왔던 것 같다. 이러한 전설이 지속되다가 지난 14세기 초반 존 맨더빌 경(卿)의 여행기(The Travels of Sir John Mendeville)에 처음 제대로 소개되었다고 한다. 이 소개 내용을 대문호로 존경받는 셰익스피어(William Shakespeare)가 햄릿(Hamlet)을 비롯한 여러 작품에서 인용되면서 널리 알려졌다는 얘기이다.

그렇다면 진정 악어의 눈물이 있으며 그 참된 원인은 뭘까. 실제로 악어가 눈물을 흘리며 그 원인이 현대 과학으로 증명되었다. 연구 결과로 그 옛날부터 전해오던 전설과 같은 거룩한 뜻이 담긴 눈물이 아니라는 게 명확히 판명되었다. 그 주된 몇 가지 이유이다. 첫째로 실제로 악어가 오랜 시간 물 밖으로 나와 머물 때 눈이 건조해지는 것을 방지하기 위해 눈물을 흘린다. 둘째로 눈물을 통해 체내의 누적된 염분의 농도를 조절한다. 셋째로 악어의 눈물샘과 먹이를 씹는 저작(咀嚼) 행위를 관장하는 신경계통이 동일하기 때문에 먹이를 씹어 먹을 때 자연스럽게 눈물을 흘린다는 견해이다. 그러므로 슬퍼서 눈물을 짓는 것과 거리가 멀다. 이는 마치 우리가 하품할 때 눈물이 나는 것과 흡사한 현상이지 싶다.

결국 악어의 눈물은 환경에 적응하거나 생체적 특성에 따른 현상일 뿐으로 자기가 잡아먹었던 동물에 대해 가엽다거나 애도하는 감정의 표출이 아니다. 다시 말하면 자신이 했던 행위에 대해 반성하거나 위로의 뜻을 담은 것이 아니라는 사실이다. 이를 사람의 도덕률이나 가치관에서 보면 '거짓 눈물'을 흘리는 위선적인 행위로 가름한다. 왜냐하면 사람의 경우 일반적으로 눈물은 뼈저린 후회나 크나큰 슬픔을 함축하기 때문이다.

왜 악어의 눈물이 '거짓 눈물'의 대명사가 되었을까. 사람의 가치관이나 철학을 바탕으로 할 때 악어의 눈물은 '거짓 눈물'이다. 이처럼 '악어의 눈물'이 '거짓 눈물'인 위선의 눈물로 자리매김한 연유는 결국 "그 옛날 악어가 사람을 먹이로 하면서 그들을 애도하는 눈물을 흘린다"라는 전설에서 비롯되었다. 이런 때문에 '강자가 약자 앞에서 동정의 눈물을 흘리거나 패배한 정적 앞에서 흘리는 눈물 따위는 가차 없이 악어의 눈물'이라고 혹독한 비아냥을 받게 마련이다. 특히 요즈음에 악어의 눈물은 위정자를 빗대어 말하는 통속어로 인식되고 있다. 물론 동정심을 겨냥해서 흘리는 눈물 또한 큰 범주에서는 여기에 해당하리라.

요즈음 우리 사회에서 거짓말이 가장 횡행하는 분야가 정치판이지 싶다. 이런 이유일까. 악어의 눈물은 정치 모리배들의 '거짓 눈물'을 지칭할 때 '코스프레(コスプレ)*'라는 신조어와 함께 자주 회자된다. 이런 위장 연기는 자칫하면 진정한 슬픔이나 반성이 따르는 행위로 비친다. 하지만 그 내면에는 음흉한 흉계나 예

상치 못한 비수가 감춰져 있을 개연성을 의심하지 않을 수 없다.

　악어의 눈물과 일맥상통하는 사자성어 몇 가지이다. '웃는 마음속에 칼이 있다'는 뜻으로 '겉으로는 웃고 있으나 마음속에는 해칠 마음을 품고 있음을 이르는 말'인 소리장도(笑裏藏刀), '마음이 음흉하고 불량하여 겉과 속이 다름'을 뜻하는 표리부동(表裏不同), '입에는 꿀이 있고 배 속에는 칼이 있다'는 뜻으로 '말로는 친한 듯하나 속으로는 해칠 생각이 있음을 이르는 말'인 구밀복검(口蜜腹劍), '같은 자리에 자면서 다른 꿈을 꾼다'는 뜻으로서 '겉으로는 같이 행동하면서도 속으로는 각각 다른 생각을 하고 있음을 이르는 말'인 동상이몽(同床異夢), '겉으로는 복종하는 체하면서 내심으로는 배반함'을 의미하는 면종복배(面從腹背), '속은 양이고 거죽은 범'이라는 뜻으로 '본바탕은 아름답지 아니하면서 겉모양만 꾸밈을 비유적으로 이르는 말'인 양질호피(羊質虎皮), '웃는 마음속에 칼이 있다'는 뜻으로서 '겉으로는 웃고 있으나 마음속에는 해칠 마음을 품고 있음을 이르는 말'인 소중유검(笑中有劍), '양의 머리를 걸어 놓고 개고기를 판다'는 뜻으로서 '겉보기만 그럴듯하게 보이고 속은 변변하지 아니함을 이르는 말'인 양두구육(羊頭狗肉) 따위 등 수두룩하다.

　악어의 눈물에 연관되어 문득 스치는 생각이다. 철부지인 어린이들은 자기에게 무관심하다고 느낄 때 끝없이 징징대며 나오지도 않는 눈물을 쥐어짜는 시늉을 하는 위장 모습을 곧잘 목격할 수 있다. 이와 빼닮은 부류가 정치판의 패거리들이다. 이념이나 철학이 턱없이 부족한 붕당(朋黨) 수준의 이익 집단인 정당이 불리하다 싶으면 원칙도 체통도 내팽개치고 꼬리를 내린 채 온갖 아양을 떠는 위장과 위선의 꼴불견 모습을 드러내기 일쑤이다. 이 세상에서 어떤 경우를 막론하고 악어의 눈물인 위선 혹은 위장 행위는 일시적으로 눈가림의 방편이 될지 모른다. 그러나 장기적으로는 뭇사람들의 마음을 사지 못해 세상을 얻거나 신뢰를 잃고 몰락하기 때문에 이합집산을 끝없이 되풀이하는 악순환을 거듭하는 게 우리의 정당사(政黨史)의 숨기기 어려운 진면목이라는 사실이 안타까울 뿐이다.

* 코스프레(コスプレ) : 영어 Costume(복장) + Play(놀이)를 합친 조어이며 일본의 출판인인 타카하시 노부유키(高橋信之)가 1983년 애니메이션 잡지 마이아니메(マイアニメ)에 투고한 기사에서 최초로 쓰였다. 원래 이 단어는 "만화나 애니메이션, 게임 등에 나오는 캐릭터의 의상을 입고 서로 모여서 노는 놀이이면서 하위 예술의 일종"을 의미했다. 우리나라에서는 원래의 의미와 전혀 관계가 없는 분야에서 흉내나 위장이라는 부정적인 의미로 변화되어 사용되고 있다. 예를 들면 어떤 사건의 "가해자가 피해자 코스프레 한다."와 같은 식으로 변용되어 쓰인다.

(2021년 11월 28일 일요일)

위기십결 이야기

　위기십결(圍棋十訣)은 바둑 용어이다. 그 옛날 당나라 현종(玄宗)이 기대조(棋待詔)라는 벼슬을 만들었다. 이 직(職)은 왕과 바둑을 두는 벼슬로서 바둑의 최고수만 임용되는 자리였다. 그 벼슬에 올랐던 왕적신(王積薪)이 지은 '바둑을 두는 10가지 비결'이 위기십결이다. 이에 담긴 참뜻이다.

　첫째로 '승리에 욕심을 내면 이기지 못한다. 다시 말하면 이기려거든 욕심을 버려라'라는 뜻으로 "부득탐승(不得貪勝)"이라고 이르고 있다. 분명 바둑은 이기려고 펼치는 경기일지라도 승리에 집착하다 보면 큰 국면을 놓치고 오히려 실수할 개연성이 다분함을 경계하라는 권고이다. 둘째로 '경계에 들어설 때는 마땅히 천천히 하라. 이는 상대의 세력권에 들어갈 때는 너무 깊게 들어가지 말라'는 의미로 "입계의완(入界宜緩)"하라는 얘기이다. 비록 상대의 영역이 탐나더라도 지나치게 깊이 침투하다가는 되레 대마가 잡히거나 그에 상응하는 손해를 감수하게 될 위험성이 다분함을 경계해야 한다는 제안이다. 셋째로 '상대를 공격할 때는 나를 돌아보라는 견지에서 결국 상대를 공격하기 전에 자신의 결함을 살펴보라'라는 뜻의 "공피고아(攻彼顧我)" 하라고 충고한다. 이는 손자병법의 모공편(謀攻篇)에서 나오는 "상대를 알고 나를 알면 백 번 싸워도 위태롭지 않다(知彼知己 百戰不殆)", "상대를 모르고 나를 알면 한 번 이기고 한 번 진다(不知彼而知己 一勝一負)", "상대를 모르고 나도 모르면 항상 위태롭다(不知彼不知己 每戰必殆)"와 같은 조언이다.

넷째로 '돌을 버리더라도 선수(先手)를 확보하라. 또는 중요하지 않은 돌을 버리더라도 선수를 잡으라'라는 뜻으로 "기자쟁선(棄子爭先)"이라고 한다. 이 말에서 '자(子)'는 바둑알을 지칭하며 비록 바둑알 몇 개를 잃을지라도 반드시 선수를 잡으라는 충언이다. 다섯째로 '작은 것은 버리고 큰 것을 얻는다. 혹은 작은 것을 버리고 큰 것을 노리라'는 의미로 "사소취대(捨小取大)" 하란다. 이 말은 '큰 것을 얻는다'를 강조하고 있다. 이에 대비되는 말이 '작은 것을 탐하다가 큰 것을 잃는다'라는 "소탐대실(小貪大失)"은 '큰 것을 잃는다'가 강조되는 개념이다. 여섯째로 '위험에 봉착하면 모름지기 버려라(손을 떼라)'라는 의미의 "봉위수기(逢危須棄)" 하란다. 위기에 봉착했을 때 침착하게 손해를 최소화하여 때를 기다리는 지혜가 필요함을 권장하는 대목이다. 일곱째로 '신중하고 경솔하게 서둘지 말라'는 뜻을 함축하는 "신물경속(愼勿輕速)"을 주문한다. 이는 위기에 처해도 평상심을 유지하고 침착하게 대응하라는 암시이지 싶다.

여덟째로 '상대가 움직이면 같이 움직이고, 멈추면 같이 멈춰라'라는 암시로 "동수상응(動須相應)"을 제안하고 있다. 아홉째로 '상대가 강하면 자신을 지켜라. 즉 적이 강하면 안전에 진력하라'라는 맥락에서 "피강자보(彼强自保)" 하라고 간언한다. 다시 말하면 적이 강할수록 수비에 만전을 기해야 함을 뜻한다. 왜냐하면 그런 상황에서 섣불리 공격을 취하다가 회복하기 어려운 상황으로 치달을 개연성을 무시할 수 없다는 이유 때문이다. 마지막으로 '고립되었을 경우 화평책을 취하라'는 취지에서 "세고취화(勢孤取和)"를 추천하고 있다. 적의 튼튼한 세력으로 고립될 위기에 처한다면 발 빠르게 화합의 방법을 모색해야 한다.

반상(盤床) 위를 수놓는 인생의 축소판인 바둑의 유래이다. 중국의 박물지(博物誌)나 설문(說文)을 비롯해 중흥서(中興書) 등에 따르면 바둑 유래 중에 가장 널리 알려진 것은 "요순창시설(堯舜創始說)"로 요(堯)·순(舜) 임금이 어리석은 아들인 단주(丹舟)와 상균(商均)을 깨우치려고 만들었다는 설이다. 그 외에 농경사회 시절 우주와 천체의 움직임을 관측하고 연구하는 도구로 바둑을 발명했다는 "천체관측설(天體觀測說)"이 있다. 또한 중국의 기성(棋聖)으로 추앙받는 우칭위안(吳靑源)이 역학(易學)이나 제례(祭禮)에 대한 교양을 터득하라고 바둑을 전파했을 것이라는 "우칭위안설(吳靑源說)" 따위가 전해진다는 전문가의 전언이다. 한편 우리나라에는 삼국사기(三國史記)에

백제의 개로왕(蓋鹵王)이 고구려의 승려 도림(道琳)과 바둑을 두었다는 이야기가 전해지고 있다.

바둑은 한자로 "棋(바둑 기)" 또는 "碁(바둑 기)"로 표기하며 별칭으로 혁(奕)이나 혁기(奕棋) 혹은 위기(圍碁)로 부르기도 한다. 아울러 '도인들이 바둑 두는 광경을 구경하다가 나무꾼이 도낏자루 썩는지 모를 정도로 시간이 경과했다'라는 얘기에서 비롯된 난가(爛柯)라고도 한다. 또한 '말이 통하지 않는 사이에도 바둑을 대국하면 마음이 통한다'라는 의미에서 수담(手談)이라고도 한다. 그런가 하면 좌은(坐隱)이나 오로(烏鷺) 또는 흑백(黑白)이라고 표현하기도 한다.

오늘날 우리에게는 전통 육아법으로 아기를 어르는 방법인 단동십훈이 있다. 그리고 그 옛날 고려사에 수록된 훈요십조는 고려 태조가 후손에게 남긴 열 가지 가르침이었다. 이처럼 중요한 사항을 요약한 대표적인 내용이 '하나님이 시나이 산에서 모세를 통하여 이스라엘 백성에게 내렸다고 하는 열 가지 계율'이 십계명이다. 이들과 상통하는 맥락에서 '바둑을 두는 데 열 가지 비결'이 위기십결이리라. 원래는 바둑을 뜻했지만 '단순히 바둑뿐 아니라 인생을 살아가는 지침으로 삼을만한 10가지 내용이 담겨' 있다. 이런 철학에서 디지털시대인 지금도 두고두고 음미하며 되새겨도 충분한 가치가 있지 싶다.

한맥문학, 2022년 4월호(통권 379호), 2022년 3월 25일
(2021년 12월 13일 월요일)

Ⅲ. 누구를 얼마나 닮았을까

누구를 얼마나 닮았을까
선친 이야기
좋아하는 일을 해왔을까
메꿀 수 없는 세월의 간극
부스터 샷에 즈음하여
수선만 떨었던 벌초
맏이와 막내의 나이 차이 22살
호국의 얼과 흔적을 찾아서
누군가에 받았던 용돈에 대한 단상
학위복 유감
여덟 번째의 등산화
정장 유감

누구를 얼마나 닮았을까

'어버이의 성격이나 체질 따위를 비롯해 형상 등의 형질이 자손에게 전해짐, 또는 그런 현상'을 유전(heredity)이라고 한다. 이에 대한 과학적 기틀을 정립한 효시는 오스트리아의 식물학자 멘델이다. 다시 말하면 새롭게 태어나는 자식 세대는 부모로부터 유전형질을 물려받는 게 유전이다. 유전형질에는 홍채나 피부, 머리카락의 색 같은 것들부터 혈액형과 같은 특성, 혈우병과 같은 유전병 따위가 있다.

이제 겨우 희수(喜壽)에 이르렀음에도 아마도 그 옛날에 태어났다면 백발노인 취급을 당했으리라. 왜냐하면 백발(白髮)에다가 백미(白眉)*이며 백수(白鬚)*의 모습인 까닭에 '아얏!' 소리도 못 하고 그런 대접을 받아도 감수할밖에 도리가 없다 싶다. 요즈음은 수염을 기르지 않아 겉으로 드러나지 않아 천만다행이다. 만일 그 옛날처럼 수염을 기르는 관습이었다면 백발과 백미도 모자라 백수까지 드러냈으리니 얼마나 곤혹스러웠을까.

어린 시절의 회상이다. 조고(祖考)는 이순 무렵부터 탈모가 되어 머리의 정수리는 민둥산처럼 머리털이 거의 없었을 뿐 아니라 몇 가닥 안 남은 경우도 백발인 데다가 눈썹이 백미이고 허옇게 센 수염인 백수였던 까닭에 호호백발의 도인의 풍모와 위용을 자랑했다. 그래서인지 주위의 엇비슷한 연배의 분들과 확연히 다르게 위풍당당했던 아우라가 무척 인상적이었다. 게다가 도인의 것을 방불케 하는 지팡이를 지니고 나들이에 나서던 모습이 낯설고 괴이하다는 생각이 들기도 했다.

아마도 선친(先親)의 경우는 불혹 무렵부터 백발에 백미 그리고 백수의 모습이었던 것 같다. 이런 맥락에서 우리 가계(家系)에서 백발과 백미와 백수는 최소한 3대째 이어지는 유전 현상이다. 나 역시 불혹 초반부터 새치가 나타나더니 몇 해 지나면서 볼썽사납게도 백두옹으로 변모되었다. 팔팔한 젊은 날에 머리 위에 흰서리가 무참하게 내려앉은 게 황당해 망연자실에 빠져 진한 속앓이했다. '피할 수 없으면 즐기라'는 말이 생각나 마음을 고쳐먹고 콤플렉스(complex)에서 벗어나려 진력했다. 천우신조랄까. 다행히 백발에 민감하게 신경을 쓰지 않아도 될 동네에 자리 잡았기에 별 탈 없이 넘겼다. 일반 직장이었다면 허구한 날 염색을 반복하며 끌탕을 쳤을 개연성이 다분하다.

백발을 대수롭지 않게 여기고 무심하게 지내왔다. 그런데 지천명의 끝 무렵 어느 날 머리에 무언가를 바르려고 거울 앞에서 씨름하다가 화들짝 놀랐다. 비록 백발로 변했지만, 머리숱이 꽤 많은 편이라서 흉하지 않다고 여겨온 터였는데 이게 웬 날벼락이란 말인가. 정수리에 머리털이 거의 다 빠져 듬성듬성해진 낯선 모양에 참담했다. 선친 3형제 중에서 아무도 탈모 증상이 나타났던 경우는 없었다. 그런데 나는 그렇지 않으니 조고의 형질을 물려받은 게 확실하다. 이는 격세유전에 해당하는 걸까.

치아가 부실하고 약한 편이다. 현재 나의 치아는 상악(上顎)과 하악(下顎)에 각각 12개씩 모두 24개 남아있다. 여기에는 임플란트 4개, 브리지(bridge) 한 의치(義齒)가 3개, 금(金)으로 때운 치아가 2개 등을 제외한 자연 그대로의 치아는 겨우 15개 뿐이다. 언젠가 여동생들 앞에 치아가 말썽을 많이 부린다고 했더니 선비(先妣)에서 물려받은 유전적 요인일 가능성이 크다는 얘기였다. 돌이켜 회상하니 선친의 경우는 이승을 떠나실 때까지 치아 문제가 전혀 없었다. 그에 비해 선비의 경우는 적지 않은 고생을 하던 모습이 떠올랐다. 이런 맥락에서 치아 문제는 선비의 유전형질을 물려받았지 싶다.

형제자매 중에 나와 두 여동생은 나이가 들면서 미세하지만, 퇴행성관절염 증상이 나타나고 있다. 그렇다고 입원 치료를 받거나 생활에 지장을 초래할 정도로 심하지 않다. 내 경우 고희를 넘기면서 양쪽 손가락 중에 3개의 끝마디가 약간 휘어지는 증상이 나타났을지라도 아무런 지장이 없어 방치한 채 버티고 있다.

두 여동생 중의 하나는 올해 예순여덟에 이르렀는데 나보다 증상이 다소 심한 상태이다. 한편 올해 예순다섯인 동생의 경우는 나와 엇비슷하다. 배움을 핑계로 일찍이 양친의 슬하를 떠나 타향을 전전했기 때문에 잘 몰랐는데 여동생들의 말에 따르면 이 또한 선비가 겪었던 질환이었단다.

내 얼굴 생김새나 외형적인 특징은 선친의 복사판 같다는 얘기를 듣곤 한다. 어쩌다 선친을 기억하는 어른들을 만나면 "자네 선친을 보는 것 같이 빼닮았네"라는 얘기를 흔히 들어왔을 뿐 아니라 나 스스로 그렇다고 생각해 왔다. 그러고 보니 다양한 부위에서 조고를 비롯해 선친 혹은 선비의 유전인자가 살아 숨 쉬며 꿈틀꿈틀 요동치고 있지 싶다. 그렇다면 됨됨이나 영혼에는 어느 분의 피가 얼마만큼 섞여 흐르는 걸까.

---

* 백미(白眉) : 본래는 '흰 눈썹'이라는 뜻이며 '여럿 중에 가장 뛰어난 것'을 의미하기도 한다. 이는 삼국지(三國志)의 촉지(蜀誌)의 마량전(馬良傳)에 나온다. 마량(馬良)에게 형제가 다섯이 있었다. 그런데 이들 오 형제의 '자(字)'에 모두 '상(常)'자(字)가 들어 있다는 이유에서 세인들은 그들을 마씨오상(馬氏五常)이라고 호칭했다. 한편 '그들은 한결같이 재주가 뛰어나 명성이 자자했으나 그중에서도 흰 눈썹의 마상이 가장 훌륭하다'라는 뜻에서 마씨오상백미최량(馬氏五常白眉最良)이라고 했다. 다섯 형제 중에 마량은 어려서부터 눈썹에 흰털이 섞여 있어 그렇게 불렸단다. 이때부터 '형제뿐 아니라 또래나 같은 분야의 많은 이들 중에 가장 뛰어난 경우'나 '여러 작품 중에 발군의 경우'를 지칭할 때 백미라고 이르고 있다. 한편 사자성어인 읍참마속(泣斬馬謖)에서 나오는 마속(馬謖)은 바로 마량의 아우를 지칭한다는 전언이다.

* 백수(白鬚) : 허옇게 센 수염

(2021년 3월 7일 일요일)

선친 이야기

　선친에 대한 회상이다. 우선 선친이라는 말의 올곧은 의미는 '남에게 돌아가신 자기 아버지를 이르는 말'을 뜻한다. 아버지라는 존재의 숭고함 때문이었을까. 쓰임 용도는 다소 차이가 있을지라도 비슷한 말이 엄청 다양했다. 예를 든다면 고(考), 선고(先考), 선인(先人), 선자(先子), 선부(先父), 선군(先君), 선군자(先君子), 선엄(先嚴) 등이 그들이다. 이의 높임말로서 선부군(先父君)이 있으며 참조어로는 가친(家親), 가부(家父), 선대인(先大人), 춘부장(春府丈 : 춘부(春父) : 춘정(春庭)) 따위가 통용되는 현실이다.

　일흔셋이라는 세수를 일기로 유명을 달리하신(을축년(乙丑年)인 1985년 10월 25일(음력 9월 12일)) 내 선친은 전형적인 민초였다. 나라가 국권을 잃고 신음하던 시절에 태어나(1912년 임자년(壬子年)) 일제 강점기, 해방, 6·25 동족상잔의 전쟁, 군부 독재, 산업화 따위의 걷잡을 수 없었던 질곡이 지속되던 난세였다. 누구도 비껴갈 수 없던 격랑의 파고가 소용돌이치던 역사를 온몸으로 버텨내야 했던 고달픈 삶이 끝없이 꼬리를 물었던 서러운 세월의 강을 힘겹게 건넌 셈이었다. 그런 까닭에 평생 어엿한 태평성대를 경험했다거나 물질적인 풍요로움을 누렸던 적이 도통 없었다는 이유에서 박복한 세대이었다.

선친에 대한 기억 대부분은 초등학교까지에 머물러 있다. 아마도 초등학교를 졸업하면서 배움을 이유로 부모님 슬하를 떠나 낯선 타향을 떠돈 때문일 게다. 돌이켜 보면 내 선친은 늘 옆에서 빗나가거나 엉뚱한 길로 빠지지 않도록 지켜보는 선에서 머물렀던 것 같다. 천방지축으로 나부대던 어린 시절에도 큰소리를 치며 군림하는 대신에 조곤조곤 타이르며 바른길을 이끌어 주는 게 고작이었다. 그런 정성이 통했었을까. 중학교 시절부터 배움 때문에 타향을 전전하면서도 엉뚱한 쪽에 곁눈질하거나 빗나간 친구들과 어울리지 않고 나름 내 길을 바르게 걸었다. 하기야 매년 여름과 겨울 방학에 고향에서 부모님과 잠깐씩 생활했다. 그럴 경우도 그다지 큰 질책을 들었거나 별다른 문제가 없었다. 어쩌다 사소한 문젯거리가 생길라치면 조용히 그 원인과 상태를 캐묻곤 '이리저리하는 게 좋겠다'라는 조언이 전부로서 전적으로 내게 맡겼다. 결국 선친은 내게 길이나 방향을 일러 주고 옆에서 지켜보며 방향을 바로 잡아 주는 교육을 바탕으로 나를 기르셨다.

선친이 내게 직접 무언가를 사주셨던 것은 별로 없었다. 그중에 생각나는 몇 가지이다. 초등학교 4학년 때부터 매년 신학기가 되면 자습서로서 꼭 '동아전과'를 사주셨다. 또한 중학교에 입학하던 날 점심으로 짜장면을 사주시며 조용히 일렀다. "오늘부터 중학교 졸업할 때까지 족대부(族大父)* 댁에서 기거해야 한다. 그러므로 그 어른들 말씀 잘 듣고 바르게 행동해야 한다"라는 요지의 당부가 내게 하셨던 가장 긴 훈계였다. 이날의 짜장면이 생전에 내게 사주었던 유일무이한 음식으로 여태까지도 아주 각별한 기억으로 남아있다. 그런 이유이다. 어린 시절에 내게 소용이 닿는 모든 것을 선비(先妣)께서 직접 사주셨기 때문이다.

중학교 입학 날 이외의 다른 졸업이나 입학에 양친이 동행하지 않았고 오로지 나 혼자만 참가했다. 별것도 아닌 의례적인 행사에 부모님이 꼬박꼬박 참석하는 것은 번거롭고 낭비라는 생각에서 그리했다. 대학 졸업식은 예외로 했다. 6남매 중에 외아들의 대학 졸업을 지켜보시는 것도 의미가 있으리라는 생각에서 내린 결정이었다. 졸업식에 뜻하지 않은 행운이 따랐다. 어쩌다가 단과대학 수석 졸업의 영예를 안고 총장상을 받아 부모님에게 기쁨을 드린 것 같아서 흐뭇했다. 그때 받았던 상장과 금메달을 고향 집 안방에 걸어 두기도 했단다. 그러다가 금메달은 손을 탈 위험이 있다며 깊숙이 보관해두었다가 훗날 내가 가정을 이루었을 때 돌려주었다. 그런 마음임에도 대학 졸업식 역시 평소처럼 묵묵히 지켜보셨을 뿐 별다른 축하의 말씀을 해주지 않으셨다.

선친은 늘 외아들인 내게 드러나지 않은 애정을 보여 가슴을 뭉클하게 했었다. 대학 1학년 여름방학에 충남 서산으로 농촌 봉사활동을 갔다가 급성 맹장에 걸려 현지 병원에서 수술했었다. 중병도 아닌데 선배가 부모님께 연락을 드렸던 것 같다. 몹시 놀란 선친이 허둥지둥 찾아온 시각이 자정 무렵이었다. 뜬눈으로 밤을 지새우며 손을 잡아 주시던, 따스함이 아직도 생생하다. 또 다른 일화이다. 지난 82년 여름 고속버스 사고로 우리 내외와 두 아이가 몽땅 사고를 당해 중환자실에 입원하고 있을 때 딱 한 번 찾아오셨다. 그 이후 퇴원 시까지 참혹한 꼴을 볼 수 없다고 발길을 끊으셨다. 끙끙 앓으셨다는 동생들의 전언에 가슴이 먹먹했다.

세상을 뜨시기 직전 일요일이었다. 두 아이를 비롯해 아내와 함께 선친을 찾았다. 당신의 죽음을 예감했을까. 그다지 병색이 깊지 않았던 관계로 정좌를 하고 말씀하셨다. 쇠잔한 기력 때문에 가쁜 숨을 몰아쉬는 모습이 몹시 안타까웠다. 이승에서 마지막 길에 잡다한 것을 부탁해서 미안하다면서 장례에 관하여 얘기했다. "장지는 선산 자락에 치표(置標)*해둔 곳으로 정하면 되고, 장례 경비는 은행에 저금해 둔 것이 있으니 그것을 사용하라며, 간단히 치루라"라고 이르셨다. 그 순간 울컥해져서 앞으로 오래 사실 터인데 별말씀을 다 한다며 대충 얼버무려 분위기를 수습하면서 어색함을 벗어나려고 허둥댔다. 지나고 보니 그게 유언이셨다. 그때는 슬기롭게 헤아릴 지혜가 턱없이 부족했다. 선친은 이승에서 마지막까지도 내게 부담을 주지 않으려고 주도면밀하게 신경 쓰시던 대목이 뭉클했다.

  제 길을 가는지 옆에서 묵묵히 지켜만 보시던 선친이나 선비의 기대에 어긋나지 않으려고 나름 다짐하곤 했었다. 중학교 입학 이후 낯설고 물선 타지를 전전하면서도 내가 할 일이나 가야야 할 길에서 크게 벗어나거나 나 자신을 망각했던 적이 거의 없다. 겨우 범부의 삶이 허용되는 버거운 세상이다. 삶이 이다지도 팍팍하고 신산한데 불혹을 넘긴 여태까지도 이소(離巢)를 꿈도 꾸지 못한 채 내 둥지 그늘에서 머무는 헛똑똑이인 내 두 아이의 모습을 저승에서 지켜보는 선친은 어떤 생각을 하실까. 하기야 자식을 제대로 기르지 못한 주제에 이런저런 못생각에 잠긴들 무슨 소용이 있으랴.

* 족대부(族大父) : 할아버지뻘 되는 같은 성(姓)의 먼 친척.
* 치표(置標) : 묏자리를 미리 잡고 표적을 묻어 무덤 모양으로 만들어둠. 또는 그 표적.

(2021년 6월 12일 토요일)

좋아하는 일을 해왔을까

어린 시절의 꿈과 전혀 다른 분야의 일터에서 머물다가 내려온 뒤에 지금에 이르렀다. 해방둥이로 태어나 지독히 가난했던 시절에 보릿고개를 경험하며 어렵게 자랐던 관계로 먹고사는 게 지상 최대의 목표로 여겼던 세월에 학교를 다녔다. 꿈이나 타고난 재능과 무관하게 대부분이 일자리가 보장되는 분야의 학문에 모두걸기를 할밖에 선택의 여지가 없었던 삭막한 세월이었다. 원래 고등학교 시절까지 문학을 공부하고 싶었다지만 엄두가 나지 않아 과감하게 도전할 수 없었다. 현실과 타협하며 길을 찾아 대학에 진학해 돌고 돌아 컴퓨터 분야에 정착했다가 세월 따라 정년을 맞았다. 이런 연유일까. 요즘 젊은이들이 과감하게 원하는 공부를 위해 기꺼이 기득권을 내려놓는 담대한 결기가 마냥 부럽기도 하다.

꿈과 먹고사는 문제가 매우 달랐던 삶 때문일까? '자기가 좋아하는 대로 좇아서 함'이라는 뜻의 "종오소호(從吾所好)"*라는 말을 자주 곱씹으며 음미한다. 아마도 우리 세대 대부분은 배움의 목적이 입신양명으로 개인의 재능이나 꿈을 이루기 위해 전공 분야를 택했던 경우는 거의 없었지 싶다. 그런 영향이 아닐까. 자녀의 성적이 뛰어나면 자질이나 꿈과 관계없이 "사"자가 붙는 직업을 가질 분야를 전공토록 강요(?)해 왔던 게 암묵적인 사회적 정서가 아니었을까. 이러한 정서의 단면을 짐작하게 하는 방증이다. 지난 80년대 말의 얘기이다. 가끔 시(市) 외곽으로 약수를 뜨러 다닐 때였다. 동네 어귀에 "축 ○○○ 자제 제○○회 사법고시 합격 – ○○마을 주민 일동 –", "○○○자제 공학박사 영득 – ○○마을 ○○○씨 종친회 _". 그 영예로운 대상자들은 지금 자기의 꿈이나 소질에 맞아 진정으로 행복했으면 좋겠다.

천우신조이고 조상의 음덕이었을 게다. 다행히 대학원을 마치고 곧바로 대학에 자리 잡았다. 그 뒤에 부질없이 다른 쪽을 넘보거나 크게 욕심내지 않고 젊은 지성들 덕에 학문의 연구와 교육에 진력하며 캠퍼스를 지키다가 정년을 맞았다. 양지에 자리 잡았지만 타고난 재능과 후천적인 노력이 워낙 모자란 때문인지 어느 하나 내세울 바 없어 남의 자리를 꿰차고 있다가 직(職)을 내려놓은 것 같아 자꾸 뒤를 돌아보기도 한다. 불과 며칠 뒤인 내년 임인년(壬寅年)이면 일터를 떠나온 지 열세 해에 접어든다. 지금 돌이켜 보니 대학에서 30여 년의 세월이 헛되지 않았나 보다. 아직도 많은 제자가 때가 되면 안부를 물어오거나 크고 작은 선물들을 보내준다. 받는데 이골이 났으나 기껏해야 휴대전화에 갈무리된 번호를 찾아 감사의 전화를 하는 게 고작으로 낯이 무척 두껍다.

현직 때 얘기이다. 전통 학문이 아닌 새로운 분야를 전공했던 때문에 책을 집필할 기회가 무진장으로 열려있었다. 풋내기였던 전임강사 시절부터 전공 서적을 집필했다. 전통 분야인 철학이나 국문학 같은 분야에서는 언감생심의 기회였다. 신생 학문 분야에서 누릴 수 있는 축복으로 겁 없이 연속적으로 집필을 계속해 30여 권에 이르는 책을 출간했다. 컴퓨터 분야에 관심을 가진 전공자에게는 꽤 어필(appeal)했을지 모르지만 왠지 불만스러웠다. 채워지지 않는 갈증에서 벗어나고픔에서 이순을 몇 년 앞두고 등단이라는 절차를 거쳐 외형적으로 글쟁이 요건을 갖췄다. 그 뒤에 나름대로 쓴 글들을 묶어 펴낸 수필집이 현재 출판사에서 교정 중인 것까지 더하면 17권이다. 현직에서 전공 서적은 삶의 방편으로 생계형 책 쓰기이었는데 지금의 경우는 정신적 만족을 위한 책 쓰기로 어린 시절부터 꿔왔던 꿈의 실현이라서 더 할 수 없이 흡족하다.

내 글을 쓰는 것보다 몇 곱절 재미있고 신나고 보람된 두 가지는 일종의 재능기부이다. 주위에 수필가로 등단한 경우를 비롯해 습작을 하는 여러 글동무가 새로 글을 쓰면 이메일(e-mail)로 첨삭지도를 부탁해 온다. 그러면 나는 신이 나서 내 글을 쓰는 이상으로 신경을 써 살핀 결과를 곧바로 보내준다. 거기에는 조금이라도 도움이 되라는 견지에서 교정한 이유를 깨알같이 세세히 메모해서 보내기를 반복한다. 그리하면 대부분 많이 도움이 된다는 치사가 쏟아진다. 물론 나를 생각한 립서비스(lip service)일 터지만 그래도 기분이 좋음은 내가 덜 떨어진 엿돈이인 때문일까. 몇 해 전부터 글공부와 첨삭지도를 시작했다. 그런데 지난해에 이어 올해는 신종 코로나바이러스 감염증(코로나19) 때문에 몇 차례뿐이었다. 정상일 경우는 월 2회씩 글동무들과 함께 수필 공부를 해왔었다. 매번 열 명 내외가 모이는데 그 모임에서 내가 이끌고 글동무들이 학생이다. 많지 않지만 지천명에서 고희를 넘긴 연령층으로 절반은 이미 수필로 등단했으며 그 외는 시인으로 수필에 뒤늦게 맛들인 늦깎이들로 생업도 모두 다르다. 함께 웃고 즐기며 서로의 생각을 진솔하게 주고받는 화기애애한 분위기가 좋아 늘 기쁜 마음으로 그날을 기다리기도 했다. 또 다른 면에서 생각하면 백두옹의 나를 쓸모 있다고 인정해 준다는 사실 자체가 더없이 고맙다.

지난봄 아흔넷의 삶을 응축해 책을 펴내시는데 표사(表辭)를 썼던 적이 있다. 선생님처럼 오래 정정하게 살 자신은 없다. 그에 미치지 못할지라도 살아있는 날까지 글쓰기에 푹 빠져 제대로 된 글 한 편이라도 건질 수 있기를 간절히 소망한다. 분명 자기가 원하는 바를 추구하면서 누리는 삶이란 지탄의 대상이 되기 쉬운 명예를 얻거나 재물을 크게 긁어모으는 것에 비해서 한 수 위로 보람되고 진정한 행복을 누리는 길이지 싶다. 한데, 별로 내세울 재능 없이 태어나 제대로 된 갈고닦음의 신실함 마저 부족하다고 해도 누군가가 공명(共鳴)하거나 훗날까지 전해질 작품 하나라도 쓴다면 더 바랄 게 없을 텐데. 그럼에도 욕심을 버리고 싶은 마음이 눈곱만큼도 없다. 누군가 "꿈☆은 이루어진다"라며 결단코 용기를 잃지 말라고 격려하지 않던가.

* 논어(論語)의 술이편(述而篇) 7 - 11에 의하면 / 공자께서 이르기를 / "부(富)가 노력해 얻을 수 있다면 / 비록 말채찍을 잡는 천한 일이라도 / 내 기꺼이 하겠지만 / 노력해 모두가 부자가 될 수 없다면 / 내가 좋아하는 일 하겠다"라는 뜻으로 子曰 "富而可求也, 雖執鞭之士, 吾亦爲之, 如不可求, 從吾所好"라고 이르고 있다.

(2021년 12월 6일 월요일)

메꿀 수 없는 세월의 간극

예순두 살 차이엔 간극이 아득하다. 정해생(丁亥生)으로 올해 열다섯으로 중학교 2학년에 진급할 손주 유진이와 을유생(乙酉生)으로 올해 희수(喜壽)에 접어드는 나 사이엔 예순두 살 차이가 난다. 원래 제 부모가 캐나다 밴쿠버에서 머물던 시절 태어났다. 제 부모 학업 문제로 태어난 지 달포 남짓해서 마산으로 데려와 여태까지 함께 살고 있다. 태어난 직후부터 한 지붕 밑에서 동고동락해온 조손(祖孫)임에도 불구하고 삶을 꾸리는 방식이나 철학 사이에는 메꾸기 어려운 깊은 골이 존재한다.

동족상잔의 참혹한 6·25 전쟁으로 온 나라가 잿더미가 되었던 시절 유소년기를 보냈다. 그 때문에 내가 세상 문물을 받아들이기 위해 열렸던 창(窓)은 빈약하기 짝이 없던 학교와 선생님이 전부였다. 지금 돌이켜보면 허물어져 가는 열악한 교실에서 빈약한 교재를 바탕으로 하던 배움터의 선생님은 신에 필적하는 융숭한 대접을 받았다. 이 같은 선생님의 일거수일투족은 메시아의 예언이나 가르침처럼 절대적인 권위를 지녔었다. 그렇게 지엄한 존재로 여겼던 때문에 선생님은 화장실에도 가지 않으리라는 터무니없는 생각도 했었다. 요즘 세상은 다양한 방면에서 정보가 흘러넘치는 풍요를 맘껏 누리고 있다. 따라서 그 옛날의 가치관이나 철학을 들이대며 직접 견줄 수 없는 환경이다.

컴퓨터를 공부하고 평생을 대학에서 머물다가 정년에 이르러 퇴직한 지 십일 년째이다. 지난 삶 때문에 지금도 내 손에 익을 일은 컴퓨터에 관련된 작업이다. 아직도 '2G 폰(2 generation phone)'을 고집스레 사용할 만큼 변화에 둔감한 푼수데기이다. 컴퓨터를 제대로 배운 적이 없는 어린 손주가 이런저런 앱(app)이나 소프트웨어를 자유자재로 다운로드하거나 탑재해 사용하는 재주가 신통방통하다. 게다가 휴대전화기 조작도 막힘이 없는 척척박사다. 그런 면에서 이따금 잔뜩 주눅이 들거나 초라해져 과연 내가 컴퓨터 전공자가 맞는지 의심이 들어 헤매곤 한다.

어려서부터 웬만하면 걷는 게 습관화된 때문일까. 특별히 시간에 쫓기지 않는 한 버스로 두세 정거장쯤의 거리는 망설임 없이 걷는다. 그런 쪽이 건강은 물론이고 생각할 여유를 가질 수 있다는 이유 때문이다. 가끔 동네 우체국이나 은행에 일을 보기 위해 나서려면 더위나 추위를 이유로 아내가 차를 태워주겠다고 제안을 한다. 그럴 때 대부분 정중히 거절한다. 이런 나에 비해서 유진이는 전혀 다르다. 매주 토요일 아침에 아파트 정문을 나서 10분 정도 걷는 수학학원 가는데 마냥 뭉그적대다가 끝내 할머니 차를 얻어 타야 직성이 풀리는 듯하다. 나 같으면 '룰~루~ 랄~라~' 흥얼대며 걸어서 오갈 텐데 말이다.

유진이가 오늘도 초등학교 때 수영장에서 사귄 친구와 수영 약속을 했단다. 평소라면 점심때가 되도록 꿈속에서 헤맬 위인이 여덟 시쯤에 스스로 일어났다. 아울러 늘 거르던 아침 식사를 한 뒤에 제 할머니가 9시 반 무렵에 승용차로 수영장에 데려다주었다. 게다가 낮 1시쯤에 수영장으로 데리러 간다고 약속한 것 같다. 아침 식탁에서 슬쩍 떠봤다. "수영장에 오가는 길에 버스를 이용하면 할머니도 한결 편할 터인데"라고 했더니 돌아오는 즉답이다. 그리하면 시간이 오래 걸릴 뿐 아니라 날씨가 춥고 위험해 할머니의 도움을 받기로 했다고 둘러댔다. 만일 내 어린 시절이었다면 버스를 타는 것만으로도 감지덕지해 방방 뛰었을 터이다.

초등학교 시절 큰 장마 뒤 끝에 형들과 냇가에서 미역을 감다가 호되게 경을 쳤던 적이 있다. 동행했던 형들이 줄줄이 바위 위에서 물살이 센 쪽으로 다이빙하기에 나도 무심코 따라 뛰어내렸다. 그 순간 곧바로 급물살에 휩쓸려 떠내려가다 주위에 있던 몇몇 어른들에 의해 극적으로 구조되었던 끔찍한 경험을 했다. 만일 그때 주위에 어른들이 없었다면 물귀신이 되었을 게다. 악몽 같은 트라우마(trauma)로 인해서 물놀이와는 담을 쌓았던 때문에 수영에는 완전 숙맥으로 맥주병이 되었다. 그 이후 물에 다가가는 것이 겁이 나서 여름에도 물놀이와 담을 쌓고 지내왔다. 이런 나에 비해 유진이는 그동안 틈을 내서 꾸준히 수영 연습을 해왔다. 게다가 한 해 이상 매주 토요일 수영장의 특별반에서 전문 강사의 체계적인 지도를 받아 상당한 경지에 이르렀다.

무엇이든 가리지 않고 블랙홀처럼 깡그리 빨아들여 자기 것으로 만들기 마련인 어린 시절에 몹쓸 전쟁으로 궁핍하고 메마른 세월에 자라난 불운한 세대이다. 이런 나에 비해 무진장한 문화를 쓸어 담을 다양한 놀이와 전자기기를 본능적으로 깨우친 손주와 같은 세월을 동행하고 있을지라도 영원한 평행선을 걷는 게 아닌가 싶다. 왜냐하면, 손주는 21세기에 태어난 디지털 원주민(digital native)인 Z세대*이다. 이런 유진이에 비해서 나는 20세기에 태어난 아날로그 세대(analog generation)로서 금세기로 이민 온 디지털 이주민(digital immigrants)이라는 이유 때문이다. 이럴진대 물밀 듯이 휘몰아치는 새로운 문화의 파고에 휘말리다가 손주에게 손을 내밀며 기대는 일이 자주 발생할지라도 불치하문(不恥下問)의 심정으로 받아들여야 정상이지 싶다.

왠지 한쪽 구석으로 몰리는가 하면 설 자리가 좁아진다는 심정에서 심란했다. "곧 죽어도 쨉한다"고 했던가. 손주에 대한 이런저런 생각을 하다가 손주가 신학기부터 배울 2학년 교재가 눈에 들어왔다. 대충 훑어보니 진로와 직업, 체육, 미술, 도덕, 수학 2, 음악 2, 과학 2, MIDDLE SCHOOL ENGLISH 2. 사회과 부도, 한문, 정보, 역사 부도, 국어 2-1, 국어 2-2, 기술·가정 2 따위의 과목이었다. 천천히 넘겨 가면서 차례로 살펴봤는데 만만한 과목이 없었다. 그 내용을 살피면서 분명히 지난날 모두 배웠는데도 불구하고 과연 내가 제대로 알고 있는 게 뭘까 의심스러웠다. 아무리 생각해도 한두 과목을 제외하면 손주와 함께 학교에 다니며 공부를 해도 손주보다 앞설 자신이 없다. 이런 맥락에서 요즘 아이들의 학습 내용이나 방법 역시 내가 경험한 세상과 비교할 수 없을 만큼 현격한 차이가 있음을 곧이곧대로 인정할 수밖에 없었다. 예순둘이라는 나이 차이는 단순한 세월의 간격이 아니었다. 거기에는 아날로그 세대와 디지털 세대(digital generation) 사이에는 메꿀 수 없는 세월의 강과 문화가 도도히 흐르며 가로막아 둘 사이를 또렷이 갈라놓고 있었다.

---

* Z세대(Z generation) : 미국에서 밀레니얼 세대(millennial generation)의 다음 세대를 Z세대라고 한다. 세대를 구분하는 정확한 기준은 없다. 일반적으로 영미권 인구통계학자들은 Z세대 시작을 1996년~2010년대 초반생으로 규정하고, 미국에서는 9·11 테러를 기준으로 1997년 ~ 2010년대 초반생을 지칭한다. 그런가 하면 인구통계학자들은 일반적으로 1990년대 중반이나 말부터 2010년대 초반 또는 중반까지 출생한 세대를 지칭하는 개념으로 정의하고 있다. 이들의 가장 큰 특징은 어려서부터 인터넷을 자연스럽게 접한 세대로서 IT 기술에 능숙하고, 사교 생활에 스마트 폰이나 SNS를 자유자재로 사용하는 능력을 지녔다. 이들을 디지털 네이티브(digital natives : 디지털 토착민) 세대로 호칭하기도 한다. 우리나라의 경우 이들에 대한 정확한 정의에 대한 합의가 없는 실정이다.

(2021년 2월 17일 수요일)

부스터 샷에 즈음하여

　부스터 샷(booster shot)을 접종했다(2021년 11월 11일). 익숙한 말은 아니지만 "백신의 효과를 높이기 위해 일정 시일이 지난 뒤 추가 접종을 하는 것"을 뜻하는 전문용어로 알고 있다. 지난봄에 신종 코로나바이러스 감염증(코로나19) 백신(pfizer)을 1차(4월 19일)와 2차(5월 11일)에 걸쳐 접종했었다. 천연두나 홍역처럼 한 번이면 영구적 면역력이 생겼으면 좋으련만 그렇지 않다는 조언에 따랐다. 이 분야에 대해 청맹과니인 때문에 단언하기 어렵지만, 독감(influenza)처럼 매년 백신을 맞아야 하는 것은 아닌지 공연히 두렵다.

　희수의 강을 건너며 돌이켜보니 어린 시절 경험은 기껏해야 천연두와 결핵 백신이 전부였다. 그 후 지천명 무렵부터 매년 피할 도리가 없었던 독감과 폐렴백신이 있었다. 그런데 지난해부터 창궐하기 시작한 코로나19(COVID-19) 백신이 보급되면서 무려 3차례나 거듭 접종하는 무지막지한 경험을 하면서 어안이 벙벙했다. 하기야 지난 세기에 태어나 금세기로 이주해 사는 아날로그 세대(analog generation)들은 그다지 많은 불평을 할 처지가 아닌 듯하다. 왜냐하면 21세기에 태어난 디지털 원주민(digital native)들의 경우는 헤아리기 어려울 만큼 접종해야 하는 각박한 현실이다. 그 옛날에 비해 대폭으로 많은 문화적 혜택을 받으며 성장하는 디지털 원주민으로 순수한 디지털 세대(digital generation)인 중학교 2학년인 손주가 지금까지 경험했던 백신의 실태이다. 자그마치 10개 분야에 걸쳐서 모두 46회의 접종한 것으로 꼼꼼히 적바림 되었다*.

전문가들이 분석해 봐도 코로나19가 완전히 소멸할 개연성이 없었던가. 이번 달에 이르러 드디어 당국에서 위드 코로나(with corona)*를 선언하고 과감하게 궤도 수정을 하고 그에 따른 정책을 펼치고 있다. 다시 말하면 지금 코로나19의 유행이 장기화하면서 폐해를 간과할 수 없는 사회적 거리 두기(social distancing) 따위를 일부 완화하는 한편 위중증(危重症) 환자 관리에 집중하는 새로운 방역체계를 겨냥하는 정책을 지향하고 있다. 왜 이런 선택을 했을까. 완전한 퇴치가 사실상 어려운 현실을 바탕으로 오랫동안 시행했던 각종 규제 때문에 위축된 국민의 일상과 정체된 경제 회복을 염두에 둔 정책의 도입이었다. 이는 사회적 거리 두기에 따른 과도한 비용과 방역비 부담 따위를 줄이기 위해 확진자(確診者) 수를 줄이는 데 총력을 기울이기 보다는 중증환자 관리로 치명률(致命率)을 낮추는 방역체계로 변환이 절실하다는 개념이다. 결국 코로나와 공존하며 적절히 대처하겠다는 정책이다. 하지만 이에 대한 정확한 정의가 없어 애매하다는 관점에서 당국에서는 '위드 코로나' 대신에 '단계적 일상회복'이라고 표현하고 있다. 지난해 세계 유수의 제약회사들이 경쟁하듯 '코로나19 백신' 개발 소식을 전하면서 종식 선언이 가능하리라는 기대가 한껏 고조되었다. 절절한 기대와는 달리 전파력이 한결 강하고 병증의 중증화 가능성이 큰 델타 변이(delta variant) 바이러스가 속속 출현했다. 게다가 백신을 접종했음에도 불구하고 돌파 감염(breakthrough infection) 사례가 빈번해지면서 코로나와 공존할 수밖에 없다는 '위드 코로나' 주장이 설득력을 얻었다.

코로나19가 걷잡을 수 없는 들불처럼 지구촌을 휩쓴 이후의 시대 상황 즉 포스트 코로나(PostCorona) 시대를 생각한다. 이는 포스트(Post)와 코로나19의 합성어로서 "코로나19를 극복한 이후 다가올 새로운 시대 상황"을 이르는 신조어이다. 코로나19가 끼친 해악은 하나하나 헤아리기 어려울 정도로 막대하다. 그와 반대로 우리 사회를 기존의 대면(face to face) 사회로부터 비대면(untact) 사회의 서막을 활짝 열었다는 긍정적인 측면의 공도 있다. 오랜 전통인 오프라인(offline) 대면 사회에서 온라인(online)의 비대면 사회의 서막을 열면서 언택트 문화의 확산, 원격교육, 재택근무, 원격진료, 인터넷 뱅킹, 비대면 택배, 원격화상회의 따위 등은 이전으로 돌리기 어려운 문화로 뿌리내리고 있다. 이 같은 맥락에서 인류사회는 코로나19 이전(BC : Before Corona)과 코로나19 이후(AC : After Corona)의 모습은 판이하게 변화할 것은 불을 보듯 뻔하다.

위드 코로나 시대 선언과 함께 많은 분야에서 이전의 상태로 회복되어 사회 전체적으로 활기찬 모습을 되찾을 것으로 전망된다. 하지만 가장 기초적인 사항 중 변하지 않은 '마스크 쓰기'는 언제까지 계속해야 할지 은근히 짜증이 난다. 코로나19에 대한 가장 기초적이고 상징적인 마스크가 필요 없어지는 날 우리는 진정 코로나로부터 자유선언이 가능하지 않을까. 오늘 부스터 샷을 접종했지만, 얼굴을 반쯤 가린 우스꽝스러운 모습은 여전하니 전혀 개운치 않고 찜찜하다. '위드 코로나'의 참된 뜻이 진흙탕에 짓이겨졌음에도 애써 외면하고픈 언짢고 삐딱한 기분은 어디에서 연유할까.

* 손주의 올해까지 백신 접종 내용이 적바림된 "소아건강수첩"에 따르면 다음과 같다. 결핵 1회, B형 간염 2회, 디프테리아/파상풍/백일해 6회, 폴리오 4회, 뇌수막염 4회, 폐구균단백 / 결합백신 4회, 홍역/볼거리/풍진 2회, 일본뇌염 사백신 5회, 수두 1회, A형 간염 2회, 독감 백신 16회로서 이들을 모두 합하면 46회이다. 아직 코로나 백신은 접종시키지 않았다(2021년 12월 13일 화이자 백신 1차 접종했음).
* 위드 코로나(with corona) : 이 용어는 일본에서 "ウィズ・コロナ"로 제일 먼저 사용하기 시작했다는 매스컴 보도이다.

(2021년 11월 11일 목요일)

수선만 떨었던 벌초

　지난해 신종 코로나바이러스 감염증(코로나19) 때문에 걸렀던 벌초를 다녀왔다. 말이 벌초길 일 뿐 풀 한 포기 깎지 않아 멋쩍은 마음을 금할 길 없다. 꼭두새벽에 기상해 채비하고 나선 길이었는데 체면이 말씀이 아니었다. 딴에는 잔뜩 수선을 떨며 서둘러 달려갔건만 애통하게도 선영에 도착했을 때 벌초를 끝내고 아침을 거른 일행들이 새참 비슷한 점심까지 먹은 후에 우리 내외가 도착하기를 기다리고 있었다. 어린 시절 학교에 지각했던 것처럼 진정한 마음을 올곧게 전하고파서 중언부언했다. 그런 맘을 아는지 모르는지 배고플 것이라며 한사코 식사를 차려줬다. 어색한 속내를 곧이곧대로 들키지 않고 숨기려는 표정 관리가 무척 힘들었다. 지나친 변명은 되레 결례라는 생각에서 적당한 선에서 말을 삼가고 건성으로 밥을 퍼먹는 시늉만 하다가 슬쩍 숟갈을 내려놨다.

지난해엔 코로나19 때문에 선조들의 시제를 봉행하는 제단 주위를 비롯해 증조까지의 묘소는 고향에 뿌리내린 몇몇이 십시일반의 심정에서 작은 모둠으로 나뉘어 시차를 두고 벌초를 했었다. 한편 우리 대(代)를 기준으로 할 때 조부모와 부모의 묘역은 각각 직계 자손별로 했다. 그에 대해 지난해 사촌들이 내게 솔깃한 제안을 했다. 동생들 두셋이 모두 벌초할 터이니 형은 참석하지 말라고. 짐짓 미안한 척하며 은근슬쩍 받아들임으로써 결국 지난해 벌초는 슬그머니 빠졌다. 벌초를 거르는 게 달콤하다고 생각했으나 지난 한 해 동안 께름칙해 혼났다.

올해도 역시 지켜야 할 사회적 거리 두기와 방역 규칙을 무시할 수 없어 지난해 판박이 방법으로 벌초를 한다고 했다. 사촌에게 벌초 날짜를 물었더니 오늘(9월 12일)로 알아서 할 터이니 무조건 오지 말라는 얘기였다. 지난해에 이어서 올해까지 벌초에 빠질 수 없다는 생각에서 기필코 참석하기로 했다. 단단히 벼르고 새벽 인정(寅正 : 4시)에 일어나 준비하고 6시에 아파트 정문을 나섰다. 기상 시간에 비하면 너무 늦게 출발했지만 나름 믿는 구석이 있었다. 새벽 시간에 통행 차량이 적은 관계로 적당히 과속하면 이른 시각에 너끈하게 도착하리라고.

월영동의 아파트를 나서 내서 나들목에서 구마고속도로 진입해 달리다가 현풍에 이르러 중부내륙고속도로로 접어들어 김천에서 경부고속도로 상행선으로 길머리를 틀어 달렸다. 그러다가 옥천 나들목에서 고속도로를 벗어나 선영에 이르렀다. 몇 년 만에 달리는 고속도로엔 불과 몇 km마다 시속 100km를 초과하는 과속을 감시하는 고정 카메라가 즐비하게 깔려 있어 도저히 과속이 불가능한 상황이었다. 이 때문에 고속도로를 손바닥 들여다보듯이 훤히 꿰고 있는 사람 이외엔 시속 100km 이상의 속도로 달릴 재간이 없어 예상외로 시간이 많이 지체되었다. 게다가 운전을 하는 아내 건강을 고려해 휴게소에 들러 충분히 휴식토록 배려하는 시간 또한 무시할 수 없었다. 그 외에도 도중에 팔순 중반에 이른 작은 누님을 뵙기도 했고, 불혹 중반의 조카를 저세상으로 보낸 재종(再從) 집에 들러 때늦은 문상을 했던 때문에 마냥 늦어질 수밖에 도리가 없었지 싶었다. 벌초를 마치고 귀가하는 길은 다른 노정을 택했다. 금산(錦山) 나들목에서 대진고속도로 하행선으로 접어들어 진주에서 남해안고속도로 부산 쪽으로 진입해 달리다가 진성(晋城) 나들목을 빠져나와 국도로 마산에 도착했다. 귀갓길에 지나왔던 고속도로에는 시속 100km를 넘는 과속을 감시하는 고정 카메라가 경부고속도로보다 훨씬 적었다.

청주한가 공안공(恭安公) 할아버지의 후손이다. 내 조부(32대손)는 3형제였는데 그분들의 슬하에는 모두 8명의 아들(33대손)을 두셨다. 그리고 8명의 33대 손에게서 태어난 16명의 아들이 현재 우리(34대손)이다. 이들 중 참여하기 어려운 사정이 있는 절반쯤은 자연스럽게 빠지게 되었다. 그리고 나머지 7~8명 모두가 한자리에 모이는 게 부담스러워 절반가량은 어제(토요일) 각자의 조부모와 부모의 묘를 찾아 벌초를 마쳤다. 그렇게 하고도 남아있던 묘는 오늘 새벽 동이 틀 무렵부터 서둘렀기 때문에 내가 도착한 오전 10시 조금 지난 시각엔 이미 벌초가 완료되었단다. 단단히 벼르고 새벽 4시에 기상해 불원천리 달려갔을 때는 이미 상황이 종료되어 아침과 점심을 겸한 새참 같은 밥만 얻어먹은 꼴이었다. 그 뒤에 공직에서 은퇴하고 고향 마을로 귀촌한 재종의 집 앞 느티나무 아래서 한담을 나누다가 길을 재촉해 마산으로 돌아온 시각은 벌건 대낮인 오후 3시 조금 지났었다.

천역(天疫) 같은 괴질의 두려움이 이유일까. 고속도로를 오가는 차량이 현격하게 줄어들면서 휴게소도 한산하다 못해 쓸쓸했다. 지난날 오늘 같은 벌초 철이면 이른 아침이라도 나들이객으로 북적댔는데 여기저기 띄엄띄엄 몇몇이 눈에 띌 뿐이었다. 선영을 찾아가며 들렀던 성주휴게소와 옥천휴게소에는 이른 아침이라 해도 찾는 이가 거의 없어 괴기 적적했다는 표현이 합당하다고 느낄 지경이었다. 한편 귀로에서 잠시 머물렀던 덕유산휴게소와 산청휴게소는 한낮임에도 나들이객 수는 평소 1/3 수준쯤이었다. 늘 북적이던 휴게소에 이용객이 대폭으로 줄어든 현장을 직접 목도하며 수많은 자영업자의 절규를 실감할 것 같았다.

벌써 두 해째 옴짝달싹하지 못한 채 전전긍긍하고 있다. 뜻하지 않은 괴질의 몽니가 자행되면서 누구도 제대로 경험하지 못한 비대면 온라인 언택트(untact) 시대의 서막이 활짝 열린 셈이다. 하지만 낯선 환경과 문화의 충격에 허둥대면서 익숙했던 대면(face to face) 사회로 환원을 염원하고 있다. 그리 복원되면 마음 편하게 후손이 모여 벌초도 제대로 하고 시제(時祭)를 모시며 선조들을 기릴 터인데. 도둑질하듯이 몇몇이 살짝 만나 벼락 치듯이 선영을 찾아 벌초하고 돌아와도 아쉬움은 고질병 같은 체증처럼 여전히 남아 불편하다.

(2021년 9월 12일 일요일)

맏이와 막내의 나이 차이 22살

　내 형제는 6남매로 맏이와 막내의 차이가 자그마치 22살이다. 맏이인 큰 누님과 막내 여동생은 자매라기보다는 어버이와 자식 같다. 그 옛날 피임에 대해서 까막눈에 가깝던 시절 조혼으로 방년(芳年)* 무렵부터 지천명 직전까지 출산했었다. 그런 때문에 형제 사이 30살이라는 나이 차이가 있었던 경우가 드물지 않았다. 이 같은 현상은 요즘의 사회적 통념으로 해석이나 이해가 불가능할지 모른다. 아울러 형제자매가 열을 훌쩍 넘기는 경우가 드물지 않았으며, 대여섯은 어디에나 흔했다.

　내 선비(先妣)*는 열아홉에 시집와서 스물에 맏이인 큰 누님을 출산했다. 을해년(乙亥年 : 1935년) 큰누님을 시작으로 평균 두세 해 간격으로 잇달아 출산하다가 막내 여동생인 여섯째를 끝으로 단산하셨다. 내 위로는 맏이인 큰누님보다 세 해 뒤인 무인년(戊寅年 : 1938년)에 작은 누님을 낳으셨다. 한편 작은 누님이 태어나고 일곱 해째인 을유년(乙酉年 : 1945년)에 내가 해방둥이며 셋째로 출생했다. 그 후 다시 일곱 해 뒤에 넷째 여동생이 임진년(壬辰年 : 1952년)에 태어났고, 다시 두 해 뒤인 갑오년(甲午年 : 1954년)에 다섯째 여동생이 출생했다. 아울러 다섯째 여동생을 낳은 뒤 삼 년째인 정유년(丁酉年 : 1957년)에 여섯째인 막내 여동생을 낳으셨다. 한편 나는 바로 위인 작은 누님이나 넷째인 여동생과 비교할 때 각각 7살의 차이가 난다. 사실 내게는 세 살 위인 형과 세 살 아래인 남동생이 있었다. 그들은 이승과 연이 짧고 박복했는지 천연두나 홍역을 앓다가 명을 달리했기에 자연스럽게 터울*이 커졌다.

언젠가 선비 살아생전에 물었다. "왜 그리 여럿을 낳았느냐?"라고. 다산했던 이면에는 놀랍게도 남아선호 사상이 똬리를 틀고 있었다. 아들이 두셋은 되어야 한다는 게 부모님 생각이었던 같다. 내가 성장하면 외로울 것 같아 아들을 기대하고 계속 출산했음에도 연이어 딸을 낳았다고 했다. 그에 대해 결코 웃어넘길 수 없는 일화이다. 아들을 겨냥해 회임되는 대로 낳았는데 막내를 출산한 뒤 딸이라서 섭섭해 포대기에 대충대충 싼 채 방 쪽으로 밀쳐두었다고 했다. 서운함에 한동안 방치했는데 누군가가 젖을 물리라고 강권해서 살펴봤단다. 온돌의 방바닥이 너무 뜨거워 갓난쟁이의 궁둥이를 데어 꽈리처럼 부풀어 오르고 진물*이 나는 등의 공연한 고생을 시켰던 그때를 회상하며 눈시울을 붉어지기도 하셨다.

선고(先考)*는 임자생(壬子生 : 1912년)으로 을축년(乙丑年 : 1985년)에 세상을 뜨셨으니 일흔셋, 갑인생(甲寅生 : 1914년) 으로 임신년(壬申年 : 1992년)에 몰(沒)*하신 선비는 일흔여덟의 수를 누렸다. 지난 세기 전반기에 태어나셨다는 사실을 감안하면 천수를 누린 셈이다. 구태여 요즈음 기준으로 생각하면 좀 더 오래 사셨으면 싶기도 하지만 생사 문제는 뜻대로 할 수 없는 신의 영역 문제가 아니던가. 결코 길지 않은 생을 누리셨다. 그분들은 이 세상에 오셔서 어린 시절과 젊은 날엔 일제 강점기와 해방, 청장년부터 노년까지는 6·25전쟁, 독재정치 혼란기, 산업화 등의 격변기를 온몸으로 견뎌내며 파란만장한 질곡의 세월과 함께했던 가시밭길 같은 생이었지 싶다.

당신들이 이 땅에 남기신 6남매 중에 맏이가 올해 여든일곱이고 막내가 예순다섯으로 모두 비교적 건강하다. 장수 시대에 걸맞게 수를 누리고 있다는 증좌일 게다. 여태까지 모두가 치명적인 병을 앓거나 사고를 당하지 않은 게 감사한 일로서 축복이다. 그렇지만 세월이 지나면서 큰 누님은 거의 청력을 잃어 옆에서 큰 소리로 말하지 않는 한 알아듣지 못하는 형편으로 전화 소통이 불가능하다. 게다가 최근에는 시력까지 떨어져 고생하신다. 한편 작은 누님 역시 허리가 잔뜩 굽어 먼길 보행이 어렵고 동네 이웃에 마을 가려면 유모차에 의존하는 형편이다. 아울러 나를 비롯해 나머지 다섯 역시 천우신조인지 건강에 커다란 문제는 없을지라도 나름 자질구레한 이상 경고에 자유롭지 못한 채로 황혼의 길을 걷고 있다.

요즘 경향 각지에 노인 요양병원이 우후죽순처럼 많이 생겼다. 장수 시대를 맞아 자식들이 직접 돌볼 처지가 못 되는 딱한 처지의 노인들이 대폭 늘어나면서 생겨난 병원이다. 다행히 6남매 중에 요양병원 신세를 지는 예는 없다. 앞으로도 계속 그랬으면 하는 바람이다. 요양병원이 늘어남은 현실적인 노인 문제에 대한 최선의 대응 방안일 터이다. 왠지 현대판 고려장 같다는 삐딱한 생각 때문에 시대의 변화에 적응하지 못하고 고리타분한 구닥다리 사고의 틀에 갇힌 게 아닐까.

* 방년(芳年) : 이십 세 전후의 한창 젊은 꽃다운 나이.
* 선비(先妣) : 남에게 돌아가신 자기 어머니를 이르는 말.
* 터울 : 한 어머니의 먼저 낳은 아이와 다음에 낳은 아이와의 나이 차이.
* 진물 : 부스럼이나 상처 따위에서 흐르는 물.
* 선고(先考) : 남에게 돌아가신 자기 아버지를 이르는 말.
* 몰(沒) : 주로 약력에서, '죽음'을 이르는 말.

(2021년 5월 12일 수요일)

호국의 얼과 흔적을 찾아서

임인년(壬寅年)의 첫날 남산호국공원(경남 창녕군 영산면 동리 434)을 다녀왔다. 이 공원은 임진왜란 호국충혼탑과 3·1 독립운동 봉화대와 기념비를 비롯해 6·25 전쟁 영산지구 전적비 등 3대 국란 호국 성지로서 1982년 전국에서 최초로 호국공원으로 조성했단다. 전체적으로 볼 때 냇가 옆으로 좁고 길게 펼쳐진 평지와 가파른 절벽 위에 기념탑이 자리하고 있다. 공원 입구 관광안내소 바로 뒤에 커다란 입석(立石)에 한자로 '南山護國公園'이라고 새겨져 있으며, 규모는 작을지라도 우리나라 호국공원 중에 손꼽힌다는 귀띔이다.

평지인 입구에 들어서 발길을 옮기다 보니 왼쪽으로 남천(南川)이라는 시내가 흐르는데 중간쯤에 축조된 만년교(萬年橋 : 보물 제564호)가 눈길을 끌었다. 이 다리는 길이 13.5m이고 너비 3m의 홍예교(虹蜺橋)* 즉 무지개다리이다. 개울 양쪽의 자연 암반을 주춧돌 삼아 홍예(虹蜺)라는 방법으로 축조한 반원형 아치(arch) 모양이다. 그런데 홍예는 아래쪽이 위쪽보다 좁게 다듬은 석재를 반원형(무지개 모양)으로 축조함으로써 교량의 하중이 옆으로 받도록 시공한 것이란다. 이는 정조(正祖) 때 축조했고 그 후 여러 차례 중수 혹은 대폭 개축해 오늘에 이르렀다는 얘기이다. 한편 다리 아래를 흐르는 물이 남산에서 시작된다는 의미에서 '남천교(南川橋)', 다리를 놓은 원님의 공덕을 기린다는 뜻으로 '원다리'라고 불리기도 했다는 전언이다.

만년교를 지나 조금 안쪽으로 발길을 옮기면 '임진왜란 호국충혼탑(壬辰倭亂 護國忠魂塔)'이 버티고 서 있다. 탑 앞에서 통한의 일제 만행에 분연히 일어서 목숨을 초개같이 버리며 항거했던 거룩한 선열들의 얼을 되새기다가 발길을 옮겼다. 몇 걸음 옮기니 전제(全齊) 장군의 기념비가 눈에 띄었지만, 세간에 역사적 평가와 여론이 엇갈리고 분분하다는 맹랑한 현실을 감안해서 그냥 지나쳤다. 그보다 안쪽엔 이 고을에서 선정을 베풀었던 현감들의 공을 기리는 선정비(善政碑)가 줄줄이 서 있는 독특한 모양새가 눈길을 끌어 대충 훑어보고 모형으로 만든 물레방아를 스쳐지나 입구 쪽으로 돌아와 계단으로 가파른 절벽 위로 향했다.

가파른 계단을 따라서 오르며 숨이 조금은 가빠올 지음 6·25 전쟁 때 '영산지구 전적비(戰績碑)'가 우뚝 나타났다. 비(碑)에 새겨진 바에 의하면 "창녕의 영산은 낙동강 돌출부로서 1950

년 여름 두 차례의 치열한 전투를 치르며 북괴의 공격을 방어했던 전적지라는 얘기이다. 여기서 미군 제24사단과 해병 5연대가 보였던 결사 항전의 투혼이 영산을 수호했기에 비(碑)를 세우고, 이 땅의 자유와 민주를 지키려고 목숨 걸고 싸우다가 산화한 영령들을 영원히 기억하며 빛나는 전공을 기리기 위함"이라고 천명하고 있다. 어렸을 적에 겪어 기억이 어슴푸레한 6·25를 회상하다가 정신을 가다듬고 밋밋한 내리막길을 터덜터덜 따라가니 하얀 색깔의 비가 앞에 턱 버티고 서 있었다.

'삼일독립선언서탑(三一獨立宣言書塔)'이었다. 지난 학창 시절 자주 대했던 '독립선언문'이 탑에 오롯이 새겨진 내용을 한 자 한 자 천천히 더듬어 읽으며 이를 작성했던 선조들의 절박했던 바람을 생각해 봤다. 미욱하기에 선열들의 애국 애족 정신보다는 학창 시절 이에 관련해 출제되었던, 시험문제가 또렷이 떠올라 어처구니가 없었다. 이런저런 생각에 빠져 헤매다가 그 내용을 통째로 외우려고 낑낑댔던 지난날이 떠올라 어이가 없어 피식 웃었다.

삼일독립선언서탑 앞에서 얼마를 머물렀을까. 다시 발길을 옮겨 가파른 오르막을 조금 오르니 삼일봉수대(三一烽燧臺) 비(碑)가 반겼다. 이 비 옆에는 채화(採火) 시설인 '항아리에 뚜껑을 덮어놓은 모양'의 봉수대(烽燧臺)가 있었다. 태양광에 의한 채화가 아니라 LPG 연료로 행사 때마다 횃불을 점화할 수 있으며 개인의 희사(喜捨)로 만들었다는 안내였다.

봉수대에서 다시 10m 남짓 비탈을 오르면 삼일독립운동기념비(三一獨立運動記念碑)가 자리하고 있었다. 일제의 만행에 맞서 들불처럼 전국적으로 번진 3·1운동이 일어나면서 애국지사 23인의 결사대가 분연히 일어섰던 영산지역 독립운동이 기미년 3월에 이곳 남산봉에서 시작했단다. 이 불길은 영산면 일대와 창녕읍으로 번져 맨주먹으로 일제의 총칼에 당당히 대항하며 독립운동을 펼쳤다. 이렇게 영남지방에서 제일 먼저 독립 만세를 외쳤던 23인의 결사대를 추모하고 그 공적을 기리기 위해 1956년에 연지(硯池)라는 연못 옆의 로터리에 세웠던 기념비를 1980년 현재 위치로 옮기고 해마다 3·1절에 위령제를 모신단다.

남산 절벽 위의 6·25전쟁 영산지구 전적비, 삼일독립선언서탑, 삼일봉수대, 삼일운동독립기념비 사이를 터덜터덜 오가면서 조감하는 조용한 영산면 소재지인 동네 모습은 무척 한가롭고 평화로웠다. 아래로 내려다보이는 옹기종기 자리한 주택과 상가가 뒤섞인 동네의 한가운데에 자리한 연지(硯池)라는 연못이 자꾸 손짓했다. 공원 구석구석을 샅샅이 둘러보고 연지에 들러 쉬다가 귀갓길에 올랐다.

집으로 돌아오는 길에 우리는 지방도 길가에 자리한 '낙동강휴게소'라는 편의점에 들러 차를 마시며 봄날처럼 따스한 야외의 벤치에 앉아 새해 덕담을 나누기도 했다. 원래는 임인년의 새 아침을 맞아 밀양, 무안의 영산정사에 가서 신년 소원을 기원하는 타종식을 겨냥하고 나섰던 길이었다. 그런데 올해부터는 바

꾄 주지 스님의 방침에 따라 외부인의 타종이 금지되어 포기하고 '꿩 대신 닭이라는 심정'의 대안으로 찾은 곳이었다. 이게 웬 횡재일까. 예상보다 알차고 보람된 행운이었으니 올 내내 뜻하지 않은 보람과 얻음이 기대되는 꿈이 이어질 생김새가 분명한 희망의 원단(元旦)이다.

* 홍예(虹蜺) : 무지개(a rainbow), 아치(an arch)

(2022년 1월 1일 토요일(壬寅 元旦))

누군가에 받았던 용돈에 대한 단상

아주 가끔 누군가의 손에 몇 푼의 돈을 쥐어준다. 돌이켜보니 어린 시절엔 지금과 정반대로 늘 누군가에게서 무엇인가를 받기만 했다. 언제부터였을까. 받는 처지에서 주는 처지로 바뀐 상황을 곰곰이 반추하며 기억을 되살려본다. 나이에 상관없이 배움을 지속해야 했던 20대 후반 무렵까지는 경제적 무능력자였다. 아르바이트하거나 가정교사를 했다. 그럼에도 생활비나 용돈에 보태야 했던 빠듯한 형편 때문에 남에게 베풀거나 인사치레할 여유나 겨를이 없이 팍팍하고 여유가 없었다. 결국 대학원을 마치고 제대로 된 일자리를 찾아 안착할 때까지 누군가로부터 도움을 받기만 했던 약자였다.

어린 시절의 회상이다. 부모님을 비롯해 주위의 친인척들이 가뭄에 콩 나듯이 건네주던 용돈이나 설날 주던 세뱃돈 따위를 받았었다. 그것도 기껏해야 지전 한두 장일 뿐이었음에도 하늘을 날 듯한 기분이었다. 그래 봐야 눈깔사탕 몇 개나 공책 한두 권 아니면 연필 몇 자루 살 금액에 지나지 않았음에도 천금을 얻은 듯 흐뭇했다. 변변한 먹거리나 군것질이 마땅치 않았던 때 문일까. 용돈은 고사하고 먹을 만한 주전부리 한 줌 특별히 챙겨 건네줘도 마찬가지였다. 불과 60여 년 전에 비하면 요즘 아이들은 전혀 딴판이다. 손주가 초등학교 시절부터 상큼발랄한 친구들을 제법 많이 이끌고 왔다. 마치 어미 닭이 병아리를 몰고 다니듯이 말이다. 꼬마 손님들이 반갑고 대견해 고급 빵이나 아이스크림을 비롯해 철 이른 햇과일 따위를 정성스레 대령해도 시큰둥한 채 데면데면해 어떤 때는 살짝 서운하기까지 했다.

대학 2학년 가을 어느 날 서울행 완행열차에서 겪었던 추억 한 토막이다. 급히 고향에 왔다가 다음날 서둘러 상경하기 위해 경부선의 이원역에서 낮 1시 반 무렵에 완행열차를 탔다. 승객이 빼곡하게 많아 앉을 좌석이 없어 통로에 선 채로 가다가 대전역에서 승객들이 하차하며 빈자리가 생겨 잽싸게 자리를 잡았다. 대전역에서도 다시 많은 승객이 승차함으로써 무척 혼잡했다. 이때 문제가 생겼다. 내 앞에 이순쯤의 신사가 다가와 자리 잡고 섰다. 모르는 척하기 어려워 곧바로 일어나 자리를 양보했다. 내 자리에 앉았던 그분은 고맙다는 인사를 거듭했다. 이런저런 대화를 나누다가 점심을 걸렀다는 핑계를 대면서 열차 내를 오가며 간단한 먹거리를 파는 철도청 홍익회 소속의 이동 판매원에게서 여러 가지를 푸짐하게 사더니 함께 먹자고 강권했다. 권하는 대로 응하면서 대화를 나누다가 서울역에 오후 여섯 시 반경에 도착했다. 그때 대놓고 얘기하지 않았지만 자리를 양보해 준 고마움을 그렇게 표시했지 싶다. 그날 시간 여유가 없어 점심을 건너뛰었던 때문에 엄청나게 달게 먹었다. 그래서 일게다. 적지 않은 세월이 흘러 희수에 이른 여태까지도 고맙고 또한 엊그제 일처럼 또렷하게 각인되어 있다. 이 기억이 떠오를 때마다 누군가에게 받았던 베풂에 대해 드러나지 않게 진정한 감사의 마음을 전했던 적이 얼마나 있었는지 곰곰이 곱씹어 보곤 한다.

언젠가부터 부모님을 비롯해 친인척 어른 또는 스승이나 선배들께 용돈이나 차비 따위를 챙겨드려야 하는 처지로 변했다. 그런데 결혼을 하고 가정을 꾸리면서 그 폭이 넓고 대폭 무거워졌다. 나의 두 아이가 태어남은 물론이고 주위에 직간접으로 챙겨야 할 생질들을 대충이라도 신경 써야 했다. 아마도 이 같은 처지가 이순의 초반까지 이어졌지 싶다.

이순의 중반 고개를 넘으며 젊음의 열정을 쏟던 일터에서 물러나면서 대부분 어른은 저세상으로 떠나셨다. 게다가 내 아들이나 생질들이 성장한 까닭에 신경 써야 할 일이 대폭으로 줄어들면서 한결 가볍고 자유로워졌다. 이를 역으로 얘기하면 세상으로부터 점점 소외되어 가는 처지가 되었다는 것이다. 이는 사회적인 측면에서 괄호 밖으로 내몰리는 것이라는 생각이 스치면서 왠지 쓸쓸해졌다. 더욱이 지난 한 해 남짓 신종 코로나바이러스 감염증(코로나19) 때문에 일상적인 만남이 제한되면서 붙박이로 집 안에 머물다 보니 정신적 압박감에서 오는 자괴감이 더욱 심해졌으리라. 이럴 즈음 잊지 않고 안부를 물어오고 소식을 전하는 제자들의 마음 씀씀이는 내게 많은 용기와 힘을 북돋아 주고 있다. 결국 정년 이후 10여 년 동안은 다시 어린 시절로 돌아간 듯 주로 주위에서 챙겨주는 사랑에 힘을 얻어 하루하루를 여닫고 있지 싶다.

이즈음의 가장 큰 낙중에 하나이다. 올해 중학교 2학년에 재학하는 손주에게 이따금 용돈을 쥐여줄 때 좋아하는 모습을 지켜보는 일이다. 일종의 월급처럼 매월 일정액을 주지 않는다. 그 대신 평소 소용에 닿는 물건이나 먹거리를 비롯해 책 따위를 사려고 할 경우나 세뱃돈 따위를 건네는 즐거움은 무엇보다 흐뭇하고 즐겁다. 또한 어쩌다가 손주의 친구들이 우리 집에 우르르 몰려왔을 때 분위기에 맞춰 약간의 군것질 값을 넌지시 건네며 각별한 맛과 멋을 느낀다. 요즘 대부분 어린아이는 고리타분하고 융통성이 없는 노인들이 마뜩잖아 은근슬쩍 밀쳐 내려 드는 게 보편적인 정서이다. 이런 세월에 조손(祖孫) 사이의 간극을 좁히며 대화의 실마리를 찾을 단초가 되기도 한다. 그러므로 용돈이 갖는 가치 외에 서로 다른 세대 사이의 관계를 매끄럽게 잇는 긍정적인 역할 또한 올곧게 인식할 필요가 있지 싶다.

(2021년 4월 3일 토요일)

학위복 유감

 옷 방에 들어갔다가 맨 위 시렁에서 무한정 잠에 빠진 직사각형의 상자가 눈에 띄었다. '박사학위 복'이다. 버리자니 그렇고 앞으로 입을 일도 없는 것을 보관하려니 내키지 않아 떨떠름하다. 계륵 같은 애물단지이다. 지난날 학위 수여식에 참석하기 위해 어쩔 수 없이 서울의 신촌에 자리한 '춘추사'까지 찾아가서 거금을 주고 맞췄던 필수품이었다. 발품을 팔고 금쪽같은 돈을 들였음에도 지금은 지나가는 개에게 던져줘도 시큰둥하리라. 이런 연유에서 내 물건 중 투자에 오그랑장사를 한 으뜸이 박사학위 복일 게다. 최근 인터넷을 뒤적이다 보니 대여해 주는 곳도 여럿이 있지만, 그 당시는 그렇지 못해 내남없이 학위를 취득하는 경우 전문 맞춤집을 찾아야 했다. 그 맞춤집이 전국에 두 군데 정도라서 해당 업체를 찾아가는 일도 성가실 뿐 아니라 만만치 않았다.

학위를 받던 날 기껏해야 2시간 안팎을 입고 있었으리라. 그 외엔 몸담았던 대학에서 보직을 맡았던 시절 두세 해 동안 입학식과 졸업식 몇 차례 입었던 시간은 대충 12시간(입학식 2시간+졸업식 2시간)×3(년)+12시간) 내외가 전부이다. 그러므로 구매한 뒤에 입었던 시간을 아무리 부풀려도 14시간(12+2) 안쪽이지 싶다. 소위 대학에 적을 두었던 경우도 이럴진대 일반 회사원이나 공직자인 경우라면 학위를 받던 날 한번 입으면 일생 다시 입어볼 기회가 없지 않을까. 이같이 어정쩡한 존재에 대해 별다른 식견이 없어 이참에 그에 얽힌 얘기와 조우를 위해 길을 나선다.

그 유래와 만남이다. 유럽의 대학에서 착용하기 시작했으며 중세 학자였던 성직자를 통해 그 기원을 유추할 수 있단다. 검은색은 중세 수도사의 복장에서 유래했다는 얘기이다. 왜냐하면 12세기 대학이 탄생하기 전에는 수도원에서 교육했기에 자연스럽게 교회의 복식에 영향을 받았다는 지적이다. 그러다가 14세기에 이르러 학위복 규정에 대한 대폭적인 변화가 나타나면서 대학이 자체적인 규정을 만들며 전공이나 학위 종류에 따라 그 모양이나 색깔을 정했다. 유럽의 경우는 현대에 이르러 형식적인 문화가 사라지면서 존재 자체가 없어진 대학들이 발생했는가 하면 규정이 느슨해져 다채로운 형태가 속출하며 혼란을 겪고 있단다. 그에 비해 미국 대학에서는 1893년 제정한 규정으로 거의 학위나 전공별로 통일시켰다는 지적이다.

언제부터 졸업식에서 착용했을까. 우선 세계 최초로 사각모와 가운을 비롯해 후드를 사용한 것은 1284년 영국 캠브리지대학교 성베드로대학으로 알려졌다. 한편 우리의 경우는 최초의 서양식 교육기관이었던 제중원(연세대학교 의과대학 전신)의 1908년 제1회 졸업식이었단다. 아울러 미국에서는 1893년 프린스턴대학교에서 착용하기 시작했던 게 효시란다.

우리 학제의 기본 틀은 미국이 모델이다. 아울러 학위복(academic regalia) 역시 마찬가지란다. 이는 학사와 석사를 비롯해 박사의 것이 각각 다르게 규정되어 있다. 한편 대부분 학사나 석사의 그것은 주로 검은색으로 서로 유사한 점이 많다.

학위복의 꽃은 박사학위 복이다. 기본적으로 가운(gown), 후드(hood), 사각모(四角帽 : 캡(cap)) 등의 3대 요소로 이루어진다. 이들 기본 요소 외에 대학이나 수여기관의 재량을 반영해 디자인해서 만들어지기도 한다. 그런 까닭에 학사나 석사학위보다 장식도 많을 뿐 아니라 무척 근엄한 느낌을 준다.

가운의 길이는 치렁치렁할 정도다. 긴 가운으로 신분을 감춘다는 뜻이 담겨있다. 이는 신분에 상관없이 학문 앞에서는 누구나 자유롭다는 철학을 담고 있다. 화려할 뿐 아니라 학사나 석사의 그것과 구별되는 결정적인 특징은 박사학위 복의 팔에 있는 3개의 줄(3패)이다. 이에 비해 학사학위 복에는 애초부터 줄이 없으며 석사학위 복에는 2개의 줄이 있거나 아예 없는 예도 있다. 결국 팔에 3개의 줄이 있으면 무조건 박사학위 복으로 보면 무난하다. 한편 팔에 4개의 줄이 들어있는 경우를 총장 복(presidential regalia)이라고 부른다. 이는 전·현직 총장이나 그에 상응하는 학계의 원로 교수들이 행사에서 입기도 한다. 물론 이들에 대한 규칙은 절대적인 것이 아니며 예외도 숱하게 많다.

사각모에 달린 기다란 실뭉치 장신구인 '수(繡)술'은 고대 로마 시대 노예들이 자유를 얻을 때 그 상징으로 술이 달린 모자를 썼던 데서 유래했단다. 결국 이는 학교에서 해방되었다는 뜻이다. 아울러 졸업식 과정에서 식순에 따라 술을 넘기는 의식을 거행할 때는 사각모를 쓴 자신을 기준으로 왼쪽에서 오른쪽으로 넘기면 된다. 그런데 우리의 경우 벨벳(velvet)으로 만들어진 사각모로 각인되어 있다. 그렇다고 모두가 사각모는 아니다. 미국은 사각모 이외에도 6각모, 8각모, 베레모, 이중베레모 따위도 많다. 한편 학사모의 사각형은 중세 유럽 대학의 주요 학문이었던 신학, 법학, 철학, 의학 등 4분야의 학문을 의미한다.

후드에 관한 얘기이다. 후드는 가운의 목 부분에 달려 머리 부분을 덮을 수 있다. 이는 자신이 평생 공부한 학문의 자유를 지켜야 할 무거운 책임을 목에 걸어주는 의미이다. 다시 말하면 가운에 후드를 걸쳤을 때 뒤에서 보면 방패 모양이다. 이는 앞으로 학문의 자유를 수호하기 위해 노력해야 한다는 뜻을 함축한다. 아울러 후드는 박사학위의 전공이 무엇인가에 따라 각각 고유한 색으로 결정된다. 몇 가지 예이다. 이학은 '금빛 노란색'. 경영학 '진흙색', 경제학 '구리색', 인문학 '흰색', 신학 '주홍색', 수의학 '회색' 등과 같이 전공에 따라 색깔이 달라진다.

얼마 전 L 박사와 만난 자리에서 나눴던 얘기다. 이런저런 대화를 나누다가 우연히 박사학위 복이 화제가 되었다. 그도 계륵 같은 그것을 신줏단지 모시듯 보관하고 있으나 성가신 골칫거리 중의 하나라는 얘기였다. 그런데 최근 누군가에 들었는데 "이승의 생을 접고 난 뒤에 묘를 쓸 때 관을 덮는 덮개로 사용할 예정"이라고 하더란다. 그 말을 듣고 솔깃해져 자기도 그리 쓰도록 자식들에게 일러둘 참이라는 얘기였다. 이승의 생에서 가장 자랑스럽고 뿌듯한 이룸을 공증받는 자리에 상징을 저승길에서 관의 덮개로 쓰겠다는 결정이 그럴싸하다고 생각되기도 했다. 하지만 부질없는 욕심을 내려놓지 못한 징표 같기도 해 마냥 헷갈리고 갈피를 잡기 어렵다.

(2021년 6월 13일 일요일)

여덟 번째의 등산화

새 등산화를 선물로 받았다. 내가 신을 여덟 번째 등산화이다. 안산에서 기업을 경영하는 생질서(甥姪壻)*가 보내왔다. 지금의 등산화는 세 해 전에 구매한 것으로 고무 재질의 바닥(밑창)과 피혁(皮革)으로 된 운두(雲頭)* 사이를 접착시킨 부분에 천공(穿孔)*이 생기고 낡아 비 오는 날에 물이 들어올 지경에 이르러 새로 장만해야 할 때가 되었다. 그동안 일곱 켤레의 등산화로 동네 뒷산을 오르내린 게 전부이다. 스무 해 이상을 매주 5회 정도 왕복 10km 남짓한 야트막한 동네 뒷산 정상을 세 시간 정도에 걸쳐 오르내리거나 임도를 걷고 또 걸었다. 등산화의 수명은 기껏해야 세 해 남짓한지 그 정도 시간이 지나면 신기하게도 바꿔야 했다. 이전까지 새것으로 교체하던 주된 이유는 신발 바닥(밑창)에 구멍이 나고 해졌기 때문이었다. 한데, 이번에는 단골로 말썽을 부리던 바닥은 멀쩡하다. 하지만 바닥과 운두 사이를 접착한 부분의 몇 군데에 구멍이 생기고 찢겨 당장 폐기해야 할

실정이다.

입때까지 수필집을 출판하면 두 누님과 세 여동생을 비롯해 생질(甥姪)*과 생질녀(甥姪女)*에게 꼬박꼬박 보낸다. 지난봄에 출간한 '황혼의 뜨락 풍경'도 예외는 아니었다. 안산에 사는 작은 누님의 둘째 사위가 그 책을 읽는 과정에서 "새 등산화로 바꿔 신으며"라는 꼭지의 글을 발견했던 모양이다. 꼼꼼한 성격 때문이었으리라. 글을 쓴 날짜를 살펴보고 올해 세 해째이기 때문에 틀림없이 새것으로 바꿔야 할 정도로 나달나달해졌을 것이라고 하더란다. 그런 연유에서 제 아내인 생질녀를 앞세우고 백화점에 가서 한 켤레 구매해 택배로 보내온 것이다. 지금까지 내가 신었던 대부분은 해를 넘긴 이월 상품으로 저렴하게 샀기에 가격을 신경 썼던 적이 없었다. 한데, 오늘 보내온 것은 이전의 것과 견줄 수 없을 만큼 고가의 제품(blackyak)이라서 은근슬쩍 부담된다.

아마 지난달 초순이었지 싶다. 어느 날 초저녁 아내가 뜬금없이 등산화 사이즈를 물었다. 그동안 내가 직접 구매했던 기억이 도통 없다. 늘 아내가 구두 사이즈를 참고하여 새것을 사 오면 아무 생각 없이 신고 다녔다. 등산화뿐이 아니다. 귀찮다는 생각에서 구두나 운동화를 비롯해 대부분 옷까지도 아내 사다 주는 것을 신거나 입고 지내고 게 습관이 되었다. 그런 아내인데도 사이즈가 기억나지 않아 구두를 이리저리 살피며 법석을 떨고 나서 겨우 사이즈(280mm)를 알았다. 그리고 왜 사이즈 파악이 필요한지를 얘기했다. 안산의 생질서(甥姪壻)가 외숙에게 등산화를 선물하겠다며 사이즈를 물어왔다는 대답이었다. 결국 아내가 생질녀에게 사이즈를 문자로 알려줬다고 했다. 그런 뒤 지난 주말경엔 어떤 모양을 선호하는지 물어와 아내가 현재 신는 등산화를 촬영하여 전송했단다. 그런 사연을 담은 등산화가 오늘 도착한 것이다.

새것을 대할 때마다 무진장 오래 신을 것같이 질기고 견고해 보였다. 오랫동안 동네 뒷산을 조용조용히 오르내릴 따름인 까닭에 한 켤레만 장만하면 마르고 닳도록 신을 성싶었다. 내 생각은 오판이었다. 새것을 세 해쯤 지나면 튼실해 보이던 바닥에 구멍이 날 만큼 퍽퍽 닳거나 대책 없이 해지기 때문에 폐기하지 않을 수 없었다. 아마도 거의 생산 업체에서 한계 수명을 세 해 안팎으로 겨냥하고 그에 합당한 재질과 부품을 조달해 만드는 게 아닐까 하는 억탁(臆度)*을 해보기도 한다.

걷기에 몰두하고 강산이 두 번 변하고도 남을 세월이 흘렀다. 건강이 좋지 않아 산림 관리를 위해 개설한 포장길을 몇 해 동안 걸었다. 그렇게 체력을 쌓다가 산꼭대기 정상을 오가는 등산로를 걷기로 한 용단을 내린 지 어느 결에 열여덟 해째이다. 오늘 선물 받은 등산화를 폐기할 때까지 산행을 지속한다면 팔순에 이를 게다. 어쨌든 그동안 헤아리기 어려울 만큼 오르내리던 길이다. 그럼에도 불구하고 시간이 지날수록 속도는 느려지고 부지불식간에 점점 힘에 부쳐 헉헉댄다. 이런 경우를 두고 옛 어른들이 '세월 앞엔 장사가 없다'라고 일깨웠을까. 이따금 해질녘 등산길에 서산으로 지는 해가 예사롭게 보이지 않음은 동병상련의 아릿함 때문일 게다. 부질없는 하년(遐年)*에 대한 터무니없는 탐욕 때문은 아니리라.

집을 나서 정상에 이르러 간단한 운동을 하고 돌아오는 길을 일수(日收) 찍듯이 오랫동안 되풀이하고 있다. 그러다 보니 붙박이처럼 거의 매일 오르내리는 이들은 대부분 낯이 익어 스쳐 지날 때 가벼운 인사를 나누고 있다. 달이 가고 계절이 변하며 해가 바뀌는 것같이 짧은 기간으로는 전체적인 등산객의 변화를 가늠하기 어려웠다. 스무 해쯤 지나면서 돌아보니 낯을 익혔던 이들은 점점 줄어들고 새로운 얼굴들로 바뀌었다. 새로 등장한 이들은 상대적으로 젊을 뿐 아니라 활달한 행동이 부러워 곁눈질한다. 하지만 어깨를 나란히 하고픔은 헛된 과욕으로 언감생심이었다.

책가방이 좋다고 공부를 잘하는 것은 아니리라. '개 발에 편자*'격 일지라도 과분한 새 등산화로 무장하고 지극정성으로 산을 오르내리며 건강을 여퉈 황혼의 강을 멋있게 건너고 싶다. 희망은 잘되리라는 확신이 아니다. 그것은 결과가 어쨌든 그게 옳다는 확실성을 뜻한다. 결과에 연연하지 않고 그냥 옳은 길을 가는 자체가 희망을 실현하는 첩경이기에 내일도 쉼 없이 신발 끈을 졸라매고 등산길을 나설 참이다. 아름다운 황혼을 멋지게 누릴 요량에서……

* 생질서(甥姪壻) : 누이의 사위
* 운두(雲頭) : 그릇이나 신 따위의 둘레나 둘레의 높이.
* 천공(穿孔) : 구멍이 뚫림. 또는 구멍을 뚫음. '구멍 뚫기'로 순화.
* 생질(甥姪) : 누이의 아들을 이르는 말.
* 생질녀(甥姪女) : 누이의 딸을 이르는 말.
* 억탁(臆度) : 근거 없이 제멋대로 추측함.
* 하년(遐年) : 오래 삶. 오래 살다.
* 편자 : 말굽에 대어 붙이는 'U' 자 모양의 쇳조각.

(2021년 6월 4일 금요일)

정장 유감

정장(正裝)을 할 기회는 날이 갈수록 현저하게 줄어들고 있다. 지난날 일터의 차림새는 기본이 정장이었기 때문에 캐주얼 차림은 휴일이나 방학에나 가능했던 문화에 길들었다. 정년퇴임하고 세월의 흐름에 비례하여 정장 차림 기회가 감소한 데다가 신종 코로나바이러스 감염증(코로나19)이 창궐한 이즈음엔 한 해에 겨우 몇 차례 기회가 주어질 뿐이다. 집에서 머무는 시간이 상대적으로 많아지면서 헐렁한 간편복으로 계절을 주기로 바꿔 입는 게 고작이다. 이런 때문에 퇴임 후 지속하는 동네 뒷산을 오르내리기에 맞춤한 아웃도어(outdoor) 차림이 가장 중요한 외출복으로 자리 잡은 셈이다.

어금지금한* 생활의 연속이기에 특별히 옷차림새에 신경 써야 할 이유가 별로 없다. 기껏해야 동네 은행이나 우체국을 비롯해 마트를 드나들 뿐이다. 그들 기관에서 창구 직원이나 계산원들이 대하기 녹록지 않은 존재일 뿐 기억해 둬야 할 정도로 중요한 고객이 아니기에 차림새를 어떻게 하든 아무도 거들떠보지 않을게다. 그들 기관에 별스러운 존재가 아님에도 아웃도어 몰골로 함부로 드나드는 볼썽사나운 꼴을 보이지 않을 요량에서 나름 조신하게 행동하려 힘쓰고 있다. 그런 차림으로 아무 곳이나 거리낌 없이 드나들며 무례한 행동을 스스럼없이 하는 몰염치를 볼라치면 같은 세대임에도 낯설고 황당해 고개를 돌리기 일쑤이다. 물론 편하고 활동에 무리가 없다면 그만이라는 주장에 동의하기 어렵다는 고집은 무모한 오기일까.

  젊음을 담보했던 일터를 지킬 때 신었던 구두와 양복을 아직도 새것같이 신발장과 옷장에서 긴 잠에 빠져있다. 구두의 경우 퇴임 무렵에 구매했던 것을 비롯해 퇴임 후 B 회장이 선물로 준 것 등 두 켤레가 온새미로 신발장에 모셔져 있다. 부드러운 재질의 신발이 안전하다는 이유로 그런 구두를 잇달아 구매해 대령하는 아내의 배려에 수굿하게 따르고 있다. 이런 까닭에 지금 신발장에서 깊이 잠든 그들 구두는 지나치게 오랫동안 버려뒀던 까닭에 아마도 머지않아 폐기해야 할 것 같다. 한편 양복이나 점퍼를 위시해 패딩 따위도 새것과 진배없어도 유행에 뒤졌다고 거들떠보지 않는 아까운 것들이 그들먹하다. 흔히들 '옷이 날개다(Fine feathers make good birds)'라고 한다. 그에 부응하지 못할 정도로 유행에 뒤진 옷일망정 늙은이들이 정갈하게 차려입으면 흠이 될 까닭이 없다. 하지만 정장해야 할 기회가 대폭 줄어들어 그들은 옷장에 기약 없이 감금된 상태로 옴짝달싹하지 못한 채 신음하고 있는 서러운 모양새이다.

　신발이나 옷에 대한 가치관에 남자와 여자 사이에 차이가 많은 걸까. 이에 관해 아내와 나는 견해 차이가 현격하다. 나는 낡거나 해지지 않으면 비록 유행에 뒤졌을지라도 마르고 닳을 때까지 입거나 신어야 한다는 생각이지만 아내는 때가 되면 그들을 새로 장만해야 한다는 생각이다. 자기 것만 그리하지 않고 내 것까지 뭉뚱그려 한꺼번에 도매금으로 처리한다. 그 때문에 신발의 경우 오래된 새 구두가 여러 켤레 있음에도 부드러운 재질의 구두를 구매해 신으라는 묵언의 강요를 했다. 그뿐이 아니다. 오래전부터 입어왔던 옷들이 멀쩡함에도 불구하고 이것저것 새로 유행하는 제품으로 바꿔 입어야 한다는 지론을 반박할 재간이 도통 없다. 그게 낭비라는 생각에 떨떠름해도 입을 꾹 닫는 게 상책이라는 사실을 매구같이 터득해 순응하고 있다.

　오늘도 드레스 룸(dress room)에 들어가 보니 옷걸이에 바지와 티셔츠를 비롯해 남방 따위가 서로 자기를 입어달라고 기웃기웃 수런거렸다. 서둘러 익숙해진 바지와 남방을 하나씩 골라 입고 손주 유진이가 치료를 받는 치과병원에 다녀오기 바쁘게 벗어 제자리에 도로 되돌려 놓았다. 몇몇 새것은 왠지 아깝고 손때를 묻히는 게 내키지 않아 냉큼 손을 댈 용기가 없어 짐짓 망설이곤 한다. 그런데 신기하게도 아내는 아직 양복을 새로 샀던 적이 도통 없다. 숨겨진 속내를 곧이곧대로 꿰뚫어 샅샅이 들춰보지 못해 잘 모른다. 전후 사정을 유추컨대 값이 만만치 않아

쉽게 지갑을 열 엄두를 내기 어려웠던 게 아니었을까. 이를 역으로 얘기하면 생활에 여유가 없는 옹색함을 웅변하는 단면이지 싶어 한편으로는 미안한 마음에 짠하다.

신종 코로나바이러스 감염증 때문에 얼추 두 해 가까이 주야장천 집안을 뱅글뱅글 맴돌다 보니 결코 코로나 블루(corona blue)에서 자유롭다고 단언키 어렵다. 어쭙잖은 나이 때문에 활발한 사회활동에 제약이 따를 수밖에 없는 어수선한 세월이다. 여기에 설상가상으로 괴질이 덮침으로써 공식적인 외부 모임의 기회가 씨가 마를 정도로 꽉 막혀버렸다. 따라서 간편복 차림의 간단한 사적인 만남도 부쩍 줄어들었다. 게다가 정장 차림의 의례적인 모임은 기껏해야 한 해에 몇 차례가 고작이다. 이렇게 길든 때문일 게다. 최근엔 정장을 입고 집을 나서려면 되레 쭈뼛쭈뼛 어색하기 짝이 없다. 그럴지라도 며칠 뒤에 개최될 아주 작은 소모임에는 가마솥더위에도 불구하고 넥타이라도 매고 나가는 격식을 갖추고 싶은 바람이다. 비록 덜떨어진 유치한 발상이라는 힐난이 빗발칠지라도 그리 채비하고 나들이에 나서고픔은 어디에서 연유할까.

---

* 어금지금하다 : 형용사로서 서로 엇비슷하여 정도나 수준에 큰 차이가 없다.

(2021년 7월 17일 토요일)

숨김없는 삶의 움직이며 진솔한 흙으로 건져낸 나의 단면

Ⅳ. 부당한 통행세 징수

부당한 통행세 징수
언감생심의 도전에 감동하여
까치 까치설날은
어벙한 셰프(chef)에 대한 맹목적 신뢰
친구들과 만남을 위한 아내의 나들이
신경 쓰였던 혈당 수치
엄나무 순
매실청을 담그며
얼결에 담근 마늘장아찌
부부의 제주 나들이
나그네가 제주에서 마주했던 음식의 편린
다시 만난 제주

부당한 통행세 징수

매년 여름이면 되풀이하는 새벽 등산이다. 그러려니 여기고 그냥 지나쳤다. 하지만 돌아보니 어느덧 스무 해 가까워지고 있다. 본격적인 더위가 시작되는 유월 중순부터 얼추 넉 달 안팎을 깜깜한 새벽 네 시인 인정(寅正) 무렵 집을 나서 동네 뒷산으로 야트막한 청량산(清凉山 : 323m)에 등정했다가 약간의 운동을 하고 돌아오면 세 시간 정도가 소요되어 맞춤하다. 더위를 피하려고 꼭두새벽에 나서는 다소 별난 산행이다.

급전 직하되어 심각한 건강 문제에 선제적으로 대응하기 위해 걷기 운동을 시작했다. 꼬박 4년간 산림 관리를 위해 밤밭고개 언저리에서 덕동 쪽으로 개설해 포장한 임도로 4km 남짓한 길을 오가며 걷고 또 걸었다. 일구월심으로 공을 들여가며 거의 매일 걸었던 덕택일까. 부지불식간에 체력이 여퉈지며 또 다른 욕심이 스멀스멀 솟구쳤다. 걷기 시작한 지 5년째 되던 해 이른 봄

어느 날이었다. 무모할 정도로 아무런 준비도 없는 상태에서 정상을 오가는 등산길 걷기에 도전했다. 산은 야멸치게 내치지 않고 다소곳이 품어 줬다. 대책 없이 꽤 까다로운 등산길을 파고든지 어언 18년째이다. 매주 최소한 5차례 오르내렸기에 최소한 4천 번 이상을 오갔던 셈이다. 그래서 눈을 감고도 거침없이 왕복할 수 있을 만큼 낯이 익어 친숙한 노정이다.

노령에 한여름 불볕더위의 등산은 무리다. 나이가 들면 대부분 새벽잠이 없어져 뒤척이게 마련이 아니던가. 이런 터수에 맞춤한 게 새벽 등산이리라. 하루 중에 기온이 가장 낮은 시각에 기상하여 간단한 아웃도어(outdoor) 차림을 하고 어두운 산길을 밝힐 손전등이나 헤드 랜턴 하나 챙겨 들고 나서면 만사형통이다. 성패의 결정적인 관건은 꾸준히 등산에 나설 단호한 결기 여부에 달려 있지 싶다.

내가 다니는 등산로 초입의 길옆에 자그마한 육각정이 있다. 여기에 새벽 4시 30분까지 도착하면 동행할 대여섯을 만나 함께 산행할 수 있도록 암묵적인 약속이 되어있다. 이들의 대부분은 고희를 넘기고 팔순에 가깝다. 나머지 한둘은 이순의 중반을 넘겼다. 이렇게 무리 지어 새벽 등산을 하는 이유는 과거 등산길에서 멧돼지가 자주 출몰하는 위험에 대처하기 위한 목적이 가장 크며 다른 측면에서는 홀로 오갈 때 무료함을 면키 위한 것이다. 나에 비하면 이들은 전문 등산인 같이 체력이 좋고 보행 속도가 너무 빨라 따라다니기 어려워서 의도적으로 거리를 두고 지낸다. 어쩌다 집에서 조금 일찍 나서면 중간에 적당한 기구의 운동을 하다가 그들이 출발하고 난 뒤에 외톨이로 쫄래쫄래 따라가는 식으로 대처하고 있다. 그런 때문이리라. 벌써 여러 해 동안 새벽 등산을 계속함에도 첫 번째로 산 정상을 밟아 봤던 적이 없다. 기껏해야 6~9번째가 고작이었다.

인정인 새벽 4시에 나선 길이라고 해도 여름인 때문에 대책 없이 흘러내리는 땀과의 줄다리기는 불가피한 전쟁이다. 게다가 나는 유독 땀을 많이 흘리는 체질이라서 매일 속옷은 물론이고 겉옷까지 흠뻑 젖는 경우가 허다하다. 이럴 때 스쳐 지나가는 사람에게 혐오감을 주지 않을까 노심초사하며 쭈뼛대기도 한다. 요즘같이 열대야가 계속되는 혹서기에는 연신 흘러내리는 땀을 닦던 땀수건을 짜내가며 닦아도 감당해 내기 벅차다.

새벽 등산은 오직 길바닥만을 주시하고 걷기 때문에 잡다한 생각을 할 겨를이 없어 좋다. 오늘도 정상에 다다를 때까지 손전등으로 길을 비추며 걸었다. 정상에 도착하여 운동할 무렵에 희뿌옇게 날이 밝아왔다. 하산하는 과정에서 동녘 산마루에 해가 솟아오르는 일출시각은 대충 5시 47분경이었다. 거의 매일 마주하는 광경임에도 동녘에 불끈 떠오르는 햇볕이 펼치는 황홀경은 늘 새로운 맛과 감흥으로 다가와 신비롭다. 그런 때문에 나른한 피곤함에 젖은 채 터덜터덜 걷는 하산 길이건만 마냥 즐겁고 흐뭇하다.

지천명의 끝 무렵에 처음 걸을 때는 중간에 한 번 쉬었다. 그렇지만 18년째인 오늘 새벽엔 몸이 제대로 풀리지 않은 생체리듬 때문일까 아니면 가는 세월의 영향인지 자그마치 네 번이나 쉬면서 휘적휘적 걸었다. 그동안 땅 위로 나 있는 길에는 수림도 조금씩은 변했으리라. 모든 게 알게 모르게 세월 따라 변하고 있다. 게다가 해가 여러 번 바뀌면서 시나브로 새벽에 오가던 등산객도 옛사람이 하나둘 보이지 않는가 싶더니 새사람 몇이 보이기도 했다. 해마다 여름철이 돌아오면 새벽에 오가는 등산객에게 찰거머리처럼 찰싹 달라붙어 부당한 통행세를 받아내려는 몹쓸 모기 족속들만은 털끝만큼도 변할 기미가 없이 되레 당당한 모습이 얄미워 죽을 지경이다. 그들이 집요한 공세를 취할 만반의 태세를 갖춘 채 호시탐탐 기회를 엿보며 으르렁 왈왈대는 꼬락서니가 영 맘에 들지 않지만 어쩔 도리가 없어 손을 놓고 있다.

자고로 세금은 현금이나 현물로 징수했다. 한데, 이 철면피한 불한당인 모기들은 등산로를 오가는 모든 사람에게 터무니없는 통행세 운운하며 현물인 '피'를 징수하는 탈법을 저지르는 만행을 일삼고 있다. 그 옛날 현물로 징수하던 예이다. 장리쌀(長利米)을 얻거나 갚을 때 반드시 쌀로 하던 셈, 남의 땅을 빌려 농사짓고 해마다 내던 도지(賭地), 연납(年納)으로 모곡제(募穀制)였던 이장(里長)에게 수고료로 거둬 주던 벼(나락)를 비롯해 대장간 이용료로 대장장이에게 주던 벼와 이발하고 가을에 이발비 대신에 이발사에게 주던 벼 따위가 있다.

모기의 행패가 두렵고 마뜩잖다고 이 더운 여름에 한겨울처럼 긴 옷으로 중무장하고 틈새를 꽁꽁 싸맬 수도 없는 노릇이다. 오늘도 등산길에서 내 의사와는 무관하게 강제적인 헌혈을 당하는 수모를 겪고 돌아와 팔다리에 벌겋게 부어오른 곳에 벌레 물린 데 바르는 약인 "계안"을 바르며 잔뜩 약이 올라 벼르며 중얼댔다. 내일 등산에는 절대로 허망하게 일방적으로 당하지 않을 것이며 단호하게 응징하리라는 다짐을 하고 또 했다. 그게 그리 호락호락하지 않은 문제이기에 맹추 같은 엿돈이의 실없는 헛소리에 지나지 않을지도 모른다.

전남수필, 제49호, 2022년 10월 25일
(2021년 8월 5일 목요일)

언감생심의 도전에 감동하여

나흘 전인 지난 월요일(2021년 2월 22일) 오전의 일이었다. 요즘도 매주 대여섯 차례 오르내리는 등산길의 정상을 7~8백 미터 앞에 둔 지점에서 거의 반신불수인 누군가가 힘겹게 걷는 모습이 눈에 들어왔다. 천천히 다가가 살피니 왼발을 질질 끌면서 오른쪽 발로 조금씩 내디디며 걷는 속도가 느려 이제 겨우 걸음마를 배우는 아이 걸음마를 빼닮았다. 적어도 몇 분 동안 일정한 거리를 두고 느릿느릿 뒤따르다가 속도를 내 추월했다. 그 순간 "수고 많으십니다"라는 인사를 건네며 고개를 들어보니 몇 해 전에 한두 차례 이 등산길에서 마주쳤던 낯설지 않은 이였다.

과문한 탓에 뇌졸중에 대한 지식이 거의 맹탕이다. 병원을 드나들며 주위들은 풍월에 꿰맞출 때 뇌졸중은 뇌혈관이 막히거나 터지는 두 가지로 나뉜다 싶다. 먼저 뇌혈관이 막히는 경우가 뇌경색으로 허혈성(虛血性) 뇌졸중이라 하고, 둘째로 뇌혈관이

터지는 경우가 뇌출혈로서 출혈성(出血性) 뇌졸중으로 규정하는 것으로 알고 있다. 한편 이를 한방에서는 중풍(中風)이라고 호칭하는 것 같다. 뇌에 혈액을 공급하는 혈관이 막히거나 터지면서 뇌에 손상을 입혀 치명적인 신체장애는 물론이고 최악의 경우 사망에까지 이르는 고약한 병으로 특히 노년층을 공포에 떨게 하고 있다.

나 자신이 두 차례(2016년과 2018년) 뇌졸중이 가볍게 지나가는 아찔한 경험을 한 뒤로 같은 증상으로 거동이 불편한 이들을 만나면 결코 남 같지 않아 절절히 공감한다. 그렇다고 그런 이들을 부여잡고 호들갑을 떨지 않는다. 왜냐하면 과공(過恭)과 과찬(過讚)이 비례(非禮) 이듯이 과유불급이라는 이유에서 동병상련을 공감할 뿐이다. 따지고 보면 뇌졸중으로 고생을 많이 한다. 그런데 나는 천우신조였던지 가볍게 지나갔기에 정상 생활이 가능하다. 그러나 자칫 조금만 증상이 악화했어도 나 역시 다른 이들과 다를 바 없었으리라.

몇 해 전 따스한 봄날 이른 새벽에 손전등을 밝히고 등산했다가 어슴푸레한 숲길을 휘적휘적 내려오다 등산로 초입 지점의 된비알 오르막길을 힘겹게 올라오는 그이와 맞닥뜨리는 순간 엄청나게 놀랐다. 가파른 비탈의 데크(deck) 계단을 쓰러질 듯 위태위태하게 오르는 안쓰러운 모습에 마음이 놓이지 않아 걸음을 멈추고 뒷모습을 물끄러미 지켜봤다. 오른손에 지팡이를 짚고 계단 하나를 오르는데 몇 분이 소요되는 것 같고 심하게 몸이 휘청대다 쓰러질까 싶어 불안하기 짝이 없었다. 어찌나 느린지 그 자리에 붙박이인지 걷는 것인지 분간이 어려웠다. 또 한 번은 정상에서 가까운 산꼭대기 능선 길을 걷는 모습을 지켜 봤는데 왼쪽이 마비되어 오른발로 걷고 왼발은 억지로 끌려가 는 모양새였다. 두 차례 그가 등산하는 걸 미루어 짐작할 때 심 한 장애에도 불구하고 이따금 작정하고 등산을 나서지 싶었다. 정상적인 내가 오가는데 대략 3시간쯤 걸리는 길인 까닭에 그이 는 아마도 왕복에 족히 6~7시간 소요될 성싶었다.

  같은 등산로를 매주 평균 5회 정도 오르내리기 시작한 지 18년째에 접어들었기 때문에 적어도 4천 번 이상 오갔던 길이다. 그동안 뇌졸중 증상을 보이는 이들이 오르던 경우는 단 두 명을 봤다. 그중에 비교적 증상이 경미했던 60대 하나는 언젠가 하산 중에 낙상 사고로 119 구조대의 들것에 실려 내려오던 모습을 보인 뒤에는 자취를 감췄다. 나흘 전 정상 부근에서 다시 재회 했던 이는 중증인데도 아직 포기하지 않고 등산에 도전하며 건 강을 지켜내려는 눈물겨운 의지가 무척 존경스러웠다. 만일 내 가 그 정도의 중증 장애를 가졌다면 심리적인 패배자로 전락하 여 두문불출한 채 끙끙 앓으며 애먼 가족들을 들볶았을 개연성 이 다분하다. 그이의 나이는 분명 나보다 아래로 여겨진다. 그런 데 정신적 세계에선 내 스승이며 본보기를 넘어선 경지에 이르 렀기에 흉내를 내거나 따를 수 없다.

  그이가 등산로에서 걷는 모습을 뒤에서 훔쳐볼라치면 걷는 것인지 서 있는 것인지 분간이 어렵다. 그런 모습이 안타까워 '구태여 저렇게까지 힘겹게 애를 써야 할까'라는 괴이한 생각을 지울 수 없다. 하기야 '참새*가 어이 봉황의 뜻을 알리요' 마는 생각이 짧고 얕은 내가 보기엔 무리라고 여겨져 내뱉는 독백이다. 나흘 전 한없이 굼뜨게 발걸음을 내딛던 그를 뒤따를 수 없어 간단히 수인사를 건네고 앞서 걸어 정상에 도착해 한식경쯤 운동을 마치고 내려오던 중이었다. 그이는 처음 만났던 위치에서 불과 4~5백 미터 걸어 아직도 정상에 닿으려면 3~4백 미터 남아 있었다. 그렇게 몰입하여 정상을 향하는 진지한 모습에 가슴이 찡해서 조붓한 길가로 비켜 걸으며 "수고하세요"라는 한 마디 건네고 몇 발짝 걷다가 걸음을 멈췄다. 뒤돌아서서 우두커니 그의 뒷모습을 지켜보다가 '참으로 대단하다'라는 생각에 고개가 저절로 끄덕여졌다. 모진 병마가 그에게 장애인이라는 멍에를 씌웠을지라도 결코 쓰러지지 않는 강인한 불굴의 정신과 도전 의지는 의당 본받아야 할 본보기가 분명하다. 여태까지 스스로 삶을 지혜롭게 꾸려왔다고 생각한다. 심한 신체적 장애에도 불굴의 도전 정신으로 똘똘 뭉친 그이를 넘겨다보면서 내가 인지했거나 깨우친 앎이라 여겼던 선떡부스러기 같은 허접한 지식 나부랭이들은 관견(管見)*처럼 아주 편협하고 부질없다는 생각이 무겁게 짓눌렀다.

---

* 참새(雀) : 물명고(物名攷 : 정약용이 지은 것으로 알려진 어휘집)에 의하면 참새의 한자어 표기 표준은 '작(雀)'이었다. 그 외에 와작(瓦雀), 빈작(賓雀), 가빈(嘉賓)이라고도 표기했다. 한

편, 늙어서 무늬가 있는 참새를 마작(麻雀), 어려서 주둥이의 부리가 황색인 참새를 황작(黃雀)이라고도 호칭했단다.

* 관견(管見) : 직역하면 '가는 붓 대롱으로 하늘을 본다.'라는 의미이다. 장자(莊子)의 추수편(秋水扁)에 나오는 말로 '가는 붓 대롱으로 보는 하늘은 좁기만 하다'라는 뜻을 함축하고 있다.

경남문학, 2021년 이름(통권 135호), 2021년 6월 5일
(2021년 2월 26일 금요일)

까치 까치설날은

오늘이 신축년(辛丑年) 까치설날이다. 따라서 우리 우리 설날은 내일이다. 중학교 진학 이후부터 여태까지 타지를 떠돌고 있는 모양새이다. 그러다가 서울에서 결혼해 둥지를 틀고 여섯 해 살다가 마산으로 옮겨와 뿌리내려 마흔 해를 넘긴 지금에 이르렀다. 오래전 양친께서 생존해 계실 때는 명절이 되면 고향을 찾곤 했다. 외아들이라서 그분들이 이승을 떠난 이후엔 명절을 맞아도 찾아갈 곳이 없어졌다. 게다가 추풍령 아래쪽엔 가까운 친인척이 전혀 없어 명절이 되면 우리 집은 텅 빈 절간처럼 적막강산이다. 게다가 올해는 마귀를 빼닮은 신종 코로나바이러스 감염증(코로나19)이 고약하게 몽니를 부려 모든 사람이 대면접촉 대신에 비대면의 언택트(untact) 교류가 일상화됨으로써 분위기가 침통하게 가라앉아 을씨년스럽기 그지없다.

까치설날은 어디에서 유래했을까. 이에 대한 정설은 없다. 몇 견해 중에 세 가지를 요약한다.

먼저 서정범 교수의 견해이다. 그의 견해를 싣고 있는 한국문화 상징 사전에 따르면 섣달 그믐날을 까치설이라고 한다. 이는 '까치 까치설날은'이라는 동요가 탄생하며 생긴 말이란다. 그 옛날 '작은설'을 '아치설', '아촌설'이라고 했는데, 여기서 '아치'는 '작은(小)'의 뜻을 지닌 말이란다. '아치설'에서 '아치'의 뜻을 상실하면서 '아치'와 음이 흡사한 '까치'로 바뀌었다는 얘기이다. 이의 근거로서 음력 22일 조금(간만의 차가 가장 작은 때)을 남서 다도해 지방에서 '아치조금'이라고 하며, 이 날을 경기만 지방에서는 '까치조금'이라고 한단다. 이와 같이 '아치조금'이 '까치조금'으로 바뀐 것처럼 '아치설'이 '까치설'로 바뀌었다는 견해이다.

다음으로 박갑수 교수의 견해이다. 그에 따르면 우리의 '설'은 첫째로 '한설, 한 첫날'을 이르는 설과 둘째로 '아찬설, 까치설, 작은설'이라고 이르는 설 등 두 가지가 있다. 여기서 '한설'은 작은설에 비해 큰 설이라는 뜻이다. 이는 '가위(中間)' 가운데 큰 가위를 '한가위(仲秋節)'라고 호칭하는 것과 같은 맥락이다. 한편 '한 첫날'은 일 년 열두 달 가운데 가장 큰 첫날이라는 뜻으로 이들 모두는 '설날'을 지칭한다는 견해이다. 이에 비해 '아쎕설'이나 '아쎕설날', '까치설' 따위는 '작은설' 다시 말하면 섣달그믐인 세모(歲暮)를 지칭하는 말이다. 여기서 '아쎕'은 '작은(小)'을 뜻하는 말이다. 따라서 '까치설날'의 '까치'는 '아쎕'이 변한 말이라는 주장이다.

마지막으로 삼국유사에 기록된 내용이다. 신라 소지왕 때 왕후가 어떤 스님과 내통하여 왕을 해하려 했다. 그때 까치(까마귀), 쥐, 돼지와 용의 인도로 화를 면했다. 이 사건 이후 쥐, 돼지, 용은 12지(十二支)에 들어있어 기릴 수 있었다. 이에 비해서 까치는 기릴 날이 없어 '설 전날'을 '까치설'이라는 이름을 붙여 고마움을 기리며 기념했다는 견해이다.

중학교에 입학하면서부터 타향을 떠돌며 동가식서가숙(東家食西家宿)했던 까닭일 게다. 명절에 대한 애틋한 기억은 대부분 초등학교 때까지에 머물러 있다. 동족상잔의 비극인 6.25 전쟁으로 비참했던 시절이다. 모두가 참혹했던 전흔을 온몸으로 견뎌내야 했던 통한의 세월에 맞이했던 명절이었다. 전쟁에 휩쓸리면서 모든 게 파괴되고 먹거리를 구할 수 없어 초근목피에 기대봐도 기근과 궁핍을 면할 길 없어 내남없이 입에 풀칠하기도 어려워 허덕이며 시련을 겪어야 했던 세상이었으니 오죽했으랴.

불과 예순대여섯 해 전쯤인데 요즘에는 차례를 모시던 법도가 사뭇 달랐던 것 같다. 우리 집은 가계(家系)의 지손(支孫)임에도 연로하신 할아버지가 계셨던 연유였던지 명절이나 기제사 때면 주위에 거주하는 일가들이 모두 참여해 몇 십 명이 모이곤 했다. 그때마다 모두가 함께 먹을 밥이나 반찬 따위를 상상 이상으로 많이 장만해 어린 마음에 놀랄 지경이었다. 그에 비하면 요즈음 나와 두 아들 그리고 손주가 모시는 명절 차례나 부모님 기제사는 어린아이들 소꿉장난 같은 기분이 들 만큼 단출하다.

친인척이 마산 주위엔 하나도 없다. 따라서 올해 중학교 2학년에 진급할 손주 유진이가 설날 세배를 할 대상은 기껏해야 조부모인 우리 내외와 제 아비와 큰 아비 정도이다. 그렇다고 안면은 고사하고 수인사도 제대로 나누지 않은 아파트 이웃들에게 세배를 드릴 처지도 아니다. 이런 상황의 유진이에 비해 내 어릴 적에는 상황이 판이했다. 아마도 시골에서 성장했기에 더욱 그랬을 게다. 설날 아침 식사를 마치면 서둘러 할아버지를 비롯해 가족 어른들께 세배를 드렸다. 그 뒤에 친인척과 동네 어른들을 빠짐없이 찾아뵙고 세배를 드리노라면 하루가 훌쩍 지나 해질녘에 이르곤 했다. 신이 나서 이웃 동네까지 한 바퀴 돌며 집집이 찾아가 세배를 드리면 예외 없이 모든 집에서 떡을 위시해 맛깔스러운 설음식을 챙겨주며 덕담을 했다. 아마도 온종일 찾아가는 집마다 맛있는 음식이나 주전부리를 듬뿍 주셔서 어린 마음에 더더욱 흐뭇하고 신명이 났으리라. 가난에 연유했던 걸까. 요즘의 세뱃돈 대신에 정성스레 차린 음식 대접이 그 시절의 보편적인 정서였다.

아무리 형편이 어려운 집일지라도 세배객을 맨입으로 돌려보내는 경우가 거의 없었다. 아이들에겐 다과상, 어른에게는 다과와 함께 술대접이 따랐고, 때가 되면 대접을 당연시하던 접대문화가 대세였다. 그런 때문에 연로하신 할아버지가 계셨던 우리 집엔 온종일 세배객의 발길이 이어졌다. 이 같은 관습이 통용되었던 까닭에 내 어머니는 특히 설날이면 이른 아침부터 추운 부엌에 들어가 밤늦게까지 손님 접대 상 차리기를 수없이 되풀이했다. 그러다가 삼시 세끼를 찾아 먹을 겨를이 없어 부엌에서 웅크린 채 대충 끼니를 해결하던 안쓰러운 모습을 여러 번 목격했다. 요즘 젊은 며느리들에게 그런 역할을 맡겼다면 어떤 사달이 발생했을까.

세월 따라 변하는 게 풍습이고 윤리이던가. 요즘은 세배는 설날에 하는 것이라는 사고가 불문율처럼 자리 잡고 있었다. 교통이 불편하고 어수선한 사회였던 게 이유였을까. 이웃에 사는 경우는 요즘처럼 설날 세배를 했다. 아울러 새해가 되면 멀리 계시는 어른들을 찾아뵙고 세배와 새해 문안 인사를 드려야 한다는 인식이 상식처럼 굳어졌던가 보다. 그래서인지 연로하신 할아버지가 계시는 우리 집에는 정월 보름 무렵까지 새해 문안 인사나 세배를 오시는 친인척이 무척 많았다. 6.25 전쟁 휴전 직후로 교통이 불편했기에 그렇게 방문했던 대부분은 하루나 이틀 머물다가 귀가하는 경우가 숱했다. 그럴 때 먹을 음식 장만이나 대접은 어머니 몫이었다. 때에 따라서는 서먹서먹한 손님들과 잠자리를 함께하는 불편으로 어린 마음에 무척 신경이 쓰이기도 했다.

나와 유진이는 예순두 살 차이이다. 지난날 명절에 운 좋게 운동화나 새 옷 선물을 받는 것은 요즘 표현으로 한다면 '대박'으로 로또 당첨쯤에 비유되는 행운에 버금갈 지경이었으리라. 초등학교 시절 내게 한두 번 세뱃돈을 주신 경우는 백부(伯父)와 내 선친뿐이다. 그것도 그 당시 '눈깔사탕' 한두 개 살 정도에 지나지 않아 어쩌면 상징적인 의미를 지녔지 싶다. 내 경우에 비해 유진이는 어떨까. 요즈음 유진이에게 그렇고 그런 브랜드 옷이나 신발을 명절 선물로 사준다면 시큰둥해 콧방귀도 뀌지 않을 게다. 은근슬쩍 눈치를 살폈더니 내일 아침 할아버지와 할머니에게 세뱃돈을 얼마나 받을 수 있을까가 초미의 관심사 같다. 평소 필요한 용돈을 거절하거나 대폭 낮춰준 적이 없건만 왜 그리 돈에 집착하는 걸까. 하기야 요즘 젊은이 중에는 심지어 파이어족*이 생겨나는 현실을 감안할 때 어느 정도 수긍이 되기도 한다. 부산의 D 대학에 재직하는 제자인 S 박사가 설 인사차 방문했었다. 그녀가 떠나면서 유진이에게 건네준 신사임당의 존안이 새겨진 몇 장의 세뱃돈에 신이 나서 입을 헤벌쭉 벌리고 히죽대는 꼴이 절대 밉지 않다.

"까치 까치설날은 어저께고요. 우리 우리 설날은 오늘이래요……"라는 동요가 떠오른다. 내일이 설인데도 우리 집은 발길 끊겨 한산한 도린곁* 같이 고요가 잔뜩 내려앉은 모양새이다. 내일 아침 기껏해야 두 아들과 손주가 차례를 모시고 나면 딱히 해야 할 일이 별로 없지 싶다. 그렇다고 이래저래 10시간 이상 예상되는 성묫길에 나설 엄두도 내기 두려워 포기한 지 오래다. 이런 까닭에 간단히 차례를 모시고 나면 무겁게 가라앉은 분위기를 벗어날 요량에서 서둘러 산을 찾아 묵언 수행하는 구도

자처럼 오로지 걷고 또 걸을 게다. 그 길에서 지난날들을 곰곰이 반추하는 성찰을 바탕으로 새로운 날들에 대한 나름의 꿈을 그리며 다짐하지 않을까.

* 파이어족 : 30대 말이나 40대 초반까지 조기 은퇴를 목표로 사회생활을 하며 20대부터 소비를 최대한으로 줄여 은퇴 자금을 마련하려는 부류를 파이어(FIRE : Financial Independence Retire Early)족이라고 일컫는다. 이들은 조기 퇴직을 위해 수입의 70~80%를 저축하며 생활한단다. 결국, 이들은 경제적 자립(Financial Independence)을 바탕으로 자발적인 조기 은퇴(Retire Early)를 목표로 하는 새로운 가치를 지향한다. 이들의 목표는 부자가 아니라 비록 덜 쓰고 덜 먹더라도 하고 싶은 일을 하면서 사람답게 살겠다는 철학을 가진 부류이다.
* 도린곁 : 사람이 별로 가지 않는 외진 곳

(2021년 2월 11일 목요일)

어벙한 셰프(chef)에 대한 맹목적 신뢰

　중학교 2학년인 손주 유진이와 점심으로 동치미 국물에 국수를 말아먹었다. 어제부터 2학기 개학을 했다. 신종 코로나바이러스 감염증(코로나19) 때문에 개학과 동시에 2주 동안 등교하지 않고 온라인 강의를 듣는다. 그에 따라 점심 역시 집에서 해결한다. 오늘따라 아내가 프랑스 수(繡) 놓는 것을 배우러 오전에 창원에 갔다. 그 때문에 선택의 여지가 없이 내가 점심을 챙겨야 했다. 점심시간 직전에 무엇을 먹겠느냐고 물었다. 망설임 없이 동치미 국물에 국수를 말아먹고 싶다는 대답이었다. 비교적 까다롭지 않은 주문이라서 흔감(欣感)하여 흔쾌히 승낙했다.

　유진이는 태어난 지 달포 남짓 지날 무렵부터 여태까지 우리 내외와 살고 있다. 어릴 적부터 부대끼며 함께 살아왔던 때문에 표정만 봐도 서로의 생각이나 원하는 바를 익히 알 수 있을뿐더러 식성이나 성격도 훤하게 꿰뚫고 있다. 이런 이유일까. 집에 유진이와 둘이 있을 때 적당히 음식을 차려주면 타박하거나 깨작거리지 않고 달게 먹어왔다. 결국 둘이 끼니로 해결하는 음식을 이심전심으로 어림해서 준비해도 별다른 뒤탈이 없다는 뜻이다. 유진이가 어느 정도 성장하면서부터 끼니때가 되면 무엇을 먹겠느냐고 묻곤 한다. 이는 정확히 원하는 바를 파악하려는 생각보다는 인격을 존중해 준다는 나름의 배려라고 하는 게 사리에 맞을 성싶다.

배움 때문에 초등학교를 마친 뒤 타향을 전전했다. 그중에 고등학교와 대학 시절 한때 친구들과 어울려 자취를 했었다. 그 시절 밥을 짓고 김치를 담거나 간단한 반찬 만들던 일이 손에 익혀져 지금까지도 낯설지 않다. 그래서 일게다. 큰아이가 고2이고 작은아이가 중2에 재학하던 여름철에 아내가 얼추 4주 가까이 유럽 여행을 갔었다. 그 때문에 매일 두 아이의 도시락을 각각 2개(점심과 저녁)씩 싸서 등교시키며 하복도 꾀죄죄하지 않도록 제때 세탁해 입혔다. 물론 아이들 뒷바라지를 하는 한편 내게 부여된 강의도 빠짐없이 했었다. 이 같은 전력으로 단련되어 유진이 하나쯤을 며칠 동안 돌보며 식사 문제를 해결하는 정도는 별 어려움이 없다.

어려서부터 할아버지인 내가 간단한 먹거리를 준비해 줬던 학습효과일까. 평소에도 출출하면 내게 다가와 귀에 대고 라면을 비롯해 즉석 짜장면이나 스파게티를 먹고 싶다고 소곤소곤 주문한다. 아마도 할머니에게 부탁하면 "인스턴트식품이 어떻다거나", "늦은 밤에 어쩌고" 하는 얘기가 귀에 거슬려 슬며시 부탁하리라. 특별한 경우가 아니면 긍정적으로 대처한다.

 큰 문제가 없다면 유진이가 원하는 바를 들어주는 편이다. 그러나 이따금 늦은 시각에 즉석식품을 원하는 경우 어떻게 대응하는 게 남는 장사인지 헷갈린다. 지나치게 늦은 시각인 때문에 탈이 날까 봐 망설이며 다른 쪽으로 유도해 보기도 한다.

 의도와 달리 끝내 내가 백기를 들며 본전도 건지지 못하는 경우가 대부분이다. 하기야 입때까지 늦게 뭔가를 먹고 탈이 났던 적이 없을 뿐 아니라 체격 또한 현재 57kg이며 신장 172cm로서 야리야리한 편이라서 비만을 운운할 계제도 아니다. 한편 주위의 귀띔에 따르면 요즘 아이들이 밤늦게 즉석식품을 먹는 게 일반화된 현상이란다. 분명 세상이 변했나 보다. 삼시 세끼 외에 참을 먹었던 기억이 아련한 내 상식으로는 생경한 문화의 단면이다.

 줄곧 조부모와 생활했던 연유일까. 아이답지 않게 된장찌개나 마늘장아찌를 즐기는가 하면 생뚱맞게 족발도 엄청나게 즐긴다. 최근엔 매주 금요일이면 어김없이 족발을 원해서 못 이기는 척하고 들어주고 있다. 그런데 총론(總論)의 관점에서 육식을 선호하고 각론(各論)의 측면에서 보면 채소를 멀리하려 든다. 그런데 삼겹살을 먹을 경우는 어른보다도 상추쌈을 즐기는 별종으로서 종잡기 어려운 모습을 띠기도 한다. 한편 그럴지라도 요즘 아이임이 틀림없다. 쌀밥보다는 밀가루 제품을 더 즐기는 편이다. 또한 같은 밀가루 제품일지라도 즉석식품인 라면이나 짜장면을 위시해 스파게티에 길들여져 살짝 걱정이 앞서기도 한다.

나는 원래 쌀밥이 아니면 안 된다고 믿으며 살아온 위인이다. 그런데 몇 해 전부터 당(糖) 문제 때문에 쌀밥 대신에 완전한 꽁보리밥을 먹고 있다. 그런 이유에서 즉석식품은 입에 대지 않으려고 조심하고 있다. 그럴지라도 손주 유진이가 수시로 그들을 요리해 달라는 주문은 전혀 다른 차원의 문제이다. 손주의 청을 들어주다가 그들의 '요리 순서와 시간' 따위를 달달 외워 지키라는 요리 지침은 한 치의 오차 없이 준수하는 충직한 소비자가 되었다.

어린 손주가 팔순에 가까운 할아버지에게 먹거리를 만들어 달라고 주문하는 경우는 그리 흔하지 않다. 아이가 유치원 다닐 무렵인 11년 전에 퇴직하여 입때까지 집지킴이 노릇을 하고 있다. 밤낮으로 집에 머물면서 원하면 뭐든지 만들어 줘온 내가 끼니를 차려주는 게 자연스럽다고 인식되었으리라. 그런 때문에 이따금 할머니가 며칠씩 출타하거나 평소 하루 내내 집을 비울 때 대충 끼니를 챙겨 줘도 낯설어하거나 불만을 토로하지 않는다. 그때 식탁에 오르는 대부분이 할머니가 미리 준비해 둔 반찬이라는 사실을 까마득하게 모르게 마련이다. 이런 사실을 엄밀하게 비판하면 남의 영역을 침범하여 어울리지 않게 멋있는 셰프

흉내를 내는 격이 아닐까. 이게 숨겨진 나의 참모습임에도 불구하고 맹목적으로 신뢰하는 순진한 아이를 기만하는 것 같아 민망하기도 하고 다른 한편으로는 마냥 고맙기도 하다.

(2021년 8월 24일 화요일)

친구들과 만남을 위한 아내의 나들이

오랜만에 친구들과 어울림이 그리도 재미있을까. 아내는 지금 해운대나 광안리 어디쯤에서 중고교 친구 둘을 만나 푹 빠져든 모양이다. 서울에서 SRT(수서고속철도 열차)로 내려오는 그녀들과 부산역에서 랑데부(Rendez-vous)할 요량이라며 이른 아침에 총총히 떠났다. 아내는 부산에 대해 동서남북도 가리지 못하는 청맹과니라서 길 안내를 해서 보냈다. '사상 버스터미널'에 도착해 지하철(2호선)을 타고 가다가 여덟 번째 역이 서면역인데 여기에서 1호선으로 환승하여 여섯 번째 역(驛)이 부산역이라고. 너무 상세히 안내한 게 되레 독이 되었던가. 한 치의 오차 없이 기계의 톱니처럼 교통편이 연결되었던가 보다. 너무 일찍 부산역에 도착해 2시간 정도를 하염없이 기다려야 한다는 하소연의 문자 메시지가 날아들었다. 그 이후 친구들을 만났는지 어디서 무엇을 하는지 감감무소식이라서 함흥차사를 연상케 했다. 아내가 이번 친구들과 만남을 군대에 견주면 "특박 휴가"인

셈으로 여태까지 "정기휴가"를 신청했던 적은 없었다. 그러나 당일치기인 "외출(나들이)"은 무진장으로 주어졌다.

아마도 3~4주 전쯤이지 싶다. 서울에 사는 중고교 친구 중 두 명이 경주에 내려올 예정이라며 확정되면 놀다 오리라는 얘기였다. 기왕이면 구경거리가 많고 교통이 편리한 부산이 어떻겠느냐고 조언했다. 친구들과 의견을 조율해 목적지를 바꿔 오늘 정오 무렵에 부산역에서 해후하기로 약속했던가 보다. 그동안 그 약속 과정을 눈치채지 못해 까맣게 잊고 있었다. 어제저녁 뜬금없이 내일 아침에 부산에 갈 것이라고 해서 얼마 전에 나눴던 대화를 가까스로 기억해 냈다.

혹시 싶기도 할 뿐 아니라 궁금해서 낮에 "해운대 혹은 광안리 어디에 여장을 푸셨나?"라는 문자 메시지를 보냈음에도 묵묵부답이었다. 모처럼 조우한 친구들과 흉금을 털어놓고 얘기를 나누느라고 연락을 할 겨를이 없기 때문이려니 생각했다. 해가 설핏해질* 무렵에 손주가 귀가했다. 저녁을 어떻게 해결했으면 좋겠냐고 물어봤다. 망설임 없이 즉석에서 족발을 시켜 달라고 했다. 족발에는 손주가 선호하는 밥(쌀밥과 김 및 치즈 따위를 섞은)이 덤으로 따라온다. 달리 마땅한 대체 수단이 없어 원하는 대로 족발을 시켜주고 나는 보온밥통에 남아있던 밥으로 대충 때웠다. 군대나 직장에서 상관에게 업무 보고하듯이 "족발 하나 시켜서 유진이 저녁 식사 완료했음"이라고 문자 메시지를 날렸음에도 도무지 아무런 답이 없다.

참으로 일정이 바쁜가 아니면 친구들과 어울려 문자 메시지 점검할 틈이 없는 걸까. 손주 저녁을 해결했다는 메시지를 보내고 한 시간 반 정도 지날 지음 "광안리에 들어와서 이제 저녁 먹으러 아래층으로 가려고 함"이라는 메시지가 날아왔다. 미루어 짐작건대 해운대에 갔다가 숙소인 광안리 호텔로 돌아와 잠시 쉬었다가 1~2층쯤에 자리했을 식당으로 내려가서 만찬을 즐길 모양이다.

학교에서 돌아온 손주가 물었다. "할머니 부산에 갔느냐?"라고 물어서 그렇다고 답했더니 시큰둥한 채 별말이 없었다. 허전한지 공연히 안방을 한 바퀴 휘돌아 나오더니 "에~휴~! 할머니가 집을 비우니 잔소리가 없어 조용하고 좋네"라고 말하는 것으로 할머니 부재에 대한 허전함을 에둘러 드러냈다. 너른 집에 평소 저를 살갑게 대해주는가 하면 하소연에 귀 기울이며 공감해 주던 할머니가 잠시라도 집을 비우는 게 꽤 허허로웠나 보다. "학교에 얘기하고 나도 할머니 따라가서 놀다 올 걸 그랬나?"라며 숨겨진 속내를 더덜이 없이 드러내기도 했다.

꿈 많은 소녀 시절의 보랏빛 추억을 가슴속에 켜켜이 갈무리하고 있을 친구들의 해후이니 되살려 회상하고픈 사연들이 오죽이나 많으랴. 꿈을 먹고살던 풋풋했던 소녀들이 고희를 넘긴 할머니가 된 지금의 만남이 얼마나 애틋하고 설렐까. 가정이나 가족을 잊고 여행지에서 외박하며 만난 것은 처음이지 싶다. 그런 때문에 그 어떤 무엇에도 주어진 자유를 유보당하지 않고 싶어 하늘같은 지아비의 문자 메시지에 대해서 답신도 하고 싶지 않아 끝까지 뭉개며 묵묵부답이리라.

　손주 유진이가 할머니 안부가 궁금했던가 보다. 저녁 식사 전에 전화했던 눈치이다. 딴에는 이런저런 점을 묻고팠는데 한두 가지 대답하더니 바쁘다며 먼저 끊자고 해서 몹시 서운했던가 보다. 입을 삐쭉대며 "할머니 신났어!"라고 구시렁댔다. 할머니가 보고파 허겁지겁 전화했을 녀석에게 좀 더 살갑게 대해주지 왜 그랬을까 하는 생각이 들어 편치 않았다.

　저녁 식사를 마치고 부리나케 태권도장에 다녀온 손주가 집에 들어서면서 무심결에 "할머니는?"이라며 물었다. 그렇게 묻다가 아차 싶었는지 "아차! 부산에서 친구들 만나고 계시지!"라고 중얼댔다. 평소 학교를 등하교하거나 나들이마다 참견하는 할머니를 밀어내려 들더니 그에 순치(馴致)되었던가 아니면 할머니 부재로 마음 한구석이 텅 빈 것처럼 허전함 때문일까. 유난스럽게 할머니를 찾는 저의가 훤히 들여다보여 꽤 귀엽다. 마음이 헛헛해 허둥대는 것 같아 심리적으로 안정을 취하라는 뜻에서 냉장고에서 샤인 머스캣(Shine Muscat)을 꺼내 씻어 주었더니 게 눈 감추듯 먹어치웠다.

　태어난 지 한 달 며칠 지나서부터 키우기 시작한 손주가 중학교 2학년이다. 녀석을 키우면서 부부 중에 누군가 하나는 집에서 아이를 돌봐야 하기에 내외가 동시에 집을 비우는 나들이가 사실상 불가능해졌다. 그런 이유에서 하루 나들이가 아니라면 함께 집을 비웠던 때가 언제인지 모른다. 돌이켜 생각하니 2012년 B 대학교 교수인 제자 H 박사가 중국 청도(tsingtao) 여행을 시켜줘 내외가 동행했던 여행길이 유일하다. 하기야 지금은 떠꺼머리총각처럼 훌쩍 자랐기 때문에 며칠 동안 혼자서 지내도록 준비해 놓고 길을 나서도 그다지 큰 문제가 없으리라. 지금과 달리 지난 어린 시절엔 그럴 처지가 아니라서 내외가 동반해 집을 떠난다는 결단은 사실상 언감생심이었다. 그런 때문에 내가 집지킴이 역할을 할 때 아내가 마음 놓고 나들잇길에 나섰던 적이 손꼽을 정도였다. 이런 형편에 칠 년 대한(大旱)에 단비를 만난 격이 아닐까 싶다. 몇 년 만에 집을 떠나 친구들과 호젓한 여유를 즐기며 망한 중인 아내가 잡다한 속박에서 벗어나 한껏 기껍고 흡족한 추억을 주저리주저리 여투고 돌아왔으면 좋겠다.

* 설핏하다 : 짜거나 엮은 것이 거칠고 성긴 듯하다. 해의 밝은 빛이 약하다. 잠깐 나타나거나 떠오르는 듯하다. 풋잠이나 얕은 잠에 빠진 듯하다.

(2021년 11월 3일 수요일)

신경 쓰였던 혈당 수치

"공복 혈당 수치가 정상입니다". 따라서 지금은 특별한 조치나 투약이 필요치 않은 상황이라고 알려주었다. 나름으로 정성을 기울여 건강을 지키려 했다. 그런데 내 뜻과 달리 이런저런 불협화음에 삐걱거리며 경고음이 울려댈 때마다 허둥댔다. 허약한 체질 때문일까. 기껏해야 희수의 세월을 맞은 터수이다. 장수 시대에 노인정에서도 겨우 심부름꾼 노릇이 고작인 청춘이라는데 치아가 온전치 않아 발치, 의치, 임플란트 따위로 입안 모양새가 엉망진창이다. 한편 일터에서 물러난 직후 앞서거니 뒤서거니 양쪽 눈 모두 백내장 수술을 하며 우여곡절을 겪었다. 그쯤에서 멈췄으면 좋았으련만 그렇지 않았다. 어느 날 벼락 치듯이 뇌졸중 증상이 두 차례나 나타났다가 흔적 없이 깔끔하게 물러가면서 정기적으로 병원을 찾아 검진을 받으며 꼬박꼬박 투약을 시작한 지 여섯 해째에 이르렀다. 이런 주접을 부리고도 부족하다 느꼈던지 무술년(戊戌年) 여름철(2018년 8월 8일)의 혈액검사에서는 공복 혈당 수치가 높은 것으로 나타났다.

 병신년(丙申年) 처음 뇌졸중 증상이 나타나 6~8시간 동안 정신을 잃고 마냥 헤매다가 아무 일도 없었다는 듯이 정상으로 돌아왔다. 그 이튿날 곧바로 병원에 찾아가 다양한 검사와 치료를 비롯해 처방해준 약을 꼬박꼬박 먹고 있다. 의사의 지시대로 지극정성을 다했건만 야속하게도 똑같은 증상이 재발했던(2018년) 때문에 더더욱 애가 끓었다. 이래저래 놀라 정기적으로 병원을 찾아 건강 상태를 점검해 온 지 어언 여섯 해째로 그동안 주치의도 세 차례나 바뀌었다.

 세 번째 주치의인 지금의 선생님을 맞이하고 나서 정기적으로 하는 혈액검사를 했었다(2019년 8월 6일). 그 결과 다른 것은 모두 정상인데 공복 혈당이 정상의 경계를 넘겼다. 어이가 없어 곰곰이 돌이켜보니 대략 1년 전부터 꿀이 좋다는 주위의 얘기를 듣고 무턱대고 매일 몇 숟갈씩 퍼먹었다. 호주에서 후배가 보내준 몇 통을 위시해서 국내 아카시아 꿀까지 엄청나게 먹었다. 예로부터 과유불급이라 일렀거늘 무모할 정도로 많이 먹었던 게 패착이었다. 화들짝 놀라 이때부터 과감하게 먹거리를 바꿔 식단을 조정하는 혁명을 꾀했다. 아울러 과일 또한 생각 없이 덥석덥석 넘보지 않기로 작심했다. 비록 막다른 골목으로 몰렸을지라도 외부에 나가 식사를 해야 할 경우는 중뿔난 행동을 삼가고 군소리 없이 어울려 눈치껏 해결하며 구렁이 담 넘어가듯이 두루뭉술하게 넘기고 있다.

병신년 첫 뇌졸중이 발현된 뒤에 지금까지 매일 아침저녁으로 복용하는 약을 합하면 모두 7알(아침 4, 저녁 3)이다. 단골 약국의 약사는 대부분 노인은 해가 지날수록 약의 양이 많아지거나 새로운 약이 추가되게 마련이란다. 따라서 여섯 해 동안 같은 약을 처방받을 수 있음은 관리를 잘했기 때문이라는 말부조로 위로하기도 한다. 어쨌든 현재 복용하는 약도 흘러넘칠 지경이다. 여기에 당뇨약까지 더해진다는 생각만 해도 끔찍하다. 그런 불상사를 피하려고 택한 방법이다. 그동안 익숙해졌던 오백(五白) 식품(쌀, 설탕, 소금, 밀가루, 조미료)과 과감하게 결별을 고했다. 또한 과일도 지난날처럼 덥석덥석 입에 넣지 않는다. 아울러 길들여진 믹스커피는 거들떠보지 않을 만큼 단호하게 담을 쌓았다.

공복 혈당 수치가 높게 나타난 검사로부터 반년 이상 지나서 다시 혈액검사를 체크했는데 정상이었다(2020년 3월 27일). 이 결과가 안정된 상태로 지속할 것인지 살피기 위해 일정 기간 추이를 지켜보기로 했다. 그렇게 기다리다가 이번(2021년 4월 7일)에 혈액검사를 했는데 '지극히 정상'으로 판정받았다. 앞으로 한동안 걱정하지 않아도 되겠다며 먹거리의 섭생에 조심하는 한편 꾸준히 운동하라는 조언이었다. 그렇다고 매년 한 차례씩 실시하는 정기적인 혈액검사는 예와 같이 변함없이 실시될 것이다. 다만 지금의 상태를 유지한다면 최소한 혈당 문제로 맘고생 할 이유가 없다는 점에서 기분 좋은 자유선언이다.

혈당 문제로 가슴앓이를 진하게 하면서도 이에 대해 체계적으로 공부하지 못했다. 여기저기에서 알음알음으로 끌어모은 토막 상식을 토대로 오백(五白) 식품이나 당이 많은 과일을 특별한 계기가 없는 한 결별이다. 그 대신에 채소, 콩과 두부, 우유와 유제품, 달걀, 완전 꽁보리밥, 여주 가루, 생선과 육류 따위가 주된 먹거리 자리를 꿰찼다. 이런 일련의 조치 때문일까. 시나브로 체중이 얼추 3kg쯤 줄어들었다. 그렇지 않아도 세월이 지나면서 키가 줄어드는데 체중마저 감소하며 왜소해져 몹시 심란하다. 현재의 체중인 65kg보다 조금만 더 증가하면 금상첨화일 터인데 말이다.

늘 병원에서 처방받아 복용하던 약 얘기다. 이번의 혈액검사 결과 모든 면에서 정상이라면서 이제까지 아침저녁으로 각각 한 알씩 먹도록 처방해준 '오메가3'를 이제 복용할 이유가 없다며 처방전에서 뺐다. 잘은 모르지만 콜레스테롤(cholesterol)의 수치가 지극히 정상인 상태에서 구태여 복용할 필요가 없다는 얘기였다. 향후 지시대로 꼬박꼬박 약을 먹고 식단을 스스로 조절하면서 등산을 열심히 한다면 건강 문제로 휘청대거나 가슴을 쓸어내리지 않아도 되는 걸까.

(2021년 4월 12일 월요일)

엄나무 순

엄나무 순을 데쳐 초고추장에 찍어 먹는 맛에 푹 빠졌다. 봄철의 햇나물 중에 모두가 즐기는 두릅에 버금가는 존재가 아닐까. 하우스에서 재배한 두릅을 몇 차례 구해 먹다가 스멀스멀 엄나무 순이 떠오르던 때였다. 그저께인 화요일 화엄사(華嚴寺)* 주지이신 M 스님께서 한 상자 가득 보내왔다. 기쁜 마음으로 받아 다듬고 씻은 후에 펄펄 끓는 물에 살짝 데쳤다. 너무도 양이 많아 세 차례에 걸쳐서 다듬어 손질하고 데치는 데 무려 2시간 이상 걸렸다. 가볍게 데친 뒤 물에 몇 시간 담가 두었다가 건져내어 물기를 빼고 적당한 양으로 나눠 여러 개의 비닐봉지에 담아 냉동실에 보관했다가 꺼내 먹을 요량이다. 그중 일부는 냉장실에 넣어두었다가 끼니때마다 아끼며 조금씩 먹고 있다.

두 차례 부산 화엄사를 방문했던 적이 있다. 부산 동구 구봉산 자락의 사람이 사는 지역 중에 가장 위쪽의 산기슭에 자리 잡고 있었다. 입구에 들어서면 요사채와 대웅전이 부산항 쪽을 향해 자리 잡고 있다. 이들 건물의 뒤쪽에 매우 가파른 비탈이 있고 그 위쪽에 공덕전(功德殿)이 자리하고 있다. 대웅전과 공덕전 사이 급경사 비탈의 척박한 땅에 오래전부터 엄나무를 심고 나서 지극정성으로 가꿨지 싶었다. 그 언덕에 가꾼 숲에서 매년 봄에 채취할 순의 양이 엄청 많을 것으로 여겨졌다. 급경사의 비탈에 옮겨 심고 오랜 세월 돌보던 열정은 단순한 취미의 경지와는 사뭇 달랐다. 척박한 토양의 산기슭에서 튼실하게 성장하도록 매년 거름을 주고 웃자란 잡초를 깎아 주는가 하면 가지치기를 하며 수형(樹形)을 바로잡는 등의 정성은 공덕을 쌓는 수행 방편이었지 싶었다. 그렇게 매년 봄이면 돋게 마련인 엄나무 순은 스님이 쌓은 공덕과 정진했던 수행과 맥을 함께하는 열매로써 그를 누군가에게 나누어 주심은 보시이다.

매년 사월 초순에 이르면 스님께서 어김없이 엄나무 순을 택배로 보내주신다. 데쳐서 초고추장에 찍어 입에 넣으면 옅은 한약 냄새가 나며 쌉싸래한 풍미가 입안 가득히 번지며 깔깔해졌던 입맛에 생기를 불어넣어 준다. 그렇게 지극정성이 가득 담긴 선물을 매년 넙죽넙죽 받아먹기만 하다가 기껏해야 고맙다는 전화 한 통 드리는 게 고작이라서 체면이 말씀이 아니다. 지난날을 돌이켜보니 누군가에게 정성을 담은 선물을 여러 해에 걸쳐서 잇달아 보냈던 적이 없다. 이런 관점에서 나는 낯이 꽤 두꺼운 철면피이다. 왜냐하면 됨됨이가 헙헙하지 못 한 때문인지 이해타산에 얽매일 뿐 아니라 베풂에 무척 인색하다. 이에 비해 반대로 받는 데는 이골이 난 염치없는 민낯을 숨길 수 없다는 이유 때문이다.

자고로 우리 선조들은 엄나무를 대문 언저리에 심거나 가시투성이인 가지를 문설주나 대문 위에 가로 걸쳐 둠으로써 잡귀의 출입을 막을 수 있다고 믿었다. 아마도 무시무시한 가시가 날카롭게 돋아난 엄나무 가지를 귀신이 싫어할 것이라는 생각에서 벽사(辟邪)를 목적으로 그런 풍습이 생겼을 게다. 한편 한방에서는 엄나무 껍질인 수피(樹皮)를 약재로 사용한다. 약성은 평(平)하고 고미신(苦微辛)하다는 얘기이다. 거풍습(祛風濕), 활혈(活血), 진통(鎭痛), 소종(消腫)의 효능이 있단다. 아울러 풍습비통(風濕痺痛), 신경통, 요통, 관절염, 질타손상(跌打損傷), 옹저(癰疽), 개선(疥癬) 따위에 사용하며 대표적인 처방으로 해동피산(海桐皮散), 신선퇴풍단(神仙退風丹)이 있다고 한다.

엄나무 순을 섭취하면 어떤 이로움이 있는지 다양한 자료를 들춰보니 대략 다음과 같은 효능이 있음을 알 수 있었다. 첫째로 '염증과 세균 억제력'이 있어 관절염, 유선염, 피부염, 버진 따위에 '항염 효과'가 있으며, 둘째로 '사포닌이 많이 포함되어 있어 면역 체계를 개선'함으로써 '면역력 증진' 시키고, 셋째로 '간의 독성이나 노폐물 제거 능력'이 있어 '간 건강'에 유익하며, 넷째로 '열량이 낮고 식이 섬유가 풍부'해서 '다이어트'에 효과가 있으며, 다섯째로 '루틴 성분이 있어 모세혈관 강화와 혈압 상승의 억제력'이 있어 '심장계 질환 예방'이 되고, 여섯째로 '풍부한 폐

놀성 화합물이 항산화 작용'을 함으로써 '노화 방지 효과'가 있다는 전문가의 귀띔이다.

베풂에 꼭 물질적인 여유가 있어야 하는 게 아니라고 일깨우고 있다. 예로부터 '재물 없이도 베풀 수 있는 일곱 가지'라는 견지에서 무재칠시(無財七施)*라고 일렀다. 인색하거나 외면했던 주된 이유는 그럴 여유가 없었다는 핑계였다. 대승적인 맥락에서 관점을 조금만 달리하면 무재칠시를 비롯해 다양한 길이 있었을 터인데 현명하지 못한 처신이었다. 그런 이치를 제대로 터득하지 못하고 허송세월했던 나는 과연 누구일까. 나 자신마저도 제대로 헤아리지 못하는 미욱하기 짝이 없는 주제에 오늘도 스님이 보내신 엄나무 순을 염치없이 어적어적 씹으며 이런저런 효능을 분주히 어림하려는 푼수데기 같은 부질없는 짓을 하고 있다.

* 화엄사(華嚴寺) : 부산시 동구 구봉중길 48 -10
* 무재칠시(無財七施) : "부드럽고 편안한 눈빛으로 사람을 대하는" 안시(眼施), "자비롭고 미소 띤 얼굴로 사람을 대하는" 화안열색시(和顔悅色施), "공손하고 아름다운 말로 사람을 대하는" 언사시(言辭施), "예의 바르고 친절하게 다른 사람을 대하는" 신시(身施), "착하고 어진 마음으로 사람을 대하는" 심시(心施), "다른 사람에게 자리를 양보하는" 상좌시(床座施), "사람을 방에 재워주는" 방사시(房舍施) 등을 뜻한다.

(2021년 4월 8일 목요일)

매실청을 담그며

매실청(진액)을 담갔다(6월 12일). 원칙적으로 몇 해 걸러 한 차례 씩 담근다. 하지만 이따금 지인들이 매실을 선물로 보내주는 경우는 나름대로 정했던 원칙이 시부저기 깨지게 마련이다. 그렇게 담갔던 양이 생각보다 많아서 절반쯤은 주위의 지인들에게 나눠줬다. 이 봄을 넘기며 재고가 바닥나려고 해서 새로 담가야 할 처지였다. 그런데 마트에 매실이 나오지 않는다고 했다. 이런 연유로 미적거리다가 때를 놓치지 싶었는데 아내가 몇 군데 마트를 뒤져 지난 금요일(6월 11일)에 매실 한 상자를 사 왔다. 서둘러 꼭지를 따내는 한편 정갈하게 씻은 뒤 건조하려고 소쿠리에 담아두었다가 다음날 곧바로 담갔다.

별다른 비법을 터득한 고수나 전문가가 아니다. 생 매실의 꼭지를 따내고 깨끗이 씻어 건조한 매실과 설탕을 용기에 켜켜이 쟁여 놓으면 끝이다. 다시 말하면 용기인 둥근 플라스틱 통에 매실과 설탕을 시루떡처럼 켜켜이 쌓는 것을 되풀이하다가 마지막에 뚜껑을 꼭 닫아 밀폐시키면 작업의 끝이다. 우리는 늘 매실 10kg씩 담기 때문에 설탕 또한 같은 양이 필요하다. 결국 매실과 설탕의 비율은 1 : 1이다. 이 과정에서 설탕은 흑설탕과 백설탕 비율을 4 : 6으로 했다. 완제품인 진액(매실청)의 색깔이 약간 짙었으면 하는 바람에서 비율을 두 가지 설탕을 썼을 뿐이다.

설탕과 매실을 켜켜이 담은 용기는 직사광선이 닿지 않는 실내에 3~5개월 숙성시키면 만사형통이다. 이렇게 1~2개월 지나고 들여다보면 설탕이 녹아 바닥에 두꺼운 침전물층이 생기고 위쪽엔 매실이 둥둥 떠 있는 모양을 띈다. 이럴 때는 주걱이나 별도로 준비해 둔 깨끗한 나무 막대기를 이용해서 휘휘 저어 바닥의 침전물(설탕)을 녹여 줘야 한다. 이 작업이 처음에는 힘이 들더라도 일정한 시간 간격으로 되풀이해 주어야 한다. 그렇게 몇 차례에 걸쳐 거듭해서 저어주면 침전되었던 설탕 덩이가 완전히 풀어져 다시 응고되지 않는다. 한편 우리 집에서는 5개월까지 숙성시키지 않고 100일 안팎의 시간이 흐르면 개봉하여 가는 체*로 거른다. 이때 불순물과 매실은 버리고 순수한 진액은 적당한 용기(유리병)에 나눠 담아 냉장고에 보관하면 끝이다.

매실을 담아 숙성시키기 위해 보관하는 동안 밀폐시켜야 할 뚜껑을 어설프게 여닫으면 예기치 못한 봉변을 당할 위험이 도사리고 있어 조심해야 한다. 뜻하지 않은 초파리가 창궐해 몽땅 폐기 처분하는 불상사가 발생하기 때문이다. 아마도 10여 년 전의 일이다. 지금 중학교 2학년인 손주 유진이가 유치원 다닐 때였다. 그 어느 해인가 매실을 담가놓고 덜떨어진 할아버지와 철부지인 손주가 죽이 맞아 매실 통을 몇 차례 열어봤다. 그리고 느슨하게 닫아 둔 채 무심코 지냈던 모양이다. 시간이 지나 거르려고 뚜껑을 여는 순간 기절할 뻔했다. 작은 초파리가 수없이 날아올랐고 통 속에는 하얀 초파리 애벌레가 셀 수 없을 만큼 많이 꼬물거려 정신이 아득했다. 어쩔 도리가 없어 한 통을 통째로 하수구에 쏟아버리고 다른 한 통의 것만 겨우 건질 수 있었다. 이처럼 해괴하고 웃픈* 경험을 서울에 사는 처형 댁에서도 똑같이 했었다는 아내의 귀띔이다. 그 이후 숙성시키는 동안 그것을 담은 용기는 커다란 비닐봉지를 뒤집어씌우고 입구를 철저하게 밀봉해 둔다.

사람들은 매실청보다 개 복숭아 청이 더 이롭다면서 그를 찾으려고 시장 바닥을 뒤지거나 산야로 나서 직접 채취하려고 든다. 그런데 나는 개 복숭아 청이 몸에 좋을지 몰라도 맛이 써서 썩 내키지 않는다. 언젠가 등산길에 개복숭아를 만나 한 봉지 따와서 매실에 섞어 담았다가 쓴맛에 정나미가 떨어졌다. 그해 담았던 것을 완전히 먹어치우기까지 고개를 절레절레 저으며 씨름을 한 뒤로는 개 복숭아는 철저하게 외면해 오고 있다. 예로부터 '몸에 좋은 것은 입에 쓰게 마련이라고' 했거늘 따르지 못하는 내가 진정 모자라는 반편이라서 그럴까.

매실이 어떻게 좋은지 여기저기 자료를 넘겨다봤다. 매실에 유기산(有機酸)이 많이 함유되어 피로 회복에 좋으며, 꾸준히 섭취하면 알칼리성 체질을 유지하여 체질 개선의 효과가 있고, 피루브산(pyruvic acid) 성분이 간장을 보호하고 간 기능을 향상시킨단다. 한편 매실에 함유된 피크린산(picric acid)이 해독작용을 해 음식물의 독, 핏속의 독, 물의 독 등의 해독작용이 뛰어나고, 소화불량이나 위장 장애에 효험이 있으며, 카테킨(catechin) 성분이 장내의 나쁜 균 번식을 억제함으로써 만성 변비에 좋고, 열을 내리거나 염증을 없애주는 역할을 한다는 얘기이다. 아울러 피부 미용에 좋으며, 칼슘의 흡수율을 높여주며, 강력한 살충과 살균 작용을 한다는 주장을 하지만 문외한으로서 어디까지 믿어야 할지 마냥 헷갈린다.

예로부터 매화는 꽃의 우두머리라는 의미에서 화괴(花魁)라고 했다. 그런데 매실은 수확 시기에 따라 달리 이름 짓는다. 풋 매실을 녹매(綠梅), 망종 무렵을 지나 수확하면 청매(靑梅), 6월 말~7월 초에 수확하면 황매(黃梅), 7월 중순에 수확하면 숙매(熟梅)이다. 이처럼 귀하다는 의미에서 만인지상의 임금님의 변기를 '매화틀'이라 부르고 대변을 '매화'라고 이름 지었을까. 또한, 6월 상순에서 7월 상순에 걸쳐 내리는 장마를 매우(梅雨) 혹은 매림(梅霖)이라고 부르던 연유 또한 그런 맥락이리라. 새봄에 화신을 전하는 기개가 가상하다고 여겼던가 보다. 선인들은 이렇게 매화를 칭송하고 있다. '매화는 일생을 춥게 살아도 향(香)을 팔지 않는다'라는 뜻으로 매일생한불매향(梅一生寒不賣香)이라고 말이다. 또한 세한삼우(歲寒三友)*라고 하여 특별한 의미를 부여하기도 했다. 그런데 이번에 담근 매실청은 갈바람이 살랑거리기 시작할 9월 중순에 접어들 무렵에 담근 것을 개봉하여 거르리라. 가까운 지인들에게도 선물하고 나머지로 몇 해 동안 넉넉히 즐길 수 있으리라는 부푼 꿈을 꾸며 기다리는 지금이 실제로 그것을 먹고 즐길 때보다도 더더욱 흐뭇하지 싶다.

* 체 : 가루를 곱게 치거나 액체를 밭거나 거르는 데 쓰는 기구. 얇은 나무나 널빤지로 만든 쳇바퀴에 말총, 명주실, 철사 따위로 그물 모양의 쳇불을 씌워 나무못이나 대못을 박아 고정하여 만듦.
* 웃픈 : 웃기다와 슬프다가 합성된 신조어로 "웃기지만 슬픈"이라는 뜻이다.
* 세한삼우(歲寒三友) : 추운 겨울철의 세 벗이라는 뜻으로서 추위에 잘 견디는 소나무와 대나무를 비롯해서 매화나무를 통틀어 이르는 말이다. 그런데 흔히 한 폭의 그림에 그려서 '송죽매(松竹梅)'라고 부른다.

(2021년 6월 15일 화요일)

얼결에 담근 마늘장아찌

얼결에 마늘장아찌 두 가지를 담았다. 지난주 후반 이웃에서 마늘 한 접*과 야들야들한 열무 한 포대를 주셨다. 열무의 양이 많아 일부는 시래기로 먹을 요량에서 손질해 살짝 데쳐 냉동고에 보관하고 나머지는 열무김치를 담갔다. 한편 지난주 토요일에 마늘은 껍질을 까기 쉽게 하려고 6~9쪽인 통마늘을 두세 조각으로 쪼개서 물에 담가 두었다. 며칠 동안 담가 두었다가 어제 꼭두새벽부터 껍질을 까기 시작해서 오후 세 시경에 겨우 마쳤는데 깐 마늘이 자그마치 6kg이었다. 물기를 완전히 건조한 뒤 그중에 3.5kg은 초저녁 무렵에 고추장 장아찌로 담았다. 한편 나머지 2.5kg은 오늘 물과 설탕을 비롯해 식초와 간장과 소주 따위를 적당한 비율로 배합해 끓인 간장에 숙성시키는 마늘장아찌를 담았다. 전혀 뜻하지 않게 벼락 치듯이 장아찌를 담그면서 인연에 대해 다시금 새겨봤다.

지금은 아파트의 아래 위층에 사는 이웃인 그 댁과 인연을 돌이켜 본다. 거의 30년 전쯤의 일이었다. 신축 아파트로 이사한 지 몇 해쯤 지났을까. 아파트 후문 코앞에 세탁소가 새로 개업해 자연스레 고객이 되었다. 그 세탁소 사장 부부는 항상 잉꼬처럼 함께 일하는 다정한 모습이 더더욱 이끌렸고 믿음직스러웠다. 그리 지내다가 나는 그 아파트를 떠나 세 번이나 다른 곳으로 이사를 했다. 그래도 세탁소는 이사와 관계없이 항상 이용했다. 그런데 그 댁에서 올해 정초 무렵 분양받아 두었던 아파트라며 내가 사는 곳으로 이사를 왔다. 그것도 같은 동의 바로 위층이라서 더더욱 가까운 이웃이 되었다.

이사를 몇 차례 다녔어도 세탁소에서 1km 이내를 맴돌았다. 그처럼 가깝기에 늘 세탁물을 모았다가 아내가 외출 시에 차에 싣고 가서 맡기고 찾아왔다. 단골에 대한 애정이었을까. 기회가 닿을 때마다 매실을 위시해 마늘은 물론이고 수시로 싱싱한 채소를 푸짐하게 한 보따리씩 나눠 주셨다. 그럴 때면 적당한 답례 방법이 궁해서 오락가락했던 적이 한두 번이 아니다. 주는 대로 넙죽넙죽 받아먹다 보니 이골이 날 정도로 낯이 두꺼워졌다. 부부의 고향은 양반 고을인 안동 쪽으로 알고 있다. 고향 쪽에 농장이 있는지 아니면 마산 인근에 마련했는지 직접 기른 것이라며 올해 봄에도 상추를 비롯한 채소와 엄나무 순 같은 것을 몇 차례 주었다. 몇 해 전에 준 청매실 한 포대는 매실청을 담았었고, 마늘 한 접은 몽땅 고추장에 장아찌로 담아 여러 해 동안 그 맛을 음미하며 요긴하게 즐겼다.

235

아내는 마늘이나 매실 따위를 비롯해 각종 채소나 과일이 많으면 어찌할 바를 몰라 허둥댄다. 이런 경우 대부분 내가 알아서 처리 가닥을 잡아야 한다. 선물로 받은 통마늘을 나 혼자서 다듬어 며칠 동안 물에 담갔다가 껍질을 까서 건조한 뒤에 장아찌로 담았다. 그 과정에서 아내는 기껏해야 우두커니 넘겨다보는 방관자 혹은 시키는 일이나 마지못해 시늉하는 정도의 역할이 고작이었다. 그런 예이다. 마늘 한 접을 불렸다가 껍질을 까기 위해서 장장 여덟 시간 이상을 오른손에 과도를 움켜쥐고 왼손으로 쥔 마늘쪽*의 뿌리 부분을 잘라내려고 안간힘을 썼다. 그 때문에 오른손 엄지의 윗마디 중간에 물집이 생겨 지금도 쓰리고 아프다. 그런데 아내는 겨우 몇 개 거드는 척하다 슬그머니 물러나 남의 일인 양 지켜볼 뿐이었다. 이럴 때 내가 주도적으로 나서지 않으면 아내는 혼란에 빠질 개연성을 배제하기 어렵다. 한편 무위도식하는 백수로서 주제넘은 행동이 자칫 신성불가침한(?) 아내의 영역을 은근슬쩍 꿰차려는 음흉한 흉계가 아닐까 하는 의구심에 고개를 절레절레 저으며 쓴웃음을 짓기도 한다.

며칠 간격으로 잇달아 매실청과 마늘장아찌를 담그는 모습을 묵묵히 건네다 보던 손주 유진이가 한 마디 던지며 간을 봤다. "요즈음 우리 집 부자다"라고. 그렇게 남의 일처럼 말을 섞으며 드러내는 진솔한 단면이다. 저 마늘장아찌 언제쯤이면 먹느냐며 관심을 나타내기도 했다. 편식하는 편인데도 조부모인 우리 내외와 살아왔기 때문인지 냄새가 예사롭지 않은 마늘장아찌도 제법 잘 먹는 별종이다. 아마도 고추장에 담은 것은 적어도 한

해 정도 지나야 하고, 식초를 위주로 담근 것은 가을바람이 솔솔 불어올 때까지 진득하게 숙성시켜야 하지 않을까.

돌이켜 생각하니 여기저기서 보내주는 고마운 마음들은 끝없이 이어지는 현재 진행형이다. 텃밭에 무농약 쑥을 뜯어 만든 쑥떡을 보내주는 마음, 멸치젓을 넣은 김치를 먹지 않는 식성을 기억했다가 새우젓으로 만든 김치를 보내주는 살뜰한 고마움, 온라인으로 판매되는 유명 곰탕을 찾아 보내주는 마음 씀씀이, 계절마다 특산 과일을 골라 보내는 정성의 제자들을 비롯해 여러 지인과 이웃들이 보내는 두릅, 더덕, 마늘, 엄나무 순(筍), 매실, 각종 과일 따위의 선물에 길들여졌다. 한편 현재 현관을 마주하는 집에 손주 유진이 친구네가 살고 있다. 그 아이의 할아버지가 인근의 어촌에 살며 어업에 종사하는지 계절이 따라 대구, 바지락 등을 여러 차례 보내줬다. 이에 제대로 예를 갖춰 인사를 드리지 못해 몸 둘 바를 모르게 만들고 있다.

이같이 다채롭고 과분한 선물에 따른 답례나 인사는 거의 겉치레뿐으로 진정성을 담지 못한다는 자괴감에 빠져 헤맬 때가 더러 있다. 나름 예에 어긋나지 않으려고 신경을 쓴다. 그런데도 지나고 나면 진정한 마음을 올곧게 전할 방법이 막막해 갈팡질팡하는 짓을 되풀이한다. 이를 극복할 지혜의 눈을 떠 사람다운 앞가림 제대로 하며 살아갈 날은 언제쯤일까. 딴에는 골똘히 생각해 봐도 솔로몬의 지혜를 찾을 수 없어 답답하고 엄청 안타깝다. 왜냐하면 빈손으로 왔다가 빈손으로 간다는 이승의 삶에서 빚쟁이로서 오그랑장사는 면해야 할 터인데 투미한 천성 때문인지 현실은 아득하다.

* 접 : 채소나 과일 따위를 묶어 세는 단위. 한 접은 채소나 과일 백 개를 이른다.
* 쪽 : 마늘 한 통은 보통 6~9개 조각으로 이루어 이루어졌는데, '쪽'은 이를 각각 하나씩 분리한 것을 의미한다.

(2021년 6월 17일 목요일)

부부의 제주 나들이

　부부가 제주도에 다녀왔다. 신종 코로나바이러스 감염증(코로나19) 때문에 꼼짝없이 두 해 동안 집에 갇혀 지내다가 뜻하지 않게 나섰던 동행 길이었다. 지난해 동짓달 초순 무렵이었다. B 대학교 교수인 제자 H 박사의 전화였다. 새해 정월 제주에서 학회가 개최되는데 "그 시기에 맞춰 교수님 내외분을 제주로 모시고 싶다"라고. 그동안 세 차례 유사한 신세를 졌던 전과(前科) 때문에 송구한 마음에 엉거주춤하게 얼버무린 채 통화를 끝냈다. 그로부터 며칠 뒤에 신년인 임인년 초순(1월 12~14일)에 부부의 제주도 왕복 항공권(부산~제주), 호텔 숙식권, 승용차 렌트한 내용을 전송해 왔다. 내심 흐뭇했지만 염치가 없어 꿀 먹은 벙어리가 되어 잠자코 납작 엎드려 있었다.

　올해 일흔여덟으로 정년을 맞고 일터에서 물러선지 12년째이다. 따라서 제자들에게는 아무런 도움을 줄 수 없는 노인일 뿐이

다. 그럼에도 H 박사는 정년 직전인 2009에 제주도 여행을 하도록 모든 경비를 부담하고 조치를 했었다. 그리고 2012년엔 나와 아내를 중국 청도(靑島 : tsingtao)의 여행을 주선했을 뿐 아니라 2017년에 내게 일본의 홋카이도(ほっかいどう) 여행을 하도록 준비하고 모든 경비를 통째로 감당했었다. 그런데 이번에 우리 부부의 항공권, 호텔 숙식권, 렌터카 비용을 위시해서 관광지를 다니며 마신 차 값과 점심 식대까지 모두 제공했다. 하도 미안해서 둘째 날 점심 식대를 몰래 계산했던 몇 만 원이 이번 나들이에서 유일한 지출이었다.

  H 박사는 지금도 모 학회 회장이다. 따라서 매년 1회 이상 학술발표 행사를 국내외 어디선가 개최한다. 그렇게 나라 안팎에서 학회를 개최하는 과정에서 여유가 생길 때마다 사비(私費)를 들여 우리 부부를 초대하곤 했다. 이번 제주 행사도 그 하나이다. 이 학회에 또 다른 제자이며 K 대학교 교수인 C 박사는 부회장이다. 그런데 회장이며 선배인 H 박사와 C 박사가 합의 결과 우리 부부가 제주에 머무는 동안 C박사가 관광지를 안내하며 운전을 하는 것으로 결정했다는 귀띔이었다. 한편 상식적으로 볼 때 교수의 급여만으로는 자기 은사를 반복해 모시고 대접할 만큼 부의 축적 자체가 거의 불가능하다. 하지만 H 박사는 아주 오래전 친구와 IT 벤처회사를 창업하여 크게 성공을 거두고 코스닥에 상장시킴으로써 상당한 부를 일궈낸 벤처기업 선구자로 풍족할 정도의 재력을 여뒀기에 베풀 기본적인 여건이 마련된 셈이다. 그렇다고 모든 부자가 주위의 사람들에게 베푸는 게 아니라는 관점에서 H 박사의 인품을 짐작게 한다.

지난 12일 낮 12시 반쯤에 제주 공항을 빠져나갔다. 제자 C 박사가 마중 나와 맞았다. 승용차를 운전하며 학회 회장인 H 박사는 참석한 간부들을 접대하기 위해서 식당에 먼저 갔다고 했다. 얼추 낮 1시를 조금 지난 시각에 약속된 식당에 도착했을 때 대부분 식사를 마칠 무렵이었는데도 불구하고 H 박사는 우리를 기다리고 있었다. 반갑게 인사를 나누고 함께 식사하며 제주에 머무는 동안 편하게 지내시다가 돌아가시라는 덕담을 했다. 그러면서 옆에 있던 C 박사를 가리키면서 2박 3일 동안 편히 운전하며 모실 것이라는 너스레를 떨며 분위기를 띄웠다. 자기는 지금 행사를 진행하는 중이라 제대로 챙기지 못하더라도 불편하시면 언제든지 C 박사에게 말씀하시라는 당부도 잊지 않았다. 자리가 파할 무렵 H 박사가 아내에게 봉투 하나를 건네며 용돈을 조금 넣었다고 했다. 당황한 아내가 한사코 사양했지만 막무가내였다. 중간에 어디서 확인할 기회가 없었는데 다행히 저녁 잠자리에 들기 전 봉투가 생각났다며 펴 들던 아내가 놀랐다. 용돈치고는 과한데 받아도 될지 모르겠다고 걱정하면서도 한편으로는 자상한 마음 씀씀이가 무척이나 고맙다고 했다.

두 제자의 정성은 몸 둘 바를 모르게 하는데 날씨가 받쳐주지 못해 조금 미웠다. 제주에 머무는 사흘 내내 눈이 내리는가 하면 하늘이 무너질 듯 구름이 잔뜩 내려앉으며 심통을 부렸다. 아주 조용하고 찬찬한 성격의 C 박사는 연신 일기예보를 체크하면서 눈이 쌓여 미끄러운 한라산 쪽의 길을 피해 해안 쪽의 도로를 검색해 찾아다니며 한 치도 모자람이 없는 가이드 노릇을 했다. 어떻게 현지 지리를 잘 꿰고 있는지 신기해서 물었더니 이전에 가족과 여행을 오거나 학회 참석 때문에 몇 차례 제주에 왔을 때 익혔다고 했다. 그뿐이 아니었다. 이번에 제주에 오면서 인터넷을 뒤지며 일주일 동안 공부를 했을 뿐 아니라 가깝게 지내는 제주대학교 교수에게 몇 차례 자문을 구하는 정성을 쏟았던 결과였다. 원래는 C 박사의 아내인 M 박사도 이번에 함께 하기로 했는데 갑자기 공적인 일이 돌발해 참석하지 못해 무척 서운하고 아쉬웠다. 불손한 날씨로 어수선하기 짝이 없는 낯선 길임에도 싫은 내색하지 않고 우리 부부를 위해 관광 가이드 겸 드라이버 노릇을 해준 C 박사에게 큰 신세를 졌는데도 불구하고 언제 갚을 기회가 있을지 모르겠다.

참으로 꿈같은 부부의 여로였다. 어느 모로 생각해도 늙어가는 은사 부부일 뿐인데 거금을 쾌척해 나들잇길을 열어준 H 박사와 사흘 동안 이른 아침부터 어두운 밤까지 운전기사를 기꺼이 감당했던 C 박사에게 그저 고맙고 미안할 따름이다. 아무리 생각을 거듭해 봐도 제자들에게 돌려줄 게 하나도 없다. 이런 맥락에서 건강하면서 흐트러진 모습 보이지 않으며 스스로 잘 지키는 게 올곧게 보답하는 참된 도리이고 정도(正道)가 아닐까 싶다. 어제저녁 집에 돌아와 제일 먼저 H 박사와 C 박사에게 감사했으며 집에 무사히 도착했다는 메일(E-Mail)을 보내자 곧바로 득달같이 답신들이 돌아왔다. 한결같이 "건강한 모습 뵈어서 좋았고 앞으로도 건강하시라"고.

한맥문학동인사화집, 제22호, 2022년 4월 12일
(2022년 1월 15일 토요일)

나그네가 제주에서 마주했던 음식의 편린

제주 나들잇길에서 만났던 음식의 편린이다. 2박 3일 동안 아침마다 연이어 들렸던 음식점은 투숙했던 난타호텔 1층에 자리한 조식 뷔페였다. 그 외엔 음식점을 비롯해 차를 마시던 카페까지도 한 번 이상 찾았던 곳이 없다. 까탈스러운 성격이나 식성 때문이 아니었다. 짧은 기간 동안 여기저기를 둘러보는 여정 때문에 같은 곳을 다시 찾을 여력이 없었던 데 원인을 찾을 수 있겠다. 제주에서 머물 동안 모두 호텔 조식 뷔페 장소를 비롯해서 모두 일곱 군데를 찾았는데 모든 음식점이 인터넷에서 네티즌들이 즐겨 찾는 맛집이었다. 그리고 3곳의 카페를 찾았다. 그 하나하나 고유한 색깔과 특징을 지녀 사람으로 치면 개성이 뚜렷한 그들과 인상적인 만남으로 추억의 곳간에 차곡차곡 쟁여져 있다.

머물던 곳은 난타호텔(nanta hotel)로써 제주시 외곽 산속에 있다. 따라서 투숙객 조식은 1층의 뷔페를 이용했다. 직접 경비를 지급하지 않아서 확실치는 않다. 그러나 방에 비치된 시설 이용 요금표에 따르면 상당한 가격인데 실속은 없어 보여 추천하고 싶지 않았다. 아마도 주위에 상가가 있다면 투숙객 대부분이 밖에 나가 외식하지 싶었다. 이번 제주 나들잇길에 가장 낮은 평가가 불가피한 곳이었다.

첫째 날(12일) 마주했던 곳의 얘기이다. H 박사와 C 박사가 함께 점심을 먹었던 곳은 "정가네 밥상"이라는 한식 전문점으로 우리는 모두 '보리굴비 밥상'을 먹었다. 상당한 가격이지만 그만한 가치가 있었으며 우선 공항에서 가까웠다. 한편 음식점 한쪽에 스마트팜(smart farm)이라고 하여 수경재배 시설을 갖춰 채소를 길러 손님상에 내는 특별한 아이디어를 자랑했다. 같은 날 저녁엔 서귀포에 살면서 제주 장애인 연맹에서 사무처장을 하는 제자 Y(내가 재직했던 학과의 제1회 졸업생으로 대학교수로 재직하다가 몸이 불편해 퇴직하고 현재의 직에 종사하고 있음)가 정했던 "아라미당"이라는 고깃집에서 제주 흑돼지고기를 아주 맛있게 먹었다. 나는 맥주를 제자 Y는 소주 한 병씩 곁들이면서. 그 자리에서 아마도 아내와 운전을 담당했던 C 박사는 콜라 한 병을 나눠 마셨을 게다.

둘째 날(13일)에 대했던 음식이다. 날씨가 잔뜩 흐리고 눈이 올 것 같아 뒤늦게 길을 나섰을 뿐 아니라 해안도로를 따라 천천히 달리며 이것저것 눈에 띄는 대로 구경하다 보니 성산 일출봉에 도착했을 때 점심시간이 지나고 있었다. 서둘러 맛집을 검색했더니 일출로(日出路)에 "해오름식당"이 떴다. 문을 열고 들어서려는데 손님이 입추 여지없이 꽉 차 있었다. 보기 좋게 퇴짜를 맞으며 주인에게 물었더니 길 건너 옆의 "제주해물탕"을 소개했다. 이 집 역시 맛집인데 연세 지긋한 할머니들이 종업원인 때문에 행동이 무척 굼떠 마냥 느렸다. '2인 해물 세트'와 '전복해물뚝배기'를 시켜서 먹었는데 맛이 일품이었다. 해물탕에 통째로 전복이 두 마리씩 들어갔는가 하면 갈치조림과 고등어구이 등이 매우 신선하고 맛이 뛰어나 왜 맛집인지 이해가 되었다. 그날 저녁 찾은 곳이 제주시의 임항로에 자리한 "물항식당"을 찾아가 갈치구이와 물회를 먹었다. 이 집의 갈치구이와 갈치조림을 비롯한 해물 요리는 타의 추종을 불허해 지역 주민들은 물론이고 육지에서 찾아오는 여행객들이 순례하듯 찾기 때문일까. 주위에서 유사한 상호로 개업하고 체인인 것처럼 행세하여 골치를 앓는단다. 싱싱한 갈치구이와 한치 물회로 배를 채우고 신이 나서 희희낙락 콧노래를 부르며 호텔로 돌아왔다.

여행 마지막 날(14일)의 점심 식사는 생전 처음 경험한 음식으로 충격이었다. 제주시 삼성로에 자리한 "삼대(三代)국수"집을 찾았다. 지난날 서울에서 명성이 자자했던 "명동칼국수" 아류쯤으로 지레짐작하고 시큰둥한 채 찾아갔다. 처음 찾았기에 어떻게 주문해야 좋을지 종업원에게 물었더니 '국수 2종 돔베고기' 세트에 '고기국수'를 하나 추가해 주문하라는 조언이었다. 배달된 국수를 슬쩍 훑어보니 여느 국수와 달리 국물이 곰탕 같아 낯설었다. 그래도 호기심을 자극했다. 돼지고기를 우려낸 육수에 부산지방에 발달한 '밀면'을 빼닮은 국수를 넣었는데 잘게 채를 친 당근 고명에다가 양념장을 넣어 먹었다. 분명 돼지고기를 우려낸 육수에다가 돼지고기 수육을 듬뿍 넣었음에도 돼지 냄새가 나지 않을뿐더러 오묘한 맛이 입맛을 돋웠다. 그런 까닭에 이름을 '고기국수'라고 명명했나 보다. 비위가 약해 낯선 음식 앞에서는 머뭇거리기 일쑤이던 아내도 별미라며 국물을 맛있게 먹었다. 이제까지 돼지고기 육수로 말아낸 국수 얘기는 들어보거나 먹어보지 못했다. 한편 이 집의 '돔베고기'란 '아주 작은 도마 위에 열 쪽 정도의 수육'을 지칭했다. 누군가 제주를 방문할 이가 토속음식을 추천해 달라고 청한다면 단연코 "삼대국수"를 꼭 방문해 보라고 넌지시 귀띔해 줄 요량이다.

카페는 신기하게도 하루에 한 곳씩 찾아 모두 세 군데를 찾았었다. 첫날은 한라수목원 근처에 기어를 중립으로 놓아도 승용차가 3도(度) 정도의 오르막길을 거침없이 올라가는 신비의 '도깨비 도로(mysterious road)'를 찾아갔다가 바로 옆에 자리한 "미스틱 3 카페(mystic 3도(度) view cafe)"를 찾았었다. 이 카페 내부로 들어가 안쪽 문을 열고 나가면 밖에서는 보이지 않은 기묘한 너른 정원이 반긴다. 지난밤에 내린 눈이 고스란히 쌓여 있는 정원을 거닐며 이색적인 분위기에 취해 시간 가는 줄 모르고 즐겼다. 둘째 날 해 질 무렵 바람이 심하고 기온이 급강하한 상태에서 찾았던 제주시 도두1동 해안도로 옆에 자리한 "나모 나모 카페(namo namo cafe)"였다. 바람이 심한 데다가 기온까지 급강하하면서 바다는 미친 듯이 으르렁 왕왕대며 파도가 몰아쳐 해일이라도 덮치지 않을까 걱정을 했다. 그러면서도 카페 3층에 앉아 '현무암 라떼'라는 이 집의 고유한 커피를 마시면서 거칠게 몰아치며 바닷물이 일어서 시위하는 듯한 기묘한 모양의 파도를 구경했던 생경한 경험이었다. 한편 마지막 날 점심으로 "삼대국수"집의 신선한 음식 경험을 하고 한 시간쯤 시간적 여유가 있어 찾았던 곳은 나모나모 카페 근처의 '이름 모를 카페'로 신기하게도 나이 많은 어른들 틈바구니에서 커피를 마시고 곧바로 렌터카를 반납하고 셔틀버스로 공항으로 향했다.

    이번 여행길에 동행했던 제자 C 박사는 학회 간부들과 야간회의 참석을 위해 우리 부부와는 다른 호텔에서 머물렀다. 따라서 저녁 시간을 제외하면 처음부터 끝까지 우리 부부와 함께 움직이며 같은 음식을 먹고 같은 커피를 마셨다. C 박사와 인연을 되새겨봤다. 올해로 29년째이다. 한편 C 박사 나이 26세 때 부인인 M 박사와 결혼식에 주례를 섰었다. 그 후에 태어난 큰딸이 E 대학원을 졸업하고 기자로 재직하고 있는데 올해로 26살이란다. 그러니 젊은이였던 그가 올해 52세의 중년이다. 기억 속엔 여태껏 젊은이인데 어느 결에 지천명(知天命)을 남긴 희끗희끗 센 머릿결이 나의 모습을 빼닮아 깜짝 놀라 새삼스럽게 세월을 돌이켜봤다.

(2022년 1월 16일 일요일)

다시 만난 제주

　마지막으로 제주를 찾았던 게 13년 전이다. 돌이켜보니 초행은 1964년 고등학교 수학여행이었다. 목포에서 여객선 '아리랑'호를 타고 밤새워 달린 뒤 이튿날 아침에 제주항에 도착했다. 그 이후엔 부산에서 '도라지'호라는 여객선을 탔었다. 두 번에 걸쳐 여객선을 이용한 후로는 항공편을 이용했다. 기회가 닿을 때마다 찾았건만 매번 생소해 제대로 꿰뚫는 게 하나도 없다. 기껏해야 유명 관광지와 숙박했던 호텔이 기억 전부이다. 그럴지라도 이번 여정은 아내와 처음으로 동행하는 길이기에 비록 많이 둘러보지 못할지라도 서둘지 않기로 작정했다.

　'가는 날이 장날이라고 했던가?' 생전 처음으로 부부가 동행한 길인데 2박 3일 내내 눈이 내리는가 하면 구름이 껴 심통을 부리는 듯해서 하늘이 살짝 미워졌다. 흔히들 '피할 수 없으면 즐기라'고 이르지 않던가. 우리 부부의 관광 가이드 겸 운전기사 역할을 자임했던 C 박사의 냉철한 대응은 심술궂은 날씨에 걸출한 대응이었다. 눈이 내려 위험한 한라산 쪽의 도로를 피해 해안을 따라 개설된 지방도로를 택해 관광지를 찾아가는 현명한 선택으로 궂은 날씨의 훼방을 교묘하게 피해 나갔다.

전날 밤(11일) 내린 눈 때문에 도착한 첫날 오후엔 먼저 한라수목원 근처의 1100도로에 있는 도깨비 도로(mysterious road)를 찾아 신기한 체험을 했다. 이곳은 '대략 경사가 3도(度) 정도로 보이는 오르막길에서 기어를 중립에 놓고 브레이크를 밟지 않은 상태에서 신기하게도 승용차가 기어 올라갔다'. 언뜻 보면 오르막같이 보이지만 실제로는 내리막길이란다. 내리막길이 오르막길처럼 보이는 연유는 주변 지형에 의한 착시현상 때문이라고. 길옆에는 "미스틱 3도(度) 뷰 카페(mystic3 view cafe)"가 있다. 카페 안으로 들어가면 안쪽에 너른 운동장만 한 정원이 가꿔져 있다. 여기서 숨을 돌리면서 화산섬인 제주 진면목의 단면을 살피기 맞춤하다. 두 번째로 관음사(觀音寺)를 찾았다. 이곳은 제주제일가람(濟州第一伽藍)으로 대한불교조계종 제23교구 본사이다. 전날 밤에 내린 눈을 고스란히 뒤집어쓴 고요한 절간이 깊은 잠에 빠진듯했다. 다른 관광지에 비해 상대적으로 관심이 낮아 을씨년스러운가 보다. 사람의 내왕이 뜸한 절 쪽으로 먹이를 찾아 내려온 노루가 느릿느릿 걷고 있는 게 인상적이었다. 너무도 춥고 바람이 심해 경내를 수박 겉핥듯이 대충 훑어보고 입구로 돌아와 다시 절을 살펴본다. 입구에서 대웅전으로 이르는 곧은길 양쪽의 편백 나무숲과 돌담에 세워진 수많은 돌부처가 손을 들어 잘 가라고 작별 인사를 나누는 형상으로 투영되어 정겨웠다.

둘째 날(13일) 날씨가 몹시 흐려 늦게 출발해 삼양해수욕장에 들려 해변을 걷고 싶었는데 바람이 강해 날아갈 정도라서 포기하고 성산 쪽으로 길머리를 잡았다. 해안을 따라 달리면서 보니 성난 파도가 부서지며 생겨나는 하얀 포말이 끝없이 이어졌고 하늘을 나는 갈매기가 강풍에 떠밀렸으며 바닷가에 띄엄띄엄 서있는 발전 시설인 풍차가 한가롭게 돌고 있는 풍경이 환상적이었다. 구좌 해안도로, 김영(金寧)항과 해수욕장, 월정리, 구좌읍을 지나 늦은 점심 무렵에 성산 일출봉에 도착했다. 바람이 모질고 영하의 날씨일지라도 일출봉 정상까지 가려했는데 아내가 정색하며 반대해서 기념사진 몇 장 촬영하는 것으로 만족하고 제주시로 돌아왔다. 오갈 때 해안을 따라 개설된 구불구불한 시골 골목길을 달리면서 오래된 돌담이나 동네 모습과 자연을 물리도록 눈에 담는 호사를 누렸다. 여태까지 찾았던 제주 여정에서 이처럼 시골 골목길을 많이 누볐던 적이 없다. 숨겨진 제주의 매력에 아내가 반한 걸까. "제주도를 다시 발견했다. 가능하면 청정한 이곳으로 이사 오고 싶다는 얘기를 했다"라는 맥락에서 얼마나 감동했는지 짐작할 수 있었다. 그렇게 물리도록 구경하면서 돌아왔어도 시간 여유가 있어 김만덕 기념관을 찾았다. 정조 시절 이곳 출신의 대상인이었던 여장부였다. 어릴 때 전염병으로 조실부모하고 기생집에 위탁해 살다가 기생이 되기도 했다. 그렇지만 탄원으로 기적에서 빠져 양인 신분을 회복한 뒤 사업을 시작했다. 사업에 크게 성공하여 큰 기근이 들었을 때 사재를 몽땅 털어 백성에게 베풀었던 여걸로서 당시 재상이었던 채제공이 전기를 쓰기도 했던 전설적인 인물이었다.

마지막 날(14일) 호텔을 나서 왼쪽으로 한라산을 두고 휘도는 길을 달려 제주과학고등학교, 제주신화월드, 4.3 유적지, 신화역사로 등을 지나 길 양쪽에 끝없이 조성된 차밭을 지나 녹차박물관(osulloc tea museum)인 오설록에 들려 차의 역사를 살펴봤다. 여태까지 우리나라 차밭 하면 보성이 떠올랐다. 그런데 고(故) 서성환 회장에 의해 조성된 제주에 오설록 차밭이 수십만 평이라는 사실을 처음으로 알았다. 오설록을 뒤로하고 산방산을 찾았다. 이 산은 서귀포시 안덕면(安德面) 사계리(沙溪里) 해안의 종상화산(鐘狀火山)이다. 여기에 산방굴(山房窟)이라는 자연 석굴이 있는데 그 안에 불상을 안치하였기 때문에 이 굴을 산방굴사(山房窟寺)라고도 한다. 원래는 산방굴까지 오르고 싶었는데 걷기를 싫어하는 아내 때문에 주차장에서 올려 보는 것으로 만족하고 주차장 건너 산비탈에 자리한 보문사 관람도 포기하고 발길을 돌려 제주시로 향했다. 돌아오는 길목을 이리저리 돌고 도는 노정을 택해 수많은 돌담과 오래되어 정겨운 전통가옥을 비롯해 감귤밭의 모습을 실컷 구경했다. 뒤이어 제주를 중앙으로 관통하는 도로로 진입해 달리던 중간에 구름이 걷히며 하얀 눈을 뒤집어쓴 한라산이 꿈꾸는 듯한 신비한 자태를 카메라에 쓸어 담으며 달뜨던 아내 또한 꿈꾸는 소녀처럼 투영되었다.

아직도 제주도에 대한 버킷리스트가 남아 있다. 그 첫 번째가 기회가 닿으면 한라산 정상을 다시 밟아보고 싶다는 소망이다. 두 번째가 여러 날에 걸쳐 오름길 트레킹을 하고픈 욕심이다. 세 번째는 우도를 밟아보는 것이다. 이상하게 제주에 올 때마다 일기 불순 또는 일정의 얽힘 때문에 아직 미완의 꿈으로 남아 있다. 이번 여행은 모든 면에서 흘러넘쳐날 정도였다. 하지만 자린고비를 닮아 인색하기 짝이 없는 날씨가 눈을 뿌리는가 하면 시종일관 잔뜩 찌푸리고 있었을지라도 즐겁고 보람되었던 여정이었다.

(2022년 1월 17일 월요일)

V. 들국화 예찬

들국화 예찬

가을이 무르익은 아파트 뜰
이름도 폰 번호도 몰라요
봄이 오고 있음에도
성큼성큼 다가오는 봄
여름 등산을 위한 위밍업
아닌 밤중에 벌목꾼
또다시 겨울의 초입에 서서
가파른 비탈의 600개 계단
어느 실버타운의 이야기
언제 이리도 어엿하게 성장했을까?
장맛비가 멎은 사이 잽싸게 등산

들국화 예찬

귀공자처럼 융숭한 대접을 받던 국화에 비해 서자 취급을 당해 서러웠을 들국화 얘기이다. 우리 주위에 터를 잡은 국화에 대한 칭송은 헤아릴 수 없다. "국화야 너는 어이 삼월 춘풍 다 지나고 / 낙목한천에 너 홀로 피었나니 / 아마도 오상고절(傲霜孤節)은 너뿐인가 하노라"라거나 "한 송이의 국화꽃을 피우기 위해 / 봄부터 소쩍새는 / 그렇게 울었나 보다 / …… / 노오란 네 꽃잎이 필라고 / 간밤엔 무서리가 저리 내리고 / 내게는 잠도 오지 않았나 보다"라는 시인들의 노래가 그 단편적인 예이다. 이에 비해 산야에서 홀로 외로이 피고 졌던 들국화는 심금을 울리거나 그다지 주목을 받지 못했다. 그럴지라도 가을날 오가던 길목에서 우연히 만났던 청초한 들국화는 정갈하고 해맑아 젊은 여인네의 곱고 고운 기품을 연상시켜 마냥 설레었다.

들국화라는 이름으로 통칭하는 그들의 갈래에 따라 나뉘면 산국(山菊), 감국(甘菊). 울릉국화(鬱陵菊花), 쑥부쟁이, 구절초(九節草) 등으로 구분된다. 여기서 '산국'은 '개국'이라고도 호칭하며 여러해살이풀로서 줄기에 흰털이 있고 9~10월에 작은 노란색 꽃이 핀다. 한편 '감국' 역시 여러해살이풀로서 '산국이나 구절초 혹은 울릉국화'에 가까우며 '인도국화'라고도 불리는데 10~12월에 꽃이 핀다. 아울러 '울릉국화'는 울릉도 나리분지에 자생하며(천연기념물 제52호) 구절초와 흡사해 구절초의 아종(亞種)으로 취급하기도 한다. 또한 '쑥부쟁이'는 권영초나 왜쑥부쟁이 또는 가새쑥부쟁이 따위로 불리기도 한다. 우리나라 산야에 널리 분포되었으며 꽃은 7~10월에 피는데 설상화(舌狀花)*는 자줏빛이지만 통상화(筒狀花)*는 노란색이며 열매는 수과(瘦果)*로써 달걀 모양이다. 쑥부쟁이 어린순은 데쳐서 무쳐 먹는 나물로 이용하기도 한다. 끝으로 '구절초'는 뿌리줄기로 주변으로 뻗어 나가며 9~10월에 줄기 상단에 한 송이씩 꽃이 핀다. 개화 초기엔 약간 어두운 분홍색이지만 마침내 흰색으로 변한다. 구절초라는 이름은 '아홉 번 꺾어진다', '음력 9월 9일에 약효가 최고', '아홉 마디(節)가 되도록 자라야 꽃이 피기' 때문이라는 등등의 이유에서 붙여진 이름이라는 설이 있다. 하지만 어느 것도 공인된 게 없다.

들국화를 대충 다섯 가지로 나뉘지만 널리 사랑을 받는 부류는 쑥부쟁이와 구절초가 아닐까? 이들 둘에 대해 맹탕일 정도로 무지할지라도 구별하는 방법은 아주 간단하다. 먼저 꽃말이 "순수, 어머니의 사랑, 가을 여인" 등으로 불리는 구절초는 잎 모양이 약간 둥글고 하나의 줄기 또는 분지(分枝)된 몇 개의 가지 끝에 꽃잎이 둥글둥글한 모양의 하얀 꽃 한 송이가 핀다. 이에 비해 "인내, 그리움, 기다림" 따위의 꽃말이 붙여진 쑥부쟁이 잎과 꽃잎은 상대적으로 뾰족뾰족하며 한 줄기에서 여러 가지로 갈라져 꽃을 피운다. 결국 한 뿌리에서 수십 개의 꽃이 피는데 색깔이 보랏빛을 띠는 까닭에 하얀색의 구절초 꽃과 확연히 구별된다.

열여덟 해째 매주 대여섯 차례 오르내리는 등산길이 있다. 이 산과 들국화 사이에 어떤 척(隻)졌는지* 그동안 눈을 씻고 둘러봐도 산국이나 감국을 비롯해 쑥부쟁이는 그림자도 찾지 못했다. 오랫동안 수목이 빼곡한 등산로 4~5km를 오르내리며 만났던 게 겨우 구절초 몇십 송이 핀 곳 몇 군데 있었다. 안타깝게도 개체 수가 급격히 줄어들어 한 군데는 멸종되었고 나머지 두 군데는 겨우 대여섯 송이씩 피어 겨우 명맥을 유지하고 있어 무척 아쉽고 심한 갈증을 느끼고 있다. 이런 연유에서 또 다른 들국화 무리를 조우할 수 있을까 싶어 평소 잘 다니지 않던 하산 길을 찾아 천천히 걸으며 주위를 두리번거려도 허사라서 내심 실망해 신명이 나지 않아 발길이 무거웠다.

내 아쉬움과 갈증을 달래 줄 요량은 아니었을 터이다. 뜻하지 않은 곳에서 들국화와 반가운 조우를 하며 회포를 풀고 있다. 지난 초봄에 등산로 초입의 어린이 놀이터 리모델링 공사를 했다. 그러려니 여기며 거들떠보지도 않은 채 지나쳤었다. 얼마 전 가을꽃이 필 무렵의 일이었다. 그 어린이놀이터 한쪽 화단을 둘로 나눠 한 부분엔 쑥부쟁이 다른 부분엔 구절초 군락을 조성했다는 사실을 알고 무척 놀랐다. 요즘은 등산길에 오갈 때마다 다가가 그들과 눈인사를 실컷 나누며 사랑 땜을 한 뒤에 발길을 옮기고 있다. 어린이들이 들국화 앞에서 노닐 때 불청객이 오만불손하게 금단의 지역을 침범한 것 같아 켕긴다. 그 때문에 쭈뼛쭈뼛 대며 주저주저하는 내 모습에 어이가 없고 겸연쩍어 쓴웃음을 짓기도 한다.

동녘에 힘차게 솟아오르는 해의 동살에 비춰는 새벽이슬을 잔뜩 머금은 들국화의 청초한 모습이 맘에 쏙 든다. 또한 화사한 얼굴에 한낮의 포근한 햇볕을 받으며 소슬한 갈바람에 살랑대는 고고한 자태는 도도해 보여도 정감이 듬뿍 든다. 그런가 하면 불그레한 저녁노을에 곱게 채색되는 조락(凋落)의 계절 쓸쓸한 분위기도 마음을 사로잡게 마련이라도 그저 끌린다. 중학교 다니던 시절 수없이 넘고 넘었던 재*가 있었다. 3시간 안팎을 걸어야 했던 만만찮은 고갯길로 스산한 가을 냄새가 물씬 풍기던 계절의 얘기다. 온산을 뒤덮어 요원의 불길을 방불케 했던 화려한 단풍과 지천인 들국화를 길동무 삼아 걷노라면 혼자일지라도 휘휘한 줄 몰랐던 기억이 여태까지도 추억의 곳간에 갈무리되어 생생하게 살아 숨 쉬고 있다.

* 설상화(舌狀花) : 설상(舌狀) 화관(花冠)으로 된 꽃을 통틀어 이르는 말이다.
* 통상화(筒狀花) : 꽃잎이 서로 달라붙어 대롱 모양으로 생기고 끝만 조금 갈라진 작은 꽃으로 백일홍이나 국화 따위가 그 예이다.
* 수과(瘦果) : 식물의 열매로 폐과(閉果)의 하나이다. 씨는 하나로 모양이 작고 익어도 터지지 않는다. 미나리아재비나 민들레 혹은 해바라기 따위의 열매가 그 예이다.
* 척(隻)지다 : 서로 원한을 품어 반목하게 되다.
* 재 : 길이 나 있어서 넘어 다닐 수 있는 높은 산의 고개를 일컫는다.

(2021년 10월 23일 토요일)

가을이 무르익은 아파트 뜰

　12층에서 내려다보이는 아파트 뜰을 가을 산에 비유하면 만산홍엽의 만추이다. 어제 입동에 산에 갔는데 남쪽 땅끝인 때문인지 단풍이 절정에 이르려면 아직 진득하게 기다려야 할 상태였다. 고도가 높은 산도 그런 지경인데 시내 아파트 뜰은 전혀 딴판으로 왜 그럴까? 콘크리트 구조물로 지하 차고를 만든 뒤에 척박한 흙을 채운 위에 수목을 식재하여 영양분이 부족해 그런 게 아닐까. 그 원인이 어디에 연유하던 내가 사는 아파트의 단풍은 가을비라도 한 번 내리면 몽땅 낙엽이 될성 싶다.

　네 해전쯤에 신축했으며 8개 동인 중규모의 아파트로 9백여 세대가 둥지를 틀고 있다. 긴 타원형의 대지 위에 중앙에는 전체를 관통하는 공원과 어린이 놀이터와 연못이 자리했을 뿐 아니라 숲길이 조성되어 있고 그 좌우로 4개 동씩 배치되었다. 한편 모든 동의 뒤쪽에도 수목을 식재하여 공원처럼 가꾸고 너른 둘레길을 만들었는데 한 바퀴 도는데 얼추 10분 남짓 소요되어 몇 바퀴 돌면 한 시간 정도가 훌쩍 지난다. 한편 쓰레기 수거나 택배를 비롯한 이삿짐 차량을 제외한 나머지는 몽땅 지하 주차장으로 출입하기 때문에 지상은 늘 한산하다.

걷는 것이라면 무조건 손사래부터 치는 아내가 운동하도록 독려하기 위해 동행하여 아파트 둘레길을 걸었던 적이 적지 않다. 급할 게 없이 노량으로 걷기 때문에 여기저기 심긴 나무와 꽃 등 다양한 축조물에 대해서 관심을 가지고 살펴봤다. 얼핏 지나치기 마련이지만 아파트의 뜰을 가꾸기 위해선 수목 전문가인 조경사를 비롯해 문화적 분야의 전문가 등 다양한 부문의 지식이 융합되어야 한다는 생각이 들었다.

아파트 뜰에는 10여 그루씩 군집 형태로 식재된 솔숲이 12군데 조성되어 있다. 또한 아파트 중앙에 만들어진 생태연못을 비롯한 수목과 각종 꽃을 비롯해 각 동의 앞뒤와 울타리를 따라 식재된 수목의 높이와 침엽수나 활엽수의 비율 따위를 감안해서 계절에 따른 변화까지 고려해 배치했음을 어렴풋이 알 수 있었다. 너무 많은 종류의 나무와 화초가 가꿔져 모두를 꿸 재간이 없다. 내가 아는 것들은 기껏해야 다음이 전부이다. 팽나무(제주), 대왕참나무, 팔손이나무, 이팝나무, 산수유, 홍가시나무, 후박나무, 애기동백, 단풍나무, 느티나무, 회양목, 영산홍, 벚나무, 덜꿩나무, 남천, 낙상홍, 때죽, 조팝나무, 목련, 메타세쿼이아(metasequoia : 落雨松) 등이다. 그 외에도 송엽국(松葉菊) 같은 여러해살이와 한해살이 화초가 가꿔지고 있다. 이들은 분명 조경이나 식물 전문가의 식견을 바탕으로 결정되었으리라.

 뜰을 오가는 길섶에는 아크릴판에 새겨 세워진 여남은 명의 시인의 시가 보인다. 이를 결정하는 데는 문학에 조예가 있는 사람이 관여했지 싶다. 그들이 어떤 원칙에 따라 그 많은 시인 중 몇몇이 선정되었으며 왜 해당 시가 낙점되었는지 가늠할 맥락을 찾기 어렵다. 오월(피천득), 청포도(이육사), 흔들리며 피는 꽃(도종환), 사슴(노천명), 오빠 생각(최순애), 진달래꽃(김소월), 고향의 봄(이원수), 그리움(유치환), 귀천(천상병), 기다리는 마음(김민부), 청노루(박목월) 등이다. 이들 작품 선정에는 누군가의 조언이나 도움을 받아 정했으리니 그를 한 번쯤 만나 선정된 이유를 듣고 싶다.

 중앙 부분에 축조된 생태연못 둘레를 비롯한 여기저기와 쉼터 주위에 쌓은 담의 석재(石材)는 화산석(火山石)의 견칫돌(犬齒石)이다. 게다가 쉼터에는 나무 그늘을 위시해서 접이식 대형 파라솔과 커다란 원탁을 비롯해 여러 개의 의자가 준비되어 있어 아녀자들이 야외의 풍광을 즐기기에 안성맞춤이다. 이러한 점들을 고려할 때 설계한 이의 식견이나 전문성을 생각하게 한다. 한편 몇 곳의 쉼터 이름을 둥지 쉼터, 리빙 가든, 숲 그늘 쉼터 따위로 작명해 팻말을 붙임은 함부로 이름을 짓지 않았음을 암시하고 있다. 어쩌면 대수롭지 않게 넘길 부분에도 신경을 썼다는 사실은 우리의 건설업체 수준이 진일보하여 종합예술을 지향할 정도로 발전되고 있음을 어렴케 하는 대목이 아닐까.

　나의 잘못된 생각일까. 세대수에 비하면 어린이 놀이터가 세 군데로 지나치게 많지 싶다. 게다가 단지 내에 어린이집이 있고 어린이 도서관까지 있다. 그에 비하면 어른을 위한 시설로 야외에 헬스장(운동기구)과 헬스코트(배드민턴 코트와 간단한 운동기구 설치), 도서관, 경로당 따위라는 사실에 비하면 더더욱 그렇게 생각된다. 하기야 아파트를 나서서 조금만 걸으면 환상적인 등산로가 많이 있어 입맛대로 고를 수 있기 때문에 좀스러운 좁쌀영감처럼 공연히 생트집을 잡아야 할 이유가 없지 싶다.

　아파트 뜰은 지금 진한 가을 앓이를 겪고 있다. 거실의 창가에서 뒤뜰의 황홀한 단풍에 취해 정신을 놓고 있다가 서재로 향했다. 책상 앞에 앉았는데 아파트 중앙 뜰의 고혹적인 단풍이 눈길을 끌었다. 그런데 이 무슨 해괴한 훼방일까. 언제부터인지 반쯤 열어 두었던 창으로 빗방울이 들이쳤다. 불청객인 가을비에 부대끼고 나면 대부분 낙엽이 되어 앙상한 모습의 나목(裸木)을 다음 해 봄까지 지켜봐야 할 터인데. 을씨년스러운 몰골로 변하기 전에 아파트 둘레길을 천천히 걸으며 하나하나에 이 가을 향연은 풍성해서 더할 수 없는 맛과 멋을 한껏 즐겼다고 감사를 표하며 조곤조곤 고별사라도 나누는 게 도리일 것 같다.

(2021년 11월 8일 월요일)

이름도 폰 번호도 몰라요

　어느덧 10년 안팎의 인연들이다. 18년째 오르내리는 산 정상의 등산길에 동행했던 적이 있거나 자주 스쳐 지나며 시나브로 낯을 익히며 간단한 수인사를 나눔에도 이름이나 폰(phone) 번호를 전혀 모른다. 동네 뒷산일지라도 오가는 시간이 들쭉날쭉해 헤아리기 어려울 만큼 많은 사람과 만났었다. 이 등산길에 여름이 되면 더위를 피할 요량으로 깜깜한 밤중에 가까운 인정(寅正 : 새벽 4시) 무렵에 손전등을 가지고 나서기 시작했다. 여기에 뜻하지 않은 복병이 도사리고 있었다. 산속에 접어들어 걷다가 멧돼지 떼를 몇 차례 만나 곤혹스러웠다. 그렇게 혼쭐이 난 뒤에 차선책으로 그 시각 등산에 나서는 사람들이 모여 무리를 지어 등산하는 그룹에 은근슬쩍 발을 디밀고 뒤꽁무니를 따라다니기 시작했다. 그렇다고 붙박이가 아니었다. 형편이 닿는 대로 띄엄띄엄 조심스레 참여하며 낯을 익혔을 뿐 함부로 말을 섞거나 나서지 않고 신중하게 행동했다.

여름철 함께 했던 그룹은 아주 오래전부터 하절기가 되면 손전등이나 헤드 랜턴으로 중무장하고 인정이 막 지날 무렵에 등산로 초입 육각정에서 만나서 산 정상을 거의 매일 오르내린 터줏대감 같은 이들이다. 참여하는 사람은 모두 10명 남짓했는데 매일 등산에 참여하는 경우는 신기하게도 전체의 절반 내외였다. 그런 그들에게 얹혀서 여름 등산을 하는 동안 나누는 대화를 경청하면서 가능한 입을 닫고 가장 후미에서 티 나지 않게 동행했었다. 그러다가 슬그머니 빠지기를 거듭했다. 왜 여름 내내 좋은 길동무로 어울리지 못했을까. 거기에는 입에 올리고 싶지 않은 사연이 숨겨져 있다. 그들은 나보다 한 걸음 빨랐을 뿐 아니라 체력 또한 한 수 위의 전문 산악인을 빼닮아 뱁새가 황새와 보조를 맞출 수 없는 것과 마찬가지 이치라서 스스로 벽을 쌓고 외톨이로 돌아올밖에 도리가 없었다.

지금은 건강 문제로 그 그룹에서 스스로 빠져나가 아예 등산을 접은 갑신생(甲申生)의 J 사장이 있었다. 그는 어찌나 입담이 걸고 임기응변에 능하든지 자연스럽게 전체를 마음대로 쥐락펴락했다. 게다가 엇비슷한 연배이거나 손아래라서 부담이 없었을까. 언제 호적 조사를 마쳤는지 거침없이 여자 일행들의 이름을 부르는가 하면 김 여사, 배 여사, 윤 여사 등으로도 호칭하며 막역지우처럼 지냈다. 그때 들었던 이름은 깡그리 지워졌고 세 분의 성씨는 아직도 기억하고 있다.

여름이 되면 의무 방어전은 아닐지라도 곧잘 그 그룹의 꽁무니를 줄줄 따라다니기도 했다. 그리 처신한 지 몇 해째의 어느 날이었다. 또 다른 갑신생인 K 사장이 나이를 물었다. "선생님보다 한 살 아래인 을유생(乙酉生)인 해방둥이"라고 알려줬다. 그랬더니 득달같이 "윤 여사!"라고 불렀다. 윤 여사가 가까이 다가오니 당신하고 갑장이라며 새삼스럽게 인사를 시켰다. 흔히 만날 수 있는 동갑인 할머니라고 생각을 하며 대수롭지 않게 여기고 지나쳤다. 그런데 대략 한두 달 전인 이번 여름 어느 날 새벽 늦게 집을 나서 산에 오르는 중간에 뜻하지 않게 윤 여사를 만났다. 함께 정상을 향해 걸음을 옮기며 이런저런 얘기를 하다가 뜬금없이 내 생일을 물었다. 숨기거나 거리낄 일이 없기에 곧바로 대답했다. 그랬더니 깜짝 놀랐다. 음력으로 자기와 생일까지 같은 동갑이라고 했다. 여태까지 살면서 생년월일이 같은 경우는 처음 봤으며 매우 신기했다.

동네 뒤쪽에 자리한 산일지라도 등산길이기에 고집하는 게 두 가지가 있다. 그 첫째는 가능한 누구와 어울리지 않고 나 홀로 등산을 해오고 있다. 왜냐하면 누군가와 어울렸다가 내가 상대방의 호흡이나 속도 조절에 방해가 되거나 반대로 상대방이 내게 폐를 끼칠 개연성을 사전에 없앰으로써 자유롭게 걷고 쉴 수 있다는 견해 때문이다. 또 하나는 등산길에 절대로 지갑을 넣고 다니지 않는다는 원칙을 철저히 지키고 있다. 자칫하다가 등산길에서 배가 맞는 사람을 만나 하산 길에 소주잔이라도 기울이다 보면 애써 등산으로 여툰 건강은 한꺼번에 날아가 오그랑장사를 하는 모양새가 될 위험을 피하려는 시도이다. 이런 청교도적인 원칙에 매달리다 보니 10여 년 넘게 등산길을 오가는 사이인데도 불구하고 함께 커피 한 잔 마시거나 식사 한 끼 했던 길동무가 없다.

이 같은 맥락일 게다. 일터에서 물러난 뒤에 금기시하는 일이 하나 있다. 공사의 모임을 막론하고 상대의 성별과 관계없이 불필요하게 나이나 폰 번호를 비롯해 이름을 캐묻거나 알려고 들지 않는다. 자칫 잘못해 그런 행동이 과해지면 치근거리는 노인네로 비칠 개연성을 사전에 차단하기 위함이다. 특히 이성에 대해서는 철두철미하게 지키려고 애를 쓰고 있다. 꼭 필요할 경우 먼저 상대방이 알아서 움직이도록 유도하고 있다. 그런 때문일까. 매우 드물지만 어떤 경우는 상대방 스스로가 자기 폰 번호와 이름을 내 폰에 저장시켜 주며 연락하라고 주문하기도 한다.

건강을 위해 나섰던 임도와 등산길을 걸어온 지난날을 더하면 어언 20년을 훌쩍 넘었다. 일주일에 최소한 다섯 차례 이상이었기 때문에 적지 않게 임도와 산 정상 길을 오르내린 셈이다(5회 x 52주 x 20년 = 5,200회). 이 길은 당연한 권리로 학교에 가거나 의무적으로 가게 마련인 출근길과 결이 완연하게 다르다. 스스로 판단해 득이 되리라는 희망에서 선택한 길이다. 또한 벼르고 별러 유명한 산을 등산해 쌓는 일회성 추억의 경지를 훌쩍 넘긴 것이다. 어쩌면 일주일이면 한두 차례 오가는 힐링(healing)의 목적은 더더욱 아니었다. 그러므로 거의 매일 출근한 꼴이기에 삶의 현장을 열심히 누빈 꼴은 아닐까 싶다. 왜 그다지 긴 세월 목을 매듯이 집착하며 오갔을까. 사람을 사귀려는 사교가 목적이 아니라 애오라지 산을 오르내리며 느끼는 오묘한 등산의 맛과 멋에 푹 빠져 탐닉하는 희열을 한껏 음미했음이리라. 그러기에 강산이 한 번 변하고도 남을 세월 스쳐 지나거나 함께 새벽 등산을 해온 길동무의 이름이나 폰 번호를 몰라도 아무런 문제나 흉이 되지 않았던 게 아닐까.

(2021년 10월 15일 금요일)

봄이 오고 있음에도

　어제가 신축(辛丑)의 정월 대보름이고 모레면 춘삼월이 열린다. 구름이 잔뜩 껴 비가 내릴 모양새지만 다행히 오전까지 흐릴 뿐이라는 일기예보이다. 아침 9시 무렵부터 12시까지 산에 다녀왔다. 바람이 약간 드세게 몰아쳤다. 매서운 설한풍과 완연히 다르게 바람 끝이 가볍고 부드러워 되레 상쾌했다. 그런 때문일까. 된비알 가파른 오르막에서도 땀이 흐르지 않아 등산길이 한결 가뿐해 흡족했다. 정상을 향할 무렵에는 이른 시각이라서 오가던 등산객이 드물었다. 휴일인 때문이었을까. 하산 길에서 만났던 삼삼오오 무리를 지어 오르던 이들은 거의 가족 단위였다. 비록 오늘 구름이 낮게 내려앉고 바람결이 한결 거세어졌을지라도 소생의 봄이 오는 길목이 명명백백했다.

　평소 무심코 지나쳤던 조붓한 등산로 옆에 자리한 진달래 군락 중에 대책 없이 꽃망울을 활짝 터뜨린 몇 송이가 차가운 바람결이 부담스러운지 파들파들 떨고 있었다. 그런가 하면 울창한 수림 밑에 땅꼬마처럼 자리한 생강나무도 푼수데기처럼 노란 꽃을 활짝 피운 채 따스한 햇볕을 애절하게 기다리는 눈치였다. 오가며 숲길 가에 나뭇가지를 눈여겨 살폈다. 어느 결에 잎눈이 파릇파릇하게 부풀어 머지않아 봄의 향연을 펼칠 채비를 한 치의 오차도 없이 착착 진행했던 모양새였다. 아직은 겨울이라고 마음의 문을 단단히 닫아걸고 있었는데 삼라만상은 사뭇 다른 모양으로 다부지게 봄맞이를 준비하고 있었다.

　마음을 닫은 채 마냥 우중충한 겨울에 머문 게 아닌가 싶어 집에 돌아오며 확인하고 싶었다. 아파트 입구에 들어서 경비실과 105동과 106동 사이로 길머리를 틀고 아파트단지 내의 둘레 길로 들어섰다. 이게 웬일인가. 바로 106동 뒤쪽 울타리 부근에 자리 잡은 너덧 그루의 매화나무에 꽃이 활짝 피어 깜짝 놀라 걸음을 멈추고 한참을 구경하다가 "언제 이렇게 꽃이 피었담"이라고 중얼댔다. 터덜터덜 107동을 지나 내가 둥지를 튼 108동에 이르는 뜨락 여기저기에 심긴 산수유 무리 역시 제법 소담스럽게 꽃을 피워놓고 쌀쌀한 바람결이 버거운지 웅숭그린 자태가 안쓰럽고 위태위태했다.

　지난 일 년 남짓한 세월 동안 신종 코로나바이러스 감염증(코로나19) 문제로 피로도가 극으로 치달아 어쩌면 집단으로 코로나 블루(corona blue)를 진하게 앓고 있는지도 모른다. 언제쯤 괴팍한 역병에서 자유로워질 것인지 확신할 수 없을 뿐 아니라 백신 접종 시기마저도 오락가락하는 어수선한 세월이다. 이런 때문에 계절의 봄을 맞을 마음의 준비가 부실해 늘 같은 시기에 도래하는 계절의 변화까지도 까마득하게 잊고 지내는 얼뜨기로 전락한 게 아닐까 싶기도 했다.

춘하추동 사계절을 되새겨본다. 자연은 사계절을 주기로 한살이가 되풀이된다. 이런 맥락에서 봄은 소생과 탄생, 여름은 성장과 번식, 가을은 결실과 수확, 겨울은 정리와 회귀가 진솔한 본래의 모습이다. 자연은 한살이의 끝인 겨울에 보이게 마련인 처연한 모양새를 봄이 오면 말끔하게 지우고 새 생명을 탄생시키며 요동친다. 자연과 다르게 세상을 지배하는 만물의 영장이라고 기고만장한 우리는 생의 끝 무렵인 겨울쯤에 다다르면 이승을 하직하고 자연으로 돌아가는 운명에 순응하는 게 하늘의 이치에 따름이다. 아무리 우쭐댈지라도 그처럼 하찮은 존재일 뿐이라는 견지에서 좀 더 겸손해져야 하는 게 아닐까.

토요일인 때문이었을까. 바람결이 다소 부담스러울 터인데 부모의 손을 잡고 등산에 나선 어린아이가 유난히 많았다. 풍요로운 세월에 태어나 부모와 함께 휴일에 등산에 나선 그들이 무척 부러웠다. 그 아이들 나이에 나는 민족상잔의 비극인 6·25 전쟁 때문에 피란을 오가며 초근목피로 연명하던 모진 세월의 강을 어렵사리 건너야 했던 우울한 경험으로 얼룩져있다. 오늘 부모와 함께 등산에 나선 아이들이 현재의 내 나이쯤 되었을 때 누릴 세상은 어떤 세상일까 하는 엉뚱한 상상을 펼치기도 했다.

아울러 예순두 살 차이인 손주 유진이가 앞으로 어떤 관점에서 나와 닮은꼴의 삶을 꾸리고 결을 달리하는 문화를 향유할 지도 엄청 궁금했다. 어느덧 황혼 길에 이르러 건강을 염두에 두고 산을 찾고 또 찾는 나는 부모 세대들에 비해 어떤 면에서 더 풍요롭고 행복한 삶을 누리고 있는 걸까 하는 의문이 뱅뱅 맴돌며 뇌리에 머물렀다. 또다시 봄이 성큼성큼 다가오고 있음에도 싱숭생숭한 생각의 갈래가 하도 여럿이라서 망상 또한 꼬리에 꼬리를 물었다.

(2021년 2월 27일 토요일)

성큼성큼 다가오는 봄

어제는 봄을 재촉하는 비가 촉촉이 내리며 꽤 쌀쌀했다. 하루 사이인데 오늘은 영 딴판의 화창한 봄날이다. 남녘 바닷가인 때문일까. 하루가 다르게 변하는 자연의 민낯이 신비롭다. 그저께 등산길에서 조우했던 산야의 모습과 너무도 판이해 도저히 믿기지 않았다. 아침 식사를 설렁설렁 마치고 곧장 등산길에 나섰다. 이웃 아파트 뜨락의 모과나무에 파릇파릇 돋아난 앙증맞은 잎과 흐드러지게 만개한 백목련에 눈길을 뺏기며 느릿느릿 걷다 보니 등산로 초입의 비탈길에 다다랐다. 울창한 숲을 이룬 교목 그늘에 자생하는 관목으로 땅딸보를 빼닮은 덩굴 형태의 찔레나무 군락에 언제 그리 탐스러운 잎이 돋았는지 화들짝 놀랄 지경이었다. 게다가 그저께까지 겨우 몇 송이 피었던 진달래가 만개해 바람결에 나풀거리는가 하면 따스한 날씨 때문에 제대로 된 산길에 다다르기도 전에 땀이 솟구쳐 곤혹스러웠다.

따스한 기온 때문일까. 가파른 비탈의 데크(deck) 계단을 헉헉대며 올라가 등산로의 시발점인 육각정에 이르렀다. 앞서 임도를 걷는 이들의 가벼운 발걸음이 가벼워 보여 쫄래쫄래 뒤따르며 좌우의 숲속을 두리번거리다가 관목의 수관(樹冠) 쪽으로 눈길이 미쳤다. 거의 모든 수종이 아직도 깊은 겨울잠에 빠진 모양새인데 유별나게 특이한 모습의 오리나무가 클로즈업(close-up)되었다. 봄이 오면 오리나무엔 먼저 '고양이 꼬리 모양'의 수꽃이 피어 미상꽃차례(尾狀꽃次例)*를 이룬다. 이 수꽃이 피어난 뒤에 '타원형의 메추리 알 크기' 정도의 암꽃이 핀다. 한데, 올봄엔 산을 오르내리는 길에서 간간이 살폈어도 발견하지 못한 채 지나쳤었다. 신기하게도 오늘은 푸르른 자태의 오리나무 수꽃이 봄이 왔음을 웅변하고 있었다.

오리나무 수꽃의 미상꽃차례 자태에 놀라 허둥대다가 자연스럽게 벚나무 안부가 궁금했다. 임도를 따라 끝없이 식재된 벚나무를 향해 고개를 들었다. 이게 웬일인가. 아직도 추위에 오들오들 떨고 있으려니 했다. 차가운 날씨에도 불구하고 가지의 마디마다 맺힌 꽃눈이 크게 벙글어 제법 실한 팥알 크기에서부터 콩나물 콩만 한 것도 눈에 띄어 몹시 놀랐다. 하기야 명색이 춘삼월 열사흘이니 그럴만한 시기가 되었지 싶었다. 왜냐하면 특별한 꽃샘추위의 훼방이나 어깃장을 부리지 않으면 해마다 삼월 말 무렵에는 어김없이 꽃망울을 활짝 터뜨려왔기에 이르는 독백이다.

산수유와 생강나무 꽃을 비롯해 매화나 일찍 개화했던 진달래 몇 송이가 간헐적으로 봄을 귀띔하기도 했다. 그럴지라도 절대 호락호락하지 않은 동장군의 뒤끝 때문에 마음을 굳게 닫고 동절기 등산 차림을 고집한 채 산을 오르내렸었다. 오는 봄에 마음을 쉬 열지 못한 어정쩡한 내가 느끼기에도 오늘은 어제나 그저께와 견줄 수 없이 달랐다. 게다가 주말인 때문일까. 등산로 중간중간에서 여느 때 볼 수 없었던 20대 젊은이들 몇 그룹을 마주쳤다. 그들 중에 남자 그룹에선 가벼운 등산바지에 반 팔 티를 입고 비탈의 등산로를 거침없이 오르며 풋풋한 젊음을 과시하기도 했다. 그런가 하면 싱그러운 여성 무리 중에 두 팀은 젊음을 맘껏 뽐내려는지 과감한 레깅스(leggings) 차림이었다. 정작 그녀들은 태연자약한데 내게는 차림새가 너무 생경해 고개를 갸우뚱했다. 이런 문화가 사소할지라도 극명한 세대 간의 간극이지 싶어 쓴웃음을 짓기도 했다.

내가 사는 둥지의 위치는 신마산 남쪽 끝자락에 자리했던 그 옛날 국군통합병원(현재 현대아파트) 언저리이다. 아파트 정문에서 왼쪽으로 직진하는 가포로 가는 도로나 현대아파트 단지 사이의 샛길 양쪽에 식재된 가로수는 메타세쿼이아(metasequoia)이다. 웃자람과 기세등등한 수세(樹勢) 때문에 주위 상가나 아파트에서 민원을 많이 제기했던가. 지난겨울 당국에서 모지락스럽게 가지치기를 하고 우듬지까지 싹둑 절단해 버렸다. 그런 까닭에 그 옛날 낙엽송 전신주를 방불케 하며 볼품없는 꼴불견의 모습이 어울리지 않아 낯설다. 그런 가로수 꼭대기에 틀었던 까치둥지가 위태위태했다. 까치들도 비바람이나 햇볕을 가려줄 가지가 깡그리 없어져 정녕 마뜩잖았던 가 보다. 그 둥지의 주인인 까치들이 지난 정초 다시 찾아와 며칠 동안 주위를 빙빙 맴돌다가 어딘가로 옮겨 가 새집을 짓고 있는지 그림자도 얼씬거리지 않는다. 머지않아 알을 낳고 부화해 새끼를 길러야 할 철이 코앞인데 그들의 안녕이 엄청 궁금하다.

봄은 아파트 뜰에도 가득 흘러넘쳐 나고 있다. 각종 봄꽃이 피어남은 물론이고 정원수의 잎눈이나 꽃눈이 하루하루 몰라보게 변해가고 있다. 그렇게 계절의 봄은 거침없이 곁을 파고드는 데도 한 해 이상 세상을 분탕질해 온 신종 코로나바이러스 감염증(코로나19) 때문에 코로나 블루(corona blue)를 걱정해야 할 오늘이 무겁고 따분하며 우중충해 외면하고 싶다. 이런 이유일까. 새봄이 성큼성큼 다가오며 꿈과 희망을 노래해도 겨울 등산복 차림을 홀홀 벗어젖히고 반기지 못한 채 엉거주춤 멈칫거리고 있다. 물론 여기에는 나이 듦이라는 자연의 섭리도 크게 한몫했을 터이다. 그럴지라도 이 봄을 있는 그대로 맞지 못함은 왜일까.

---

* 미상꽃차례(尾狀꽃次例) : 식물 수상(穗狀 : 이삭과 같은 모양) 화서(花序 : 꽃이 줄기나 가지에 붙어 있는 상태) 중의 하나이다. 가늘고 긴 주축에 단성화(單性花)가 달리고, 밑으로 늘어진 모양을 하고 있다. 버드나무, 호두나무, 너도밤나무, 오리나무 따위에서 볼 수 있다. 미상화서(尾狀花序)라고도 한다. 전문 용어로 유이화서(葇荑花序)라고도 한다.

(2021년 3월 13일 토요일)

여름 등산을 위한 워밍업

본격적인 여름 등산을 위해 워밍업(warming-up)으로 새벽 등산을 시작했다. 여름철엔 더위 때문에 꼭두새벽이 아니면 해 질녘의 산행을 택하게 마련이다. 아직은 신록의 봄이다. 서서히 계절의 변화에 맞춰 생체 리듬을 바꿔가야 한다는 생각에서 최근 몇 차례 먼동이 트기 전 깜깜한 밤중인 인정(寅正 : 새벽 4시) 무렵에 졸린 눈을 비벼대며 주섬주섬 등산복을 챙겨 입고 집을 나선다. 다행히 아파트라서 외등이 환하게 밝히고 있어 문제가 없다. 그렇지만 단독주택 후미진 골목이라면 길을 밝힐 손전등이 필요하지 싶다.

쥐 죽은 듯이 고요한 아파트 경내의 중앙 통로를 가로질러 정문을 향해 걸었다. 아직 어슴푸레한 여명 밝아오려면 한식경쯤 기다려야 하기에 경비실 안 아저씨 둘이 의자에 앉은 채 졸고 있었다. 그분들이 깰세라 수인사도 생략하고 도둑고양이처럼 살금살금 지나쳤다. 아파트를 빠져나가 밋밋한 오르막 차도 옆 인도를 터덜터덜 20분 가까이 걸어 산길 초입에 이르렀다. 여기서 2백여 미터(m)는 가파른 비탈로 울울창창한 수목 때문에 낮에도 항상 그늘 길로서 중간에 데크(deck) 계단이 있다. 이 계단 길에 자칫 함부로 덤볐다가는 호흡의 균형이 깨져서 허둥대기에 십상인 고약한 구간이다. 헉헉대며 서둘러 올라가면 등산로 시발점인 육각정이다. 5시로 다가가는 시각임에도 여전히 어둑어둑해 모든 게 희미하고 흐릿했다.

임도의 시발점에서부터 구불구불 완만한 오르막 5백여 미터가량 걷다가 본격적인 등산로 초입의 갈림길에 다다랐을 때 사방이 희뿌옇게 동이 트면서 어렴풋이 길바닥을 가늠할 정도였다. 이곳에 자리한 또 다른 육각정 아래의 벤치에 앉아 잠시 숨을 골랐다. 이 지점에서 계속 임도를 따라 걸으면 포장된 비단길이다. 하지만 산 정상 쪽의 등산로로 길머리를 정하고 발걸음을 떼면 곧바로 된비알 나무숲 비탈을 치고 오르는 조붓한 자드락길*이다.

하루가 다른 모습으로 변하는 신록이다. 여기에 며칠 전부터 아카시아가 활짝 펴 신록의 산비탈 중간중간에 하얀 가루를 흩뿌려 놓은 듯 이채롭다. 아울러 언제 찾아왔는지 여러 종류의 크고 작은 새들의 천국이다. 진진(榛榛)*한 숲속 길에 들어서면 이름 모를 철새들이 여기저기서 지저귐이 되레 부산하고 시끄러울 지경이다. 아마도 짝을 짓고 산란을 하며 부화를 시켜 새끼를 길러야 하기에 그 준비에 분주할 계절에 펼쳐지는 사랑의 세레나데(serenade)쯤으로 치부하면 맞춤하지 싶다.

　오늘은 정상 언저리에 이르렀던 시각인 5시 40분쯤에 진해 쪽의 산줄기 위쪽으로 해가 떠올랐다. 구름 한 점 없는 동녘의 산마루 언저리 하늘을 온통 붉게 물들이며 서기를 듬뿍 품은 채 용트림하는 형상의 영롱한 자태는 황홀경이었다. 가던 길을 잠시 멈추고 장엄한 일출의 고고한 기품에 압도되어 우두커니 해돋이를 지켜봤다. 휘황찬란한 동녘의 황금빛 동살*이 온 누리를 감싸 안는 모습은 범접하기 어려운 경건한 의식을 건네다 보는 느낌으로 경이로웠다. 아주 오랜만에 지켜보는 일출 광경에 넋을 놓고 빠져들었다가 뒤따라오던 낯선 등산객의 헛기침에 정신이 퍼뜩 들어 정신을 가다듬고 정상을 향해 발길을 재촉했다.

　등산길의 백미는 아무래도 깔딱 고개이다. 가쁜 숨을 몰아쉬어야 하는가 하면 헉헉대면서 가파른 오르막을 치고 오르는 희열은 묘한 감정의 세계로 이끈다. 늘 오가는 등산로에는 크고 작은 깔딱 고개 서너 개가 버티고 있어 항상 긴장되기도 하지만 되레 도전 의지를 불태우는 동기를 유발하기도 한다. 올해로 열여덟 해째 반복되는 길인데도 웬일인지 해가 지날수록 힘이 붙이고 걷는 속도는 느려진다. 다른 분야에서 이런 수월찮은 경험이 쌓이면 전문가나 장인(匠人)의 반열에 올랐을 터이다. 웬일인지 등산은 세월이 지날수록 오히려 힘은 부치고 걷는 속도가 굼떠지는 현실이 마뜩잖을뿐더러 쉽고 떫으며 싫어 받아들이고 싶지 않음은 부질없는 오기일 게다.

다른 계절엔 낮에 여유가 있을 때 산행을 나서기 때문에 시간의 선택 폭이 무척 넓다. 하지만 더운 여름철 등산은 예외적인 상황이 발생하기 전에는 첫새벽 깜깜한 시각에 집을 나서 정상에 갔다가 아침 식사 전에 돌아오는 것을 원칙으로 하고 있다. 새벽길엔 엉뚱한 데 정신을 빼앗기지 않고 오로지 걷거나 오르내리는데 몰입할 수 있어 좋다. 최근 며칠 동안 잇달아 눈여겨 살펴봤다. 얼추 스무 해 가까이 여름철 산행에서 낯을 익혔던 길동무 칠팔 명에 최근 새로 얼굴을 익히기 시작한 낯선 대여섯을 합해 열다섯 안팎을 새벽에 만날 뿐이라서 번거롭지 않다.

등산 과정에서 언제나 반복하는 운동엔 두 가지가 있다. 그 하나는 임도에 진입하여 3백 미터쯤 걷다가 길옆에 설치된 '전신 근육 풀기'라는 기구를 골라 일다경 쯤에 걸쳐 2백여 번 '팔 돌리기'를 한다. 혹시 모를 오십견(五十肩)의 위험으로부터 자유롭고 싶은 욕심 때문에 택했다. 다른 하나는 산 정상에 설치된 운동기구 중에 '거꾸로 매달리는 기구'에 매달려 10분 안팎 버티기를 한다. 부실한 척추에 나타날 개연성이 상당한 협착증에 도움이 됐으면 하는 마음에서 시작했다. 오가는 길목에 여타의 다양한 운동기구들은 소 닭 보듯이 거리를 둔 채 지나치고 있다.

기력이 쇠잔해진 노인도 아니련만 뙤약볕이 작렬하며 가마솥 더위가 기승을 부리는 한낮에 오르내리는 산행은 자질구레한 무리가 따랐다. 그래서 해마다 하절기가 돌아오면 꼭두새벽에 나서 아침 식사 전에 돌아오는 산행을 되풀이하고 있다. 한동안 불쑥불쑥 출몰하는 멧돼지 무리 때문에 여름철 새벽길엔 몇몇이 등산로 초입에 만나 떼 지어 오갔다. 여기에 뜻하지 못한 문제가 불거졌다. 동행들의 걸음이 무척 빨라서 어울려 따라다니기 벅차 꽤나 맘고생을 했다. 무슨 연유인지 몇 해 전부터 멧돼지가 사라지면서 위험 요인이 없어져 줄기차게 '나 홀로 등산'을 고집하고 있다. 여럿이 우르르 오가는 길은 내가 남에게 폐를 끼칠 개연성뿐 아니라 반대로 남이 내게 부담을 안길 수도 있다. 이 같은 맥락에서 불과 3시간 안팎의 짧은 길에 자유를 속박당하지 않도록 나 홀로 등산이 훨씬 마음이 편하다. 다시 새벽 등산을 위한 시동을 걸며 올해의 폭서기 산행이 무탈 무해하기를 소망한다.

* 자드락길 : 나지막한 산기슭의 비탈진 땅에 뚫린 좁은 길.
* 진진(榛榛) : 초목이 무성한 모양
* 동살 : 새벽에 동이 틀 때 비치는 햇살.

조아문학, 창간호 2021년, 2021년 10월 11일
(2021년 5월 7일 금요일)

아닌 밤중에 벌목꾼

　오늘 꼭두새벽부터 팔자에도 없는 벌목꾼 노릇을 톡톡히 했다. 며칠 전 깜깜한 새벽에 손전등을 밝히고 터덜터덜 산에 오르다가 정상 언저리에서였다. 지난밤(2021년 8월 23일)에 상륙한 태풍 오마이스(omais) 때문에 멀쩡한 참나무 두 그루가 부러져 있었다. 그중에 덩치가 상대적으로 작은 한 그루는 등산길을 덮쳐 통행할 수 없었다. 그런가 하면 나머지 우람한 덩치의 다른 그루는 키 작은 몇몇 관목 위에 얹혀 허공에 위태롭게 매달려 대롱거렸다. 도저히 피해 지나칠 수 없어 대충 잔가지를 손으로 꺾어 겨우 통행할 수 있도록 길을 틔웠었다. 그런 뒤 어제(28일) 새벽에 등산길에 보니 그동안 공중에 매달렸던 우람한 한 그루마저도 땅으로 떨어져 길을 완전히 틀어막았다. 또다시 대충 잔가지를 꺾어내고 아쉬운 대로 통행할 수 있도록 임시 조치를 했다. 통로는 대충 뚫어 놓았지만 그대로 방치하면 오가는 이들이 크게 다칠 위험이 커 보여 톱을 가지고 가서 완벽하게 제거해 버리기로 했다.

   4시 정각에 집을 나섰다. 기상하여 인터넷에 날씨를 살펴보니 우리 동네엔 새벽 6시에 비가 내리는 것으로 예고되어 있었다. 서둘러 접는 톱과 우산을 챙겨서 배낭에 넣었다. 본격적인 등산로 초입의 육각정 벤치에 앉아 숨을 고르고 있을 때 해마다 두세 차례 새벽 등산에 동행한 적이 있는 백발인 할머니가 도착했다. 성도 이름도 모를지라도 이순의 후반으로 알고 있다. 간간이 얘기를 나누는 중에 태풍으로 쓰러진 참나무에 대한 전후 사정과 제거 계획을 얘기했다. 바닥에 널브러져 길을 가로막고 있던 참나무 앞에 이르렀을 때 당장 제거하자고 했다. 아직도 깜깜해 주위의 사물 분별이 되지 않는 시각이라서 할머니는 자기 손전등과 내 손전등 등 두 개를 비춰주고 나는 톱으로 크고 작은 가지를 차근차근 잘라내기 시작했다. 이는 아닌 밤중에 벌목꾼을 자청한 꼴이었다.

   간단한 작업으로 여기고 호기롭게 달려들었다. 몇십 년 자란 참나무 두 그루가 태풍에 부러져 통째로 길을 뒤덮었기에 호락호락하지 않았다. 나는 열심히 톱질하고 할머니는 손전등을 비춰주면서 잘라낸 가지를 치웠다. 톱으로 가지를 자르는 동안 톱날이 나무에 끼어 꼼짝도 하지 않아 애를 먹었던 적이 한두 번이 아니라서 무척 힘들었다. 나 혼자라면 중간에 주저앉아 쉬면서 기력이 회복되면 천천히 작업을 이어갔으리라. 제대로 된 통성명도 없었던 서먹서먹한 처지에 우습게 비칠까 걱정되어 아무렇지도 않은 척했다. 기진맥진하여 쓰러질 것 같았다. 그래도 이를 악물고 버티며 견뎌냈다. 적어도 30분 가까이 기를 쓰면서 끙끙댄 끝에 얼추 마무리할 수 있었다.

  작업을 끝냈을 무렵엔 손과 팔에 감각이 없었고 어지러울 뿐 아니라 속이 울렁거려 한참을 쭈그리고 앉아 진정시켜야 했다. 그런 속내를 온새미로 들킬세라 구시렁거리며 배낭에 있던 우산을 꺼내는가 하면 톱을 접어서 비닐봉지에 넣었다 꺼내기를 되풀이했다. 기를 쓰며 부정해도 가는 세월은 어쩔 도리가 없다는 당혹스러운 순간이었다. 가까스로 정신을 가다듬으며 기력을 회복할 지음 앞서 정상을 향해 발길을 옮기려던 할머니가 수고했다고 격려했다. 휘적휘적 4~5분 걸어 정상에 도착했다. 일요일 때문이었을까. 아무도 없었다. 각자의 취향에 맞는 운동을 하다 슬그머니 중간에 끝냈다. 그리고 나서 긴 벤치에 벌렁 누워서 심호흡하며 아직도 고르지 않은 컨디션을 조절했다.

  하산 길에 자기 얘기를 들려주었다. 자기는 잠이 오지 않아 택한 대응 방법이 새벽 등산이라고 했다. 말이 새벽 등산이지 한밤중의 등산이라는 표현이 합당할 성싶다. 20여 년 넘게 새벽 3시쯤에 집을 나서 정상에 도착해 운동하고 집에 돌아가면 4시 30~40분경이라는 얘기였다. 게다가 칠흑같이 어두운 날이 아니면 손전등도 켜지 않고 평소에 익혀둔 감각에 따라 길을 걷는다는 사실이 도저히 믿기지 않아서 물었다. 등산로 주변에 무덤이 여기저기 널려있을 뿐 아니라 심심치 않게 출몰하는 멧돼지가 무섭지 않으냐고. 무덤은 전혀 신경 쓰이지 않으며 손전등을 켜지 않고 등산하면서 여러 번 멧돼지와 가까운 거리에서 마주쳤었단다. 그들에 대한 공격 의사가 없음을 감지했는지 적당한 선에서 도망가더라는 얘기였다. 정작 두려움의 대상은 뜻밖에 사람이라는 의외의 대답이 돌아왔다. 흉흉한 세상 때문일까. 야심한 시각에 어쩌다가 한 번씩 마주치는 낯선 등산객이 필요 이상으로 관심을 보이거나 가까이 다가오면 항상 적당히 따돌리고 안전한 곳에서 숨을 돌리며 발생할지도 모르는 위험에 대비한다는 고백에 왠지 씁쓸하고 혼란스러웠다.

    태풍으로 맥없이 쓰러져 완전히 길을 가로막았던 참나무를 제거했기에 오가는 모든 이들에게 도움을 준 셈이다. 이런 것도 보시라고 한다면 다른 날보다 보람이 있었지 싶다. 요즘 청량산 정상과 직선으로 50m쯤 떨어진 지점에 '청량산 해양전망광장'을 짓겠다는 '의령군산림조합'의 플래카드가 설치되고 해당 터를 완전히 벌목해 어리둥절하게 만들었다. 두 가지 점에서 그렇다. 우선 청량산 소재지는 창원시인데 생뚱맞게 '의령군산림조합' 관장이라는 사실이 의아하다. 또한 우뚝 직립한 원통형의 외벽을 따라 나선형으로 만들어진 철제 계단을 오르내리는 구조물인 전망대(청량산 해양전망광장) 바로 옆에 오래전에 창원시에서 지은 육각정이 있다. 같은 장소에 엇비슷한 시설물을 중복해 건립한다는 데 선뜻 동의하기 어려워 되레 고개가 갸우뚱해진다. 이는 유관 단체끼리 실적을 쌓기 위한 낭비 행정의 표본이 아닐까. 이런 코미디 같은 행정이 아니라 진정 주민을 위한다면 장마나 태풍 뒤에 동네의 등산로나 둘레 길을 꼼꼼히 살펴서 문제가 발생한 부분을 즉시 보수해 준다면 좋을 터이다. 아울러 등산로에서 발생하게 마련인 고사목이 도복된 경우나 멀쩡했던 나무가 쓰러져 통행할 수 없을 때 바로 제거해 주는 생활 밀착형 행정을 촘촘하게 펼쳐준다면 더할 나위 없을 텐데.

한맥문학, 2021년 10월호(통권 373호), 2021년 9월 25일
(2021년 8월 29일 일요일)

또다시 겨울의 초입에 서서

같은 동네에서도 산비탈과 산꼭대기 모습은 천양지차이다. 그저께 소설(小雪)이었기에 계절적으로 보면 겨울의 초입이 분명하다. 그런데도 남녘의 땅끝 바닷가 동네인 때문인지 계절을 가름하려니 엄청나게 헷갈린다. 왜냐하면 시내에서 바라보는 산비탈엔 만산홍엽 만추의 축제 모습이다. 한데, 산꼭대기 능선 길에 즐비한 활엽수는 잎이 몽땅 떨어져 나목이 되어 삼동을 맞을 채비에 분주한 으스스한 초겨울이다. 결국 같은 지역에서도 등고선(等高線)의 위치에 따라 늦가을과 초겨울의 모습이 혼재하는 혼란스러운 모양새로 어지럽다.

그저께인 월요일 아침 산행길은 평소와 퍽 달랐다. 지난밤 '늦가을에 처음 내리는 묽은 서리'인 무서리(light frost)가 많이 내렸는지 길옆에 즐비한 활엽수 잎이 무참할 정도로 떨어져 길바닥에 수북하게 싸여 있었다. 그렇다고 '늦가을에 아주 되게 내리는 서리'인 된서리(a heavy frost)가 내린 것 같지는 않았다. 왜냐하면 된서리가 내리는 날 아침 한꺼번에 왕창 잎이 떨어지는 메타세쿼이아가 아직 멀쩡하게 쌩쌩하다는 이유에서 하는 얘기이다. 어제와 오늘 등산길에서 살피니 산꼭대기 활엽수 잎은 거의 완전히 떨어진 상태였다. 봄부터 가을까지는 울울창창한 침엽수와 활엽수가 하늘을 가리고 빼곡하게 자란 관목과 잡다한 한해살이풀이 웃자라 오가는 등산로 옆도 제대로 들여다보이지 않아 답답하고 으스스했었다. 그런데 지금은 활엽수 잎이 추풍낙엽으로 떨어지고 땅꼬마를 빼닮은 관목의 잎이나 풀이 시들어버려 시력이 미치는 먼 곳까지 훤하게 들여다보이며 한결 환해진 자태와 분위기가 되레 허전하고 어색하기도 했다.

계절의 변화를 매구같이 꿰고 있던 여름 철새들이 모두 제 고향 남쪽 나라로 돌아갔다. 오랫동안 오르내리던 산에는 겨울의 먹거리가 없는 걸까. 겨울에 찾아오는 철새를 만났던 적이 거의 없다. 그 때문에 봄부터 이른 가을까지 등산객을 반기던 이름 모를 철새들은 그리움의 존재로 기억되고 산속은 상대적으로 쥐 죽은 듯한 적막에 싸여 깊은 잠에 곯아떨어진 꼴이다. 텃새라지만 우리에게 별로 달갑지 않은 존재로 알려진 까마귀가 이따금 "까옥~ 까옥~" 대거나 운 좋은 날이면 산비둘기가 언뜻 얼굴을 내밀고 수줍은 인사를 건네다가 숲속 깊은 어디론가 사라져 버린다. 그 옛날엔 꿩도 더러는 보였는데 최근에는 그림자 초자 보이지 않는다. 오죽하면 새벽 등산길에 두려움의 대상이었던 멧돼지 떼라도 만날 가 싶어 첫새벽에 재촉해 길을 나서도 웬일인지 짝사랑일 뿐 한 번도 조우하지 못했다.

  특별한 경우가 아니면 나 홀로 산행을 고집하고 있다. 요즘 등산로 바닥 여기저기에는 낙엽이 지천으로 흩어져 나뒹굴고 있다. 그중에서도 산등성이로 이어지는 1km 남짓 조붓한 길의 가장자리엔 등산화가 묻힐 정도로 낙엽이 쌓였다. 그 길을 혼자서 걷는 게 그리도 좋다. 바싹 마른 낙엽이 밟힐 때 '바스락~ 바스락~' 대는 소리 말이다. 그런 이유에서 부근을 오갈 때는 일부러 사람의 발길이 닿지 않았던 가장자리에 쌓여있는 낙엽을 밟으며 즐거움을 만끽한다. 가끔 무심코 걷다가 낙엽의 바스락거리는 소리에 놀라 누가 뒤에서 따라와 추월하려는 게 아닌가 싶어 길을 비켜주려고 돌아보기도 한다.

  어제는 정상에서 매우 흥미 있는 광경을 목격했다. 정상에 창원시 당국에서 산 아래 사방을 조망할 수 있는 육각정을 지어놔 마산의 내만을 비롯해 외만을 위시해서 멀리 거제도까지 조망하는데 아무런 불편이 없다. 그런데 바로 그 옆에 또 다른 기관에서 유사한 기능의 전망대(청량산 해양 전망 광장)를 짓고 있다. 정상에 도착해 숨을 돌리고 있는데 가까이 다가오는 헬기 소음에 자연스레 눈길이 갔다. 헬기가 전망대 설치에 필요한 원통형의 철 구조물을 비롯해 각종 철강재를 끈으로 묶어 공사장으로 나르고 있었다. 그다지 크지 않은 헬기 동체에 비해 적어도 몇 톤(t)에 달하는 무게를 매달고 옮기는 모습이 무척 신기했다. 하도 놀라워 꽤 오랜 시간 정상에 머물며 몇 차례 헬기가 공사 자재를 옮기는 과정을 지켜봤다. 여태까지 살면서 헬기에 탑승해 봤던 유일한 경험은 베트남이었다. 지난 1968년 정월 무렵 "파월군(派越軍) 대학생 위문단" 일원으로 베트남에 갔을 때 맹호부대 사령부인 '퀴논(Que Nhon)'에서 '안케(An Khe) 계곡'을 오가는 과정에서 대형인 시누크(chinook) 헬리콥터를 타봤었다. 그렇지만 오늘 하늘을 날며 엄청 무거운 철 구조물을 가뿐하게 매달고 옮기는 작은 동체의 헬기가 그렇게 대단한 힘을 발휘하는지 놀라울 따름이었다.

등산길에서 가장 선호하는 계절이 겨울이다. 봄철의 등산길은 지나치게 화사하고 달뜨게 부추기는가 하면 무조건 밖으로 내몰며 바람 잡는 듯한 분위기 때문에 선뜻 손을 들어주고 싶지 않다. 그런가 하면 여름은 너무 지루하고 나른하며 사람을 마냥 지치게 하는 고약한 구석 때문에 정을 주지 못하고 외면할 수밖에 도리가 없다. 한편 가을은 지나치게 화려하고 조락의 고뇌를 안겨주며 자꾸 돌아보게 만들어 편치 않아 내키지 않는다. 다른 계절에 비해 겨울은 적당히 긴장한 채 청아한 바람과 동행하며 나목과 청청한 청솔과 동화되는 순간이 맘에 쏙 들고 믿음직하다. 겨울과 하나로 어울림의 환희를 위해 휘적휘적 걷는 등산길에선 나 스스로 돌아볼 자성에 이를 수 있어서 맘에 쏙 들고 믿음직하며 더더욱 정감이 간다.

(2021년 11월 24일 수요일)

가파른 비탈의 600개 계단

마산의 '청량산 해양 전망대'에 다가가는 600개의 계단인 덱 로드(deck road) 얘기다. 이 길은 급경사 산비탈의 계단으로 입구로 들어서면 다른 곳으로 빠져나갈 수 없는 외길이다. 왜냐하면 중간에 다른 곳으로 빠져나갈 수 없도록 철저하게 막혔을 뿐 아니라 길을 벗어난다 해도 사방이 험한 바위너설이라서 도저히 걸을 수 없는 환경이기 때문이다. 그런 이유에서 명물로 자리 매김할 개연성이 다분한 곳으로 최근(2022년 1월 23일) 마산의 남쪽 청량산(靑凉山) 정상에 새로 지은 '청량산 해양 전망대'의 접근로(接近路)로 개설한 계단 길이다. 경사가 30~45도 안팎으로 크고 작은 돌들이 켜켜이 쌓인 위험스러운 돌밭에 지그재그(zigzag)로 개설했다. 특별한 경우가 아니라면 한 번에 치고 오를 수 없는 470m의 고약하고 험준한 계단이다. 그래서 몇 차례 쉬면서 호흡을 가다듬고 천천히 오르내릴 수밖에 달리 묘책이 없다. 내 경우는 쉬엄쉬엄 숨을 돌리며 눈 아래로 내려다보이는 풍광을 조망하며 느릿느릿 걸었던 관계로 얼추 20분 안팎의 시간이 소요되기도 했다.

남마산 밤밭고개 언저리 육각정 부근에서부터 청량산 자락 5~6부 능선으로 구불구불 개설된 임도(林道)를 따라가다가 3.2km 지점에 이를 때 오른쪽 가파른 30~45도 경사의 비탈에 어마어마한 바위너설이 나타난다. 이상하게도 다른 곳과 달리 바위가 켜켜이 쌓여 나무나 풀이 전혀 자라지 못해 위태위태하게 모습을 드러내 두려움에 잔뜩 주눅이 들기로 했다. 굴러 내릴 것 같은 돌을 조심스레 다룬 뒤에 주변의 바위 색깔을 빼닮은 합성목재(wood-plastic composites)를 사용해 지그재그의 덱 로드를 개설했다. 게다가 전 구간이 철(鐵) 골조(骨組) 위에 덱을 설치한 까닭에 지표면 위에 살짝 떠 있는 모양새이다. 한편 입구에 들어서면 길이 끝날 때까지 땅바닥을 밟을 도리가 없다. 중간에 다른 곳으로 빠질 사잇길이 전혀 없는 오로지 외나무다리 같은 외길이다.

입구에 세워진 안내판에 따르면 정상의 전망대까지 거리는 470m이고 중간에 3개의 쉼터가 있다는 귀띔이다. 여기에 들어서는 순간 시커멓고 가파른 돌밭에 어울리지 않게 얼기설기 뚫은 길이 마치 다른 행성처럼 엄청 낯설다. 게다가 가파른 지형에 따라 이리저리 구불구불하거나 잠시 숨을 고르라고 배려해 만든 평탄한 구간을 비롯해 가파른 계단까지 합하면 대략 50여 구간으로 나눠진 게 질리고 정나미 떨어졌다. 그런데 정상 가까이 갔을 때 급경사의 계단이 1백 개가 넘게 계속되는 경우(364번~469번 계단)는 현기증이 절로 나 아찔하기까지 했다. 특히 오를 때는 숨이 차서 중간에 몇 차례 숨을 몰아쉬며 헉헉댔다. 내려올 때는 고소공포증 때문에 주저앉아 진정했던 진풍경을 벌이기도 했다. 아래쪽 임도에서 위쪽으로 걷다 보면 10개의 계단마다 '계단의 숫자'를 표기했음을 알 수 있다. 가장 마지막 계단에 '598'이라고 적혀 있어서 거기가 끝이라고 생각했다. 그런데 마지막 계단을 지나 길바닥에 카펫(carpet)처럼 깔린 수입산(輸入産) 깔개를 밟고 40m쯤 발길을 옮겨 전망대 입구로 들어서려는데 거기에 '600'이라는 계단 숫자가 적혀 있었다. 어제는 다른 길로 정상에 갔다가 하산 길은 그 길로 내려왔고 오늘은 반대로 정상에 다가가는 데 그 길을 택했다.

정상에 세워진 '청량산 해양 전망대'는 높이 2m 남짓한 거대한 원통형의 철 구조물을 헬리콥터로 운반하여 층층이 쌓으며 용접해 만든 12m 높이의 원(圓)기둥에 나선형의 계단을 만들어 꼭대기 전망 광장으로 올라가서 마산만 일원을 조감토록 만든 시설이다. 어제는 바람이 몹시 심하게 불었다. 전망대 위에 올라가면서 난간의 손잡이를 잡으니 강한 바람에 흔들려 언짢았다. 또한 꼭대기에 서 있는데 전체가 흔들리는 것 같아 두려움이 밀려왔다. 물론 고소공포증이 있어 그런 맘이 더욱 심했지 싶다. 오늘은 바람이 없어 전망대 꼭대기에 올라갔어도 어제 같은 섬뜩함을 느낄 수 없었다.

전망대에서 조감하는 마산 일원의 자태와 풍광은 안온하고 설레며 포근했다. 배산임수의 마산 정경에 눈 호강을 실컷 했다. 마산의 진산인 무학산과 팔용산, 왼쪽으로부터 월영동과 월포동 해안가를 비롯해 신포동과 남성동, 산호동과 양덕동, 수출자유지역, 두산중공업, 마산 내만, 돝섬, 가포신항, 마창대교, 귀산동, 진해 등이 멀리 혹은 가까이에서 아른거려 무척 정겨웠다. 하지만 오른쪽으로 눈을 돌려도 마산 외만(外灣)의 모습은 정상의 웃자라 큰 키의 나무와 기존의 육각정에 시야가 막혀 제대로 보이지 않아 무척 아쉬웠다. 겨울인 지금도 저럴진대 봄부터 가을까지는 무성한 활엽수 때문에 더욱 시야가 차단되리라. 이런 맥락에서 새로 지어진 해양 전망대 위치의 문제가 있다는 생각을 지우기 어렵다.

어떤 연유였을까. 새로 지은 전망대에서 50m쯤 떨어졌고 10~20m쯤 높은 위치에 오래전 지은 엇비슷한 기능을 하는 육각정이 있다. 그 자리가 전체를 두루 조망할 수 있다는 견지에서 새로 지은 자리보다 명당이다. 따라서 차라리 육각정을 허물고 그 자리에 새로 지었으면 좋을 터인데. 왜 같은 장소에 유사한 목적을 겨냥해 두 개를 지었는지 그 이유를 도무지 이해할 수 없다. 중복이라는 관점에서 뭔가 크게 잘못되었다는 생각을 지우지 못함이 진정 좀팽이 같은 옹졸함에 기인할까.

우리 주위에 합성 목재로 만든 덱 로드는 수없이 많다. 하지만 급경사의 황량한 돌밭에 한 번 들어서면 출구에 다다를 때까지 다른 길이 전혀 없는 외길은 거의 없다. 또한 보통의 경우 걷다가 중간중간에 땅바닥을 밟게 마련이다. 그런데 이 길은 입구에 들어서면 시종일관 땅바닥은 구경도 못 하고 덱(deck)만을 밟고 걷는다는 점이 또 다른 특징이리라. 이 같은 이유에서 어지러울 정도로 가파른 산비탈에 쏟아져 내릴 듯이 위험천만한 바위너설에 수도 없이 구불구불하면서도 몹시 가파른 470m의 600계단으로 만든 게 마냥 신기하다. 이 같은 특징 때문에 새로운 명물로 자리매김하여 뭇사람들의 사랑을 독차지하며 입소문으로 널리 알려질 가능성이 크다. 주위 환경이 버려진 불모지 같아 오지 탐험이나 군대의 삭막한 유격장을 방불케 할 뿐 아니라 으스스하며 여기저기 바위틈에서 도깨비나 귀신이 불쑥불쑥 튀어나올 것 같은 괴괴 적적하고 오묘한 분위기가 더더욱 마음을 사로잡아 되레 그런 확신을 굳히고 있다.

마산사랑, 창동을 걷다, 2022년 마산문인협회사화집 9, 2022년 11월 2일
(2022년 1월 28일 금요일)

어느 실버타운의 이야기

　대구 달성군 화원읍에 자리한 금화복지재단(사회복지법인)에 다녀왔다. 그곳에서 늘푸른실버타운과 늘푸른노인복지센터를 운영하는 대표의 초대를 받은 나들잇길이었다. 묘한 인연이었다. 초대해준 S 박사와는 일면식도 없는 데 우연히 50편에 가까운 그분의 글을 정독할 기회가 있었다. 그 인연의 끈이 이어져 일주일 전쯤에 '시와늪' 배 회장을 통해 초대를 받고 조율해 성사되었다. 길을 나서며 주위 이곳저곳 눈에 띄던 노인요양원을 떠올리며 한편으로는 시큰둥했다. 요즈음 대부분 노인요양시설이 성이 차지 않아 부정적인 선입견이 지배한 연유이었으리라.

　주위에 흔히 보는 여느 노인요양시설과는 뭔가 다르리라는 기대를 했다. 왜냐하면 설립자인 S 박사의 글에서 받은 뭉클한 감동과 진정성이 남긴 진한 울림의 주요 대목을 간추리면 이렇다. "코흘리개 어린 시절부터 조부모 슬하에서 성장해야 하는 아픔을 겪으며 초등학교 졸업 후 곧바로 섬유공장에 공원으로 취직했었단다. 먹고살기 위해 그 일에 최선을 다하다 보니 세월이 지나면서 반장이 되고 공장장을 거쳐 최고경영자(CEO)로 승승장구하다가 부도를 두 차례나 당하는 불운이 겹치기도 했다. 그렇지만 꿈이 있어 절대로 포기할 수 없었다는 회고였다. 형용할 수 없는 극한 상황으로 몰려서도 유치원에서 어린이들을 가르치고 싶은 꿈을 이루겠다는 일념에서 난관을 극복해 내고 다시 일어서 마침내 유치원(원아 300명 수용)을 개원했다는 얘기였다. 그렇게 유치원을 운영하다가 좀 더 원대한 이상을 펼치기 위해 2010년 지금의 재단을 창립했단다. 게다가 더더욱 감동적이며 본받고 싶은 스토리가 있다. 초등학교 졸업이 학력 전부로 배움에 대한 한을 풀기 위해 불혹의 나이에 늦깎이로 책을 붙들고 씨름해 중고교 과정을 검정고시로 마쳤다는 감동적인 사연이었다. 거기서 멈추지 않고 대학과 대학원에 진학하여 자그마치 23년간 공부에 매달려 끝내 박사학위까지 취득함으로써" 입지전적인 성공 일화이다.

S 박사의 글을 대하면서 금화동산은 자신의 얼과 혼을 비롯해 철학이 응축된 시설이라는 맥락에서 얼추 짐작할 수 있었다. 현실의 실제 모습이 무척 궁금했다. '성공한 기업인이 그렸던 꿈의 궁전은 과연 어떤 모습일까'라는 기대를 잔뜩 하고 나선 길이었다. 마산에서 구마고속도로를 달리다가 대구 초입인 '화원 나들목(IC)'으로 나가 잠시 큰길을 지나 고샅길을 요리조리 달리다 보니 동네 위쪽의 산기슭 숲속에 파묻혀 안온하게 자리에 자리

한 늘푸른실버타운 건물이 눈에 들어왔다. 보통의 경우 요양원은 도시 변두리에 삭막한 시멘트 건물 한두 채가 전부인데, 숲속에 자리한 고급 콘도나 궁전을 방불케 하는 외양이 이채로웠다. 경내의 너른 대지 위에 정성스레 가꿔진 다양한 수목과 국화와 화초를 비롯해 여기저기 빈터에 가꿔진 무 따위는 감정이 메말라가는 노인들의 정서 순화나 치유(healing)에 더할 수 없이 맞춤한 환경으로 다른 요양원들이 따를 수 없이 월등했다. 따라서 수많은 다른 노인요양원들에 널리 소개되어도 조금도 부족함이 없어 보여 높이 사고 싶었다. 이런 심정은 누구나 같게 마련일까. 인근에 사는 K 시인에 따르면 이곳은 수시로 관련 공무원이나 양로원 운영자가 방문하여 벤치마킹하거나 배움의 장이 된다는 귀띔이었다. 대표의 집무실 책상 벽면에 걸린 "답게 살자"라는 '사표'는 대덕 고승이 던지는 화두 같기도 하고 그의 인품을 엿보기에 충분한 단면이었다. 또한 원대한 꿈의 실현을 위해 정성을 쏟은 시설이기 때문에 보통 사람들의 귀감이 됨을 물론이고 칭송을 받아 마땅하리라.

금화동산만 방문하고 곧바로 귀가하리라는 생각으로 떠났던 여정이었다. 한데, 처음 걸음 했으니 주위 한두 군데 구경하고 가라는 강권에 못 이기는 척하고 따라나섰다. 일행은 나와 '시와 늪' 배 회장을 비롯해 S 박사와 K 시인과 그리고 우연히 함께 자리했던 K 박사(모 대학 상담심리학 교수) 등 다섯이었다.

먼저 송해공원(대구광역시 달성군 옥포읍 기세리)를 찾았는데 그 유래이다. '송해' 선생 고향은 이북이고 사모님 고향이 이 동네란다. 이런 인연에서 사모님 고향에 당신의 공원을 만들었으며 선생님에 대한 자료를 전시할 송해기념박물관 건축이 마무리 단계라는 얘기이다. 한편 별세하시면 이곳 향리에 묻히신 사모님 옆에 당신도 영면에 드실 예정이란다. 공원 입구는 요즘 국화 화분 몇 천 개로 장식되어 있고 수백 대의 차가 동시에 주차할 수 있었다. 한편 공원은 옥연지(玉淵池)라는 넓고 너른 저수지를 중심으로 그 둘레길과 부대시설로 구성되어 있었다. 저수지 물 위로 가설된 교량을 따라가면 왼쪽에 물레방아 모형이 나타나고 좀 더 걸으면 백세정(百歲亭)이다. 한편 백세정 정면의 왼쪽으로 수면 위에 분수와 오른쪽으로 커다란 보름달이 떴다. 이 분수와 보름달은 밤에 조명이 비치면 오색찬란한 쇼(show)를 벌이는가 하면 휘영청 밝은 보름달로 변신한단다.

또한 보름달 뒤 저만큼 떨어진 곳엔 네덜란드풍의 풍차 하나가 하릴없이 졸고 있었다. 사방을 둘러보다가 백세정을 뒤로하고 왼쪽으로 발길을 옮기면 산기슭 산책로인 데크(deck) 길에 다다른다. 우리 일행은 오른쪽으로 1km쯤 걷다가 야트막한 오르막 산길로 올라가서 일제 강점기 금을 캐던 금광의 흔적인 굴을 관광시설로 개발한 곳을 둘러보고 입구로 돌아와 다음 목적지로 옮겼다. 공원의 주가 되는 옥연지의 둘레길을 한 바퀴 돌아보려면 대충 2시간 남짓 소요된다는 귀띔이었다. 또한 공원 옆을 가로지르는 도로변엔 모 방송 '미스터트롯'이라는 프로그램에서 3위를 했던 '이찬원'의 부모가 운영하는 카페가 있었다. 여기에 찾는 관광객이 하도 많아 커피 한잔 마시려면 장시간 줄을 서서 기다려야 한다고 해서 아쉽지만 그냥 지나쳤다.

두 번째로 화원유원지와 사문진나루터를 찾았다. 유원지 한쪽이 나루터로서 그 옛날엔 부산 쪽에서 뱃길로 물건을 싣고 와서 이곳 사문진에서 하역하여 대구로 물자를 공급했던 것 같다. 조용하고 숲이 잘 가꿔져 매우 인상적이었다. 이 유원지가 오래되었다는 사실을 증명하는 하나가 유원지의 나루터 쪽에 자리 잡은 노거수(老巨樹)인 팽나무가 웅변하고 있었다. 여기 사문진나루터는 "한국 최초의 피아노 유입지였던 사문진나루터"라는 비문이 오석(烏石)에 새겨져 있어 인상적이었다. "1900년 3월 26일 대구지역 교회로 부임했던 미국 선교사 사이드보탐 부부가 한국 최초로 피아노를 낙동강 배편으로 실어와 이곳 사문진나루터로 들여왔고 대구 종로(지금의 약전골목)에 있던 자신의 숙소까지 운반하였다. 이때 피아노를 운반했던 마을 사람들은 피아노를 '귀신통'으로 불렀다……"는 내용이다. 지난 1960년대 초까지는 인근 초중고교 학생들의 봄가을 소풍 장소였으며 주위는 온통 논밭뿐이었다고 K 박사가 알려줬다. 여기에서 그 유명한 대구의 소고기국밥과 부추 전(煎) 그리고 막걸리 한 잔으로 일정을 사실상 마무리 지었다.

잠깐 다녀오리라는 예상과 달리 뉘엿뉘엿 해가 사산 마루로 넘어가고 땅거미가 드리워질 무렵에 귀갓길에 올랐다. 화원에서 조금 떨어진 낙동강 건너 고령에 거주하는 K 시인의 집에 들러서 공예작업실 겸 집필실에서 오랜 기간 창작했던 작품과 수집품들을 대충대충 감상했다. 그런 뒤에 중부내륙고속도로로 접어들어 내서 나들목을 빠져나와 집에 도착한 게 저녁 8시 조금 지난 시각이었다. 우리 집까지 나를 태워주고 돌아간 배 회장이 온종일 운전기사 노릇을 자청해줘 무척 고맙기도 하고 한편으론 송구했다.

(2021년 10월 21일 목요일)

언제 이리도 어엿하게 성장했을까?

자정을 넘긴 시각 막 잠이 들려는 찰나였다. 손주 유진이가 방문을 열고 들어서며 "할아버지 전등을 켭니다!" 했다. 잠옷을 찾으러 온 것으로 생각하고 그러라면서 눈이 부셔서 이불을 끌어다 뒤집어썼다. 옷을 찾는 대신 침대 머리로 다가오더니 조용히 운을 뗐다. "할아버지! 지금 할머니가 체해 토하고 있으니 가보세요!" 이 무슨 뚱딴지같은 말인가. 조금 전까지 거실 소파에 앉은 채 혼곤히 잠에 취해 비몽사몽의 꿈길을 헤매고 있었다. 흔들어 깨워 방으로 들어가라고 이른 후에 내 방으로 왔는데 도저히 믿기지 않았다. 서로 다른 방으로 향하면서 "내일 아침 7시에 유진이를 깨워 외출 준비 마치고 예약한 치과 진료를 위해 서둘러 집을 나서야 한다"라는 얘기까지 덧붙였었다.

놀라 한걸음에 안방으로 달려갔다. 아내는 화장실에서 토하고 있었다. 문을 잠갔기 때문에 하염없이 서성이며 잠자코 지켜보는 게 내가 할 수 있는 전부였다. 일다경쯤 지나서 밖으로 나왔다. 어찌 된 영문인지 물었다. 저녁을 먹고 잔뜩 웅크리고 앉아 수를 놓다가 졸음을 이기지 못해 소파에서 깜빡 잠이 드는 과정에서 재수 없이 급하게 체한 것 같다는 얘기였다. 잠자리에 들기 위해 나와 헤어져 방으로 들어가는데 갑자기 심하게 어지럽고 울렁거리더란다. 서둘러 소화제와 활명수를 찾아 먹었음에도 진정되지 않아 토했단다. 두세 차례 토한 뒤에 다시 약을 먹고 나서 나와 유진이가 번갈아 가면서 등을 두들겨 주었다. 애석하게도 진정될 기미를 보이지 않더라고 했다. 어찌 되었든 그 이후 밤이 새도록 자다 깨기를 반복하며 옆에 누운 아내의 기색을 살펴도 크게 괴로워하거나 화장실을 들락거리지 않아 그나마 다행이었다.

유진이가 말했다. 오늘 밤엔 할머니 옆을 지키며 보살피라면서 제 베개와 이불을 들고 원래의 자기 방에서 잘 것이라는 말을 남기고 총총히 사라졌다. 조금 뒤에 내 이불과 베개를 들고 와서 평소 자신이 자던 자리에 놓고 나갔다. 아이의 숨겨진 속내를 정확히 헤아릴 재간이 없어 무척 궁금했다. 그렇다고 늦은 시각에 쫓아가서 미주알고주알 캐볼 계제도 아니었다. 좀이 쑤셨지만 내일 아침 조용히 물어보기로 작정했다. 어쩌면 자기가 할머니 시중을 드는 쪽보다 내가 더 살뜰하게 보살펴 줄 것으로 생각한 게 아닐까 싶었다. 그럴지도 모른다는 생각에 이르자 기특하기도 하고 어른스러운 행동이 무척 미덥고 뿌듯했다. 비록 우리 내외를 위에서 내려다볼 만큼 훌쩍 자랐을지라도 모든 면에서 아직은 어리다고 생각했다. 그런데 어른을 한 수 가르쳐 줄 정도로 꽉

찬 멀쩡한 생각과 칠칠하고 올곧은 행동은 무엇을 함축할까.

지금의 집으로 이사 와서 곧바로 유진이 잠자는 방을 따로 배정했었다. 갓난아이 시절부터 이전에 살던 집까지는 우리 내외와 같은 방을 사용해 왔다. 그런 습관에 길들여진 까닭이었을까. 제방에 혼자 자는 게 내키지 않았던지 툭하면 밤중에 이불과 베개를 들고 우리 부부 사이로 파고들어 잠들었던 게 부지기수이다. 그같은 행동을 지속해 지난해 늦봄부터는 아예 제 할머니와 함께 자도록 했다. 그 대신에 내가 유진이 방에서 자고 있다. 그런 까닭에 녀석이 우리 내외가 딴 방을 쓰도록 생이별을 시킨 원흉인 셈이다. 은근슬쩍 간을 보기도 한다. "언제 네 방으로 돌아갈 것이냐"라고. 그럴 때마다 느물대며 "앞으로 2~3년 뒤"라고 대답했다. 그럴지라도 눈치를 준다거나 미울 리 없다. 그를 핑계로 나 혼자 오붓하고 안락한 잠자리를 은근히 즐길 수 있지 않은가.

느긋한 토요일인데도 아침 일찍 깨웠다. 예약된 치과 진료를 마치고 곧바로 학원에 보내야 하기에 서둘러 채비를 마친 뒤에 뭐라도 간단히 요기라도 시켜야 했다. 병원에 갈 채비를 하고 바나나와 우유 따위를 대령할 때였다. 어젯밤 평소처럼 할머니 옆에서 자지 않고 나와 잠자리를 바꿨는지 물었다. 그 이면엔 명확한 두 가지 이유가 있었다. 그 첫째는 체해서 토하는 과정서 경험했던 트라우마 때문이었다. 유진이가 초등학교 저학년 때 고열로 신음하다가 잠자리에서 급히 토했던 적이 있다. 손쓸 겨를이 없이 벼락 치듯이 이불과 방바닥에 심하게 토했을 때 할아버지인 내가 맨손으로 쓸어 담으며 치우던 끔찍한 기억이 아직도 또렷하단다. 자신은 그와 비슷한 상황에서 그렇게 할 자신이 없었다고 했다. 그럴 때 능숙하게 처리할 수 있는 내가 할머니 옆에 있어야 한다고 판단했다는 얘기였다. 다른 하나는 위급한 돌발 사태가 발생하면 맹탕인 자기보다는 다양한 체험을 한 어른이 훨씬 효과적으로 대처하리라는 판단에서 취한 행동이었다는 실토였다. 덩치만 산처럼 컸지 생각은 구상유취하다고 여겼던 선입견을 일거에 불식시켰다. 그렇게 꽉 찬 행동에 많은 생각을 거듭하게 만들었을 뿐 아니라 언제 저리도 어른스럽게 성장했는지 신통방통했다. 이제 겨우 중학교 2학년일 뿐인데.

자신의 배가 고프면 함께 자리한 식구들의 눈치 보지 않고 허겁지겁 먹어대는 자기중심적인 버릇을 비롯해 김치찌개에서 돼지고기만 골라 먹는 행동이 마뜩잖아 잔소리를 늘어놓기도 한다. 그런가 하면 외출 시에 툭하면 슬리퍼를 신고 나서는 따위가 눈에 거슬려 말참견을 한다. 이런 지적이나 간섭이 예순둘이라는 나이 차이에서 어쩔 도리 없이 생기는 조손의 세대 차 현상으로서 '꼰대'*짓은 아닐까. 그렇지만 또 다른 측면에서는 분명 내 기대를 훨씬 압도하는 어엿한 도령으로 우뚝 성장한 모습이 오늘따라 듬직해 흐뭇하기만 하다.

* 꼰대 : 꼰대는 원래 아버지 혹은 교사 등 나이 많은 남자를 가리켜 학생이나 청소년들이 쓰던 은어였다. 그런데 오늘날에는 구태의연한 자기의 사고방식을 타인에게 강요하며 꼰대 짓(기성 세대가 자신의 경험을 일반화하여 젊은 사람에게 어떤 생각이나 행동 방식 따위를 일방적으로 강요하는 행위)을 하는 직장 상사나 나이 많은 사람을 지칭하는 말로 변형된 속어이다.

(2021년 6월 19일 토요일)

장맛비가 멎은 사이 잽싸게 등산

며칠 만에 산에 다녀왔다. 대충 나흘 동안 내리는 장맛비에 꼼짝없이 집에 발이 묶였었다. 오늘 새벽 인시(寅時) 무렵까지 비가 계속 내렸었다. 요기 수준으로 아침 식사를 마칠 무렵 구름 속에 묻혀있던 해가 반갑게 얼굴을 드러내며 뜨겁게 비쳤다. 한쪽 하늘엔 여전히 구름이 짙게 드리워져 있었다. 그런 상황임에도 모처럼 밝은 햇살이 마냥 좋아 정신을 빼앗겼다가 불현듯 산에 가야겠다는 충동이 일었다. 서둘러 등산복을 차려입고 등산모까지 꼼꼼하게 챙겼다. 장맛비로 습기가 많다는 사실을 간과하고 손목까지 내려오는 등산복 차림으로 나서는 어리석음을 깨닫지 못한 채 나선 길이었다.

잠시 장마 전선이 먼 남녘의 남해상으로 내려갔나 보다. 아파트 정문을 지날 무렵부터 밝게 비추던 햇살이 슬그머니 사라지면서 하늘엔 검은 구름이 느릿느릿 몰려드는 게 미덥지 못해 불안했다. 그래도 집을 나섰다가 곧바로 귀가하는 처사는 체면의 문제라는 생각이 들었다. 중도에 소나기라도 내리면 미련 없이 되돌아올 요량으로 산 쪽을 향해 걸었다. 며칠 계속된 장마로 습기가 많아진 데다가 기온 또한 높아서 마스크를 쓰고 걷자니 숨이 막혀 헉헉댔다. 하지만 어쩌랴. 스스로 자초한 자업자득인데 어찌 수원수구(誰怨誰咎)*하리오.

장맛비가 잠시 멈칫하는 틈에 최대한 빨리 다녀올 생각에서 채비를 서둘 때 옆에서 잠자코 지켜보던 아내가 무심코 툭 던진 말이다. 지속해서 장맛비가 내려 등산로가 질척일 터인데 새 등산화 버리면 어떻게 하느냐는 어처구니없는 걱정을 보냈다. 길바닥이 질척여 자칫 잘못해 미끄러져 넘어져 다치면 어떻게 하느냐는 애정 어린 걱정과는 괴리가 있었다. 지금의 등산화는 지난달 화성(華城)에 사는 생질서(甥姪壻)가 선물로 보내준 것으로 여느 제품과는 달리 고급이라서 마구 신기에 다소 신경이 쓰이기도 한다. 그럴지라도 아내는 하나뿐인 지아비를 걱정한 게 아니라 값이 수월찮은 신발이 망가질 개연성이라는 이유로 말참견을 하며 껴들었던 것이었다. 어쩌다가 등산화보다 후 순위로 밀려나는 옹색한 처지로 전락했을까.

등산로 초입을 지나 맞닥뜨리는 첫 번째와 두 번째 깔딱 고개를 치고 올라가 한전의 송전탑에 이르렀다. 그런데 긴 팔의 윗옷이 땀으로 흠뻑 젖어 몹시 흉한 몰골이었다. 게다가 집에서부터 착용했던 마스크에서도 물이 줄줄 흘러내려 어쩔 묘수가 없어 벗어 들어야 했다. 그렇다고 마스크를 헌신짝 버리듯 무조건 버릴 계제도 아니었다. 물론 이미 두 달 전에 화이자 백신 2차 접종까지 마쳤다. 당국의 방침대로 백신을 접종했을지라도 남들과 스쳐 지날 때는 체면치레라도 다시 쓰는 시늉이라도 해야 하기 때문이었다. 한편 두 번째 깔딱 고개에 다다르기까지 주위의 풍경은 평소와 별반 다를 바 없었다.

두 번째 깔딱 고개 마루인 한전 송전탑에서부터 산꼭대기 능선으로 이어지는 정상까지의 정경은 완전히 신선의 세계를 떠올리게 했다. 하늘엔 검은 구름이 계속 모여들어 짙게 드리워져 온통 운해의 장관을 펼쳐 불과 몇 미터 밖이 잘 분간되지 않았다. 마치 꿈을 꾸는 듯한 분위기가 괴괴함을 지나 으스스하기까지 했다. 그렇다고 해도 몽환적인 분위기가 싫지 않아 자분자분 걸으며 즐겼다. 그런 까닭에 정상까지 묵묵히 걸어야 하는 한식경 정도는 오로지 조붓한 길과 양편에 병정들이 사열하듯 늠름하게 늘어선 나무와 구름만 존재하는 듯한 환상적인 길을 걷는 것 같은 특별한 체험을 했다.

오늘 아무리 덥고 힘겨워도 두 가지 운동은 빠뜨리지 않고 꼬박꼬박 챙겼다. 그 하나가 등산로 초입의 임도에 자리한 전신 근육운동 기구를 이용한 양팔을 좌우로 돌리기 210회이다. 다른 하나는 산 정상에 있는 운동 기구를 이용하여 몸을 거꾸로 매달려 버티기를 하는 운동이다. 이들을 통해 오십견(五十肩)이나 어깨 고장을 막고 튼튼하지 못한 허리와 협착증에 도움이 되리라는 판단에서 심혈을 기울여 몰두해 오고 있다.

장맛비가 며칠 동안 지속하였음에도 등산로는 물 빠짐이 좋은 토질 때문인지 수렁처럼 질척이는 구간이 거의 없어 다행이었다. 이 길의 대부분이 울창한 나무 밑으로 이리저리 구불구불 뚫려 있다. 그 때문인지 평소에는 길바닥에 낙엽이 쌓여 카펫을 깔아놓은 비단길처럼 푹신해 좋았다. 한데, 이번의 장마로 군데군데 절반쯤은 씻겨 내려가 살짝 아쉽다는 생각이 들었다. 그동안 산을 찾지 못했던 애호가들은 좀이 쑤셨던가. 오늘 오르내리는 길에서 스쳐 지났던 등산객이 자그마치 여남은에 이르렀다.

등산을 마치고 집에 돌아왔을 때 거울에 비친 내 모습을 곧이곧대로 말하면 물에 빠진 생쥐 꼴이었다. 그래도 장맛비가 멈칫한 순간 도둑질하듯 잽싸게 산에 다녀온 게 엄청 뿌듯했다. 아주 오랫동안 애정을 쏟아온 노정으로 별다를 게 없으련만 왜일까. 지금 오늘의 등산 내용을 정리하는 순간 창밖에는 주춤했던 장맛비가 소나기처럼 마구 쏟아지기 시작한 지 오래다. 분명히 장마는 장마인가 보다. 이 순간 하늘이 우르릉 쾅쾅대 두렵기도 하다. 이 상황에 못 된 죄를 지은 적이 없는지 곰곰이 되새겨보는 현명함이 필요한 게 아닐까.

* 수원수구(誰怨誰咎) : 누구를 원망하고 누구를 탓하겠느냐는 뜻으로 남을 원망하거나 탓할 것이 없음을 이르는 말이다.

(2021년 7월 8일 목요일)

숨김없는 삶의 증적이며 진솔한 흔으로 건져낸 나의 단면

Ⅵ. 부엉이 소품

부엉이 소품
김장 모습이 자취를 감췄다
지난 다이어리를 들추다가
표사(表辭)를 쓸 때
책을 펴내는 마음
천역의 터널 끝을 기대하며
나의 롤 모델 L 박사
우리말 겨루기와 J 여사
장관을 그리도 하고플까
정지용문학관을 다녀와서
아흔넷에 책을 펴내시는 열정
과거제도 엿보기

부엉이 소품

　우리 집 유일한 장식장엔 오종종한 부엉이 소품(장식품)이 옹기종기 갇혀 있다. 모두 스무 개 남짓한데 높이가 5~15cm 정도로 아내가 바깥나들이 길에 시나브로 사 모은 것들이다. 부엉이에 집착해 모은 이유를 물어보지 않았다. 그동안 여러 차례 바깥나들이를 했어도 다른 것을 사 온 적이 전혀 없다. 띄엄띄엄 나들이 기회가 주어질 때마다 꾸준히 사 나른 전리품들인 셈이다. 여자들이 갖고 싶어 하는 백이나 지갑의 본고장에 가서도 그들은 거들떠보지 않는 성격이다. 돈이 되거나 예술성을 지닌 희귀품도 아니련만 지극정성으로 수집한 숨겨진 이유를 도통 모르겠다. 그렇다고 한 번에 여러 개를 샀던 적이 없다. 발길이 닿았던 나라에서 눈에 띌 때마다 구매했던 추억의 흔적으로 자리매김할 수 있겠다.

　이름표가 붙었거나 원산지 표기가 되었을 리 없기에 어느 나라 제품으로 언제 구매했는지 정확히 펠 수 없어 보인다. 언젠가 무료해 거실을 어정대다가 그들 부엉이와 몇몇 다른 소품들에 대한 이력을 아내에게 물었던 적이 있다. 그런데 참으로 국적이 다양했다. 인도와 중국 베트남과 싱가포르, 인도네시아와 캄보디아를 위시해서 태국 등의 동남아와 스페인, 이탈리아, 프랑스, 독일, 스위스, 그리스, 터키, 체코, 헝가리, 오스트리아, 이집트, 포르투갈, 이스라엘 등의 유럽이었다. 한편 똑같은 부엉이임에도 불구하고 나라에 따라 조금씩 다르게 만들어졌으며 재질은 대나무, 나무, 물소 뿔, 돌, 유리, 돌가루, 도자기, 동, 주석 따위로 무척 다양했다.

부엉이 외에도 꽤 잡다한 소품들이 함께 진열되어 있다. 한데, 그림을 전공한 아내의 안목을 감히 폄하하는 것 같아 얘기를 입에 담는 게 상당히 조심스럽다. 누군가에게 그들을 통째로 넘겨줘도 탐탁하지 않아 곧바로 버릴 것만 같은 잡동사니를 겨우 면할 제품이 대부분이다. 현재 어림잡아 5, 60개가량 기념품이 진열되어 있다. 내가 사 왔던 것은 인도네시아 제품인 목각 하나와 소비에트 연방이었던 아제르바이잔 수도인 바쿠(Baku) 방문길 (1986년)에 샀던 흙으로 만든 성모마리아 상이 전부였다. 그들이 오늘날처럼 진열될 것을 예견했다면 적지 않은 바깥나들이 길에 부지런히 사 날랐을 터인데 한편으로 살짝 아쉽다.

오늘날 부엉이는 명예·부·권력·지위·지혜 등을 상징하는 것으로 인식하고 있나 보다. 이 때문인지 부엉이 소품이 사랑을 받지 싶다. 그렇다면 어떤 속설이 긍정적인 믿음의 대상으로 자

리 잡게 하였을까. 우선 먹이를 닥치는 대로 물어다가 쌓아 두는 습성이 있단다. 이는 '재물을 상징'한다고. 아울러 '고양이 얼굴을 닮은 매'라는 뜻으로 묘두응(猫頭鷹)이라고도 불린다. 이 호칭에 포함된 '고양이 묘(猫)' 자(字)는 70세 노인을 의미하는 '늙은이 모(耄)' 자와 음이 흡사하다는 이유에서 '장수를 상징'한다고 믿는가 보다. 한자로 박쥐를 편복(蝙蝠)이라고 표기한다. 여기에 사용되는 '박쥐 복(蝠)' 자가 '복 복(福)' 자와 음이 같다는 이유에서 '박쥐가 복을 상징하는 의미로 통용'되는 것과 같은 맥락이다. 또한 일본의 아이누(Ainu : アイヌ)족은 사냥의 신으로 섬겼다고 한다. 그런가 하면 해리 포터 시리즈(Harry Potter Series)에서 마법사들의 애완동물인 동시에 마법의 전령으로 묘사되고 있다.

긍정적인 의미로 통용되는 오늘에 비해 그 옛날엔 부정적인 의미가 상당히 많았던 것 같다. 민속에서는 한밤중에 우는 부엉이 소리는 죽음을 상징해 부엉이가 동네를 향해 울면 그 동네에서 상(喪)을 당한다는 속설이 전해진다. 한편 그 옛날 향가(鄕歌)에 부엉이가 언급되는데 "여자들은 아름다울지 모르지만, 부엉이 짓을 한다"라고 언급한 것으로 알려졌다. 여기서 '부엉이 짓'이란 '사내에 대한 욕구가 크기 때문에 사내를 유혹하려 든다는 삐딱한 시각의 행위'를 '남의 눈에 잘 띄지 않는 밤에 소리 없이 먹잇감을 낚아채는 부엉이에 비유'하는 비하의 표현이라는 조심스러운 전언이다. 또한 동양에서는 어미를 잡아먹는 불효조(不孝鳥)로 인식되기도 했다. 그 외에도 남미와 멕시코 등에서는 '죽음과 파괴의 상징'으로 여겼다는 얘기이다. 아울러 중동과 아프리카 일부에서는 '매우 불길한 새로 여겨 부엉이가 나타나면 누군가가 곧 죽을 것이라고 여겼다'라는 얘기 따위가 부정적인 견해의 예다.

부엉이는 올빼밋과의 솔부엉이, 쇠부엉이, 수리부엉이, 칡부엉이 등을 통틀어 지칭하는 말이다. 이들은 야행성이거나 박모성(薄暮性)*이 많으나 쇠부엉이처럼 낮에 활동하는 종(種)도 있다는 귀띔이다. 한편 전 세계에는 23속(屬) 130여 종(種)이 서식한다는 보고이다. 그들 부엉이 소품을 사 모은 것은 여러 나라로 문화와 전통이 다르고 인종이 모두 다름에도 공통점을 발견할 수 있었다. '동그란 눈이 튀어나올 것처럼 부리부리했고 두 귀가 쫑긋한 모습'은 부엉이의 특징을 한 치도 어긋남 없이 콕 집어내 판박이로 찍어낸 것처럼 만들었다는 게 믿기지 않을 정도로 신기했다. 이런 연유에서 문화나 종교와 민족이 다른 상황의 환경에서 삶을 꾸릴지라도 사물 인식 수준이나 표현 방법에는 별 차이가 없나 보다. 한편 오늘날 부엉이는 주로 밤의 상징으로 묘사된다. 다시 말하면 귀뚜라미 소리와 함께 부엉이 울음소리는 밤이 이슥해졌음을 암시하는 분위기를 나타내는 수단으로 쓰이기도 한다.

* 박명박모성(薄明薄暮性) : 동물이 대부분 박명(황혼 또는 여명)에 활동하는 성질을 이른다. 그러므로 주행성(晝行性)과 야행성(夜行性)과는 구별된다. 그러나 간혹 박명박모성 동물이 날씨가 흐린 주간이나 달 밝은 야간에 활동하는 경우도 있기 때문에 이 구분은 절대적인 것이 아니다.

(2021년 11월 10일 수요일)

김장 모습이 자취를 감췄다

애써 기억을 되살려 더듬어도 아리송하다. 어렴풋하지만 우리 집에서 김장하는 풍경이 사라진 게 십 년은 훌쩍 넘었지 싶다. 그 언제부터였던가 확실치는 않다. 멀리 사는 여동생들이 김장하면서 한두 상자(box)씩 택배로 보내주면서 우리 집에는 슬그머니 김장이 사라졌다. 올해도 어김없이 동생들과 누님이 쌀이랑 고구마와 김치 따위를 잔뜩 보내와 풍년을 맞은 가을걷이 마당처럼 그들먹하고 풍요로워 부자 곳간이 부럽지 않다.

올해 여든넷인 작은 누님이 쌀 한 포대(40kg)를 보내오셨다. 참으로 송구스러운 쌀이다. 허리가 직각일 정도로 굽은 누님은 직접 농사를 지었던 적이 없는 분이다. 내년 봄쯤인가 정년퇴직하는 생질(甥姪)이 퇴임 후에 소일 삼아 농사를 지어보겠다고 미리 장만했던 논에 일꾼들에게 꼬박꼬박 노임을 지급하고 농사지은 알토란같이 귀한 쌀이다. 그러니 영농 경비 한 푼도 보태지 않은 터수에 사양하지 않고 덥석덥석 쌀을 받기에 몹시 민망할 따름이다.

바로 내 밑의 여동생은 올해 고희로 농사를 짓고 사는데 밭농사만 한다. 벼(쌀)농사는 수지타산이 맞지 않아 아예 짓지 않는다. 그렇기에 매년 가을이면 밭에서 거둬들인 소출들을 잊지 않고 보내온다. 올 초가을 선친의 제사 무렵에 여러 가지를 택배로 보내왔다. 한편 며칠 전에는 김치 한 상자를 보내며 배추 농사가 시원찮아 조금 부쳤다면서 되레 미안해했다. 아무것도 보답하지 못한 채 주는 대로 넝큼넝큼 받아먹기만 하는 내가 되레 송구해서 허둥대며 말을 돌려대느라고 혼났다.

고향에 부모님에게 물려받은 밭뙈기 하나가 있다. 선친이 별세하신 뒤 몇십 년 동안 내 이름으로 날아오는 고지서에 따라 세금을 꼬박꼬박 내며 상속이 완료된 것으로 믿었었다. 몇 년 전에 우연히 선친 명의로 남아있음을 인지하고 부랴부랴 사후상속을 받았던 밭이다. 대전에 사는 막내여동생이 주말농장 삼아 무언가를 심고 가꿔보겠다고 작심한 지 4년째인가 보다.

평소 생업에 모두걸기(all in)하다가 주말에 틈을 내 가욋일인 농사에 몰두하는 게 쉽지 않을 터이다. 게다가 형제자매 중에서 막내라고 하지만 올해 예순다섯인데 승용차로 40~50분 달려가 농사에 매달린다는 게 호락호락하지 않으리라. 지난 음력 7월 그믐 무렵 조상의 벌초 길에 지나다 보니 묵정밭인지 아니면 작물을 경작하는 농경지인지 구분하기 힘들 지경으로 잡초가 웃자란 모습을 보고 몹시 심란했었다. 매일 밭에 나가 김을 매고 가꾸며 정성을 쏟아야 제대로 된 밭 모습을 띨 터이다. 그런데도 가뭄에 콩 나듯이 한 번씩 들려 돌볼 뿐이기 때문에 그 정도일지라도 다행이라는 생각이 들기도 했다.

잡초가 무성했던 묵정밭에서도 고맙게도 배추가 자라고 고구마가 제대로 여물었던가 보다. 얼마 전에는 그 밭에서 수확한 '달랑 무'로 담은 총각김치 한 통과 고구마 한 상자를 보내왔었다. 한편 어제는 수확한 배추로 담근 김치라며 2박스를 보내왔다. 나의 하루 한 끼 식사는 고구마가 주식이기 때문에 그 많은 고구마는 결국 내 뱃속을 거쳐 자연으로 돌아가 지금은 그 흔적조차 찾을 길이 없다.

외아들이었던 때문일까. 서울에서 시작했던 신접살이 때부터 된장과 고추장은 어머님께서 주시는 것으로 먹고사는 게 당연하다고 여겼다. 김치는 서툴지라도 아내가 자급자족해 왔다. 그런 때문에 가정을 꾸리고 지금까지 따로 된장이나 고추장을 담았던 적이 없다. 어머님이 유명을 달리한 이후는 누님이나 동생들이 보내주어 아무런 불편이 없었다. 결국 아내 처지에서는 어머님이 명을 달리하신 이후에 장류는 손위와 아래의 시누이들에게 의존해 왔다. 하지만 김장은 예전처럼 스스로 해결해 왔는데 언제부터인지 김장까지도 완전히 시누이들에게 의존하는 처지가 되었다. 또한 시누이들이 보내준 김치가 바닥난 여름철엔 백화점에서 사다 먹기 때문에 아내가 직접 담는 경우는 한 해에 기껏해야 한두 차례 구경할 수 있었다.

아무리 낯이 두꺼워도 매년 장류와 김장을 넙죽넙죽 받아먹기 민망하고 쑥스러운가 보다. 그 택배를 받을 때마다 고희의 중반에 접어든 아내가 정중하게 전화해 고마움을 표했다. "이제 내가 김장할 터이니 보내지 말라"라고. 동생들의 한결같은 대답이었다. "언니! 건강도 그렇고, 나이도 적지 않으니 한 살이라도 젊은 우리가 김장할 때 조금 더 해서 보내줄 터이니 잠자코 받아 맛있게 드시라"라는 대답이 돌아왔다. 이런 관계는 아내에게 내린 인복이라고 생각하니 공연히 흐뭇하기도 했다. 짐짓 무관심한 척 내색하지 않고 옆에서 조용히 지켜보며 '흔치 않은 올케와 시누이 관계'가 싫지 않다.

한편으로 생각하면 아쉬운 점이 있다. 흔히들 가정마다 장맛과 김치 맛은 고유하다고 얘기한다. 그렇다면 우리 집의 고유한 장맛과 김치 맛은 어떤 걸까. 누군가 묻는다면 '출가한 지 40~50년 가까이 된 여동생들의 손맛이 진정한 우리 집 맛일까'. 아니면 '하루에도 수백 톤(t)씩 김치를 생산하는 공장의 맛일까'. 어떻게 대답해야 할지 헷갈린다. 아무려면 어떠랴. 띠앗인 동기간의 마음 씀씀이가 도탑고 껄끄럽다는 '시누이와 올케' 사이에 정의 징표를 지켜보는 것 또한 행복의 누림이지 싶다.

(2021년 11월 18일 목요일)

지난 다이어리를 들추다가

'그날그날 겪은 일이나 생각, 느낌 따위를 적는 장부'가 다이어리(diary)이다. 사회생활의 첫발을 내디디면서부터 매일 겪거나 했던 일이나 생각을 간단히 적바림해 왔었다. 그 귀한 기록들을 잦은 이사 과정에서 짐이 늘어나는 게 부담스럽다는 이유에서 미련 없이 버렸나 보다. 불행 중 다행일까. 어쩌다가 예순이 되던 해(2004년)부터 올해까지 열여덟 동안의 것은 이삿짐 꾸러미에 섞여 있다가 지금은 서가 한쪽에 줄줄이 꽂혀있다. 천덕꾸러기처럼 외면해 오다가 우연히 눈길이 끌려 엉거주춤 쭈그리고 앉아 징검다리 건너뛰듯 듬성듬성 넘기며 지난 세월의 흔적들을 들춰보니 신기했다.

잊고 지냈던 세월의 판도라 상자가 열린 듯싶었다. 깨알같이 적바림된 사연을 통해 그때 내가 무엇을 하고, 어떤 생각이나 느낌을 지녔으며, 누구를 만났던가를 회상시켜 주는 마법의 요술

방망이 같았다. 그 일부와 오랜만의 조우는 까마득하게 잊고 지내던 지난날을 소환했다.

  2004년 2월 10일 이웃과 어울려 나섰던 나들이 얘기이다. 나는 어떤 종교의 교적도 가진 적이 없다. 어찌어찌하다가 아내의 성당 교우 부부 3쌍과 우리 내외가 함께 떠났던 경주여행에 대한 기록이다. '경주(성당팀) 부부 동반 여행'이라고 적혀있다. 아울러 2012년 9월 3일의 일상에 대한 메모이다. 동네 이발소에서 이발하거나 구두 수선소에서 뒤 굽갈이와 광택을 내는 소소한 하루의 단면을 넌지시 엿볼 수 있는 대목이다. '이발 8,000원. 구두 뒤 굽갈이와 광택 6,000원'으로 적혀있다. 지난 1992년에는 이발비가 3,000원이었는데 그 당시는 8,000원이었다. 세월 따라 그동안 5,000원이 오른 셈이었다.

  2006년 1월 20일 신의 축복인 경사의 축약이다. 큰며느리가 손주 승주를 출산한 사실을 메모한 내용이다. "*○○이가 출산(미래산부인과). pm 4:22분(申時) 사내아이 *그러므로 내가 할아버지 된 날이다(昇周)"라고 메모되어 있었다. 한편 2007년 4월 23일의 또 다른 축복 얘기이다. 작은아들이 캐나다에서 득남했음을 요약 정리한 내용이다. "캐나다 밴쿠버에서 치훈이 득남(裕振) am 7시 34분(辰時)"으로 기록되어 있다.

  2015년 9월 22일의 일과 중의 몇 가지 예이다. 손주 유진이 구몬 학습비, 신문구독료, 재산세 따위를 은행의 ATM(Automated

Teller Machine)으로 납부했음을 정리한 내용이다. 이는 일반적인 시민들이 공과금을 납부하는 행태의 민낯이기도 할 터이다. "구몬학습(10월분) 66,000원, 동아일보(9월분) 15,000원, 재산세(서울) 1,116,520원, 재산세(금산) 19,340원"을 납부했다는 내용이다. 또한 2015년 11월 13일 외지를 다녀왔음을 추측게 하는 내용이다. '마산~대전 고속버스 승차표(현대카드) 19,400원, 대전~마산 시외버스 13,700원'이었다. 이는 대전에 다녀왔음을 유추할 수 있는 내용으로 당시의 고속버스와 시외버스 요금의 단면을 엿볼 수 있는 대목이지 싶다.

2016년 3월 7일의 우울하고 심각했던 변고에 대한 간추림이다. 내게 가벼운 뇌졸중이 지나가면서 발생했던 위험한 고비를 간단히 정리한 내용이다. 'PM 1:30~7:00 정도까지 블랙아웃(Black Out) 현상 발생함(심각했음)'이라는 내용이었다. 아울러 2018년 9월 23일의 등산 얘기이다. 손주 유진이는 어려서부터 밤낮을 가리지 않고 등산을 즐겼다. 그 흔적을 엿볼 수 있는 대목이다. 동네 뒷산인 청량산 정상을 오르내리기 시작해 101번째 다녀온 날의 메모이다. 대략 왕복 10km 남짓한 코스로 어린 유진이와 쉬엄쉬엄 다녀오려면 줄잡아도 3시간 안팎이 소요되었다. "유진이 청량산 101번째 등정(밤 몇 톨 주었음)"이라고 적바림되어 있었다. 끝으로 2020년 1월 29일 아내의 담낭(쓸개) 절제 시술로 무겁고 힘들었던 사건이었다. 아내가 담낭에 커다란 담석이 3개나 생겨 담낭 절제 시술했던 내용의 요약이다. '오전 11:00~11:40 아내 담석 절제 시술(레이저 시술). 강낭

콩 크기 정도의 담석 3개 때문에 시술함'이라고 담담히 메모되어 있었다.

다이어리를 통해서 내가 매년 몇 편 정도나 수필을 썼었는지 살펴볼 수 있었다. 다이어리가 보관되기 시작한 첫해(2004년)부터 올해까지 한 해를 제외하고는 모두 다이어리에 일련번호를 붙이고 수필 제목을 정리해 두었기 때문에 가능했다. 그 실상이다. 2004년 수필 57편, 2005년 78편, 2006년 62편, 2007년 미상(未詳 : 다이어리가 포켓용이라서 기재할 여백이 없어 적바림하지 않음), 2008년 52편, 2009년 49편, 2010년 33편, 2015년 88편 등이었다. 이를 통해 미루어 짐작할 수 있는 것은 등단 이후 게으름을 피우지 않고 수필 쓰기에 매달렸던 증표이지 싶다.

돌이켜 보니 지난날 흔적을 꼼꼼하게 메모했던 다이어리를 미련 없이 버린 것이 무척 아쉽다. 까마득하게 잊고 지내던 지난날을 한 치의 오차도 없이 되살릴 유일인 증적을 헌신짝 취급했던 단견을 어떻게 이해해야 할까. 그동안 여러 차례 이사하였다고 하더라도 약간 신경 써서 별도의 꾸러미로 꾸려 챙기면 너끈했으리라. 처음엔 대충 훑어볼 심산이었다. 신기해서 여기저기로 넘겨볼수록 흥미진진한 옛일들이 꼬리를 물고 떠올라 손을 털고 일어서기 힘들었다. 시간 가는 줄 모르고 3시간 정도 뒤적이다가 다른 일이 있어 중단했다. 다음에 기회가 된다면 차근차근 제대로 살펴볼 요량이다. 불과 18년 전부터 현재까지 만으로도 무척 흥미로웠다. 사회에 첫발을 내딛던 반백 년 전부터의 생생한 흔적을 상고(詳考)*해 그를 토대로 일대기나 자서전을 쓴다면 억료(臆料)*할 일이 없어 진솔한 얘기를 펼치기에 넉넉했을 터인데 꽤 아쉽다.

특별할 것도 없는 보통 사람의 소소한 삶의 흔적들이 촘촘하게 적바림된 다이어리라서 시큰둥하게 여겼다. 하지만 거기에는 언제 누구를 만나 대화를 나누고 점심을 먹었으며 어디가 아파서 병원에 갔는데 진료비와 약값이 얼마였다는 따위의 시금털털한 사연이 일목요연하게 살아 숨 쉬고 있었다. 그런 진솔한 사연들이 여럿 모이면 도도한 사회적인 흐름이 되고 가치관의 편린을 또렷이 엿볼 수 있으리라는 맥락에서 더더욱 정감이 가는 적바림이요 흔적이었다.

* 상고(詳考) : 자세하게 다져서 참고하거나 검토함.
* 억료(臆料) : 근거 없이 제멋대로 추측함. 또는 그런 추측.

(2021년 6월 10일 목요일)

표사(表辭)를 쓸 때

 이따금 자의 반 타의 반 입장에서 '표사'를 쓴다. 이를 우리말로는 '표지 글'로 옮길 수 있겠다. 원래 '매체 표지에 실려 책을 소개하고 추천하는 글'이다. 이는 본문을 읽기 전 작품의 요점을 함축적으로 제시하며 안내하는 기능을 수행하는가 하면 독자의 마음을 사로잡아 매출을 높이는 역할도 한다. 책에서 뒤표지에 몇 줄로 새겨졌다.

 여태까지 주례를 얼추 백 번쯤 맡았었다. 제자들이 많았지만, 그중에는 친구나 지인들의 자녀도 꽤 많았다. 주례 전에 부모나 당사자들과 대화를 나눠보면 똑같은 경우가 없었다. 사람마다 지문이 다르듯이 모든 예비부부 개성이 뚜렷하고 판이했다. 이런 이유에서 주례사가 다를 수밖에 없었다. 물론 큰 틀에서 주례사 내용에 따라 몇 가지 갈래로 가름할 수 있으리라. 예를 들면 사제 간의 인연, 신랑 신부의 직업, 양가 부모님 얘기, 주례와 부모님의 관계 따위에 따라 내용을 몇 가지 부류로 나눌 수 있지 싶다. 주례사가 달라지듯 표사의 내용이 달라짐은 당연하리라.

  표사를 부탁받으면 어떻게 쓸 것인가 고민에 빠진다. 기초지식을 얻을 요량에서 대상 원고를 구해 여러 번 되풀이해 읽으며 기저에 살아 숨 쉬는 작가정신과 영혼의 소리를 올곧게 파악하기 위해 집중한다. 그런 뒤에 얼개를 구상하고 어떻게 풀어나갈 것인지에 대한 대강의 줄거리를 정한다. 그렇지만 그게 그리 간단치 않다. 왜냐하면 불과 몇 줄 내용에 작가정신이나 문학적 특징의 기술이 만만치 않기 때문이다. 하기야 촌철살인의 한 마디로 축약해 표현할 능력이 있다면 더 할 수 없이 좋을 게다. 유감스럽게도 능력이 턱없이 부족해 몇 줄의 글로 정리하는 게 여인네의 산고에 견줄 만큼 지난하고 힘듦은 어쩔 수 없이 어렵다. 최근에 썼던 예이다.

  올해 아흔넷에 이르신 Y 선생님이 펴내신 문집인 『낙수(落穗)』에 실린 내용이다. 흔히들 백세시대라고 해도 아흔넷이라는 연세까지 건강하게 수를 누리기가 쉽지 않다. 그런데 그 연세에 원고를 정리하여 책을 펴내신다는 것은 기적에 가까운 일로서 그런 경우가 매우 드물다. 일제 강점기에 태어나 건국 초기부터 후학 교육에 진력하시다가 교장 선생님으로 퇴직하셨을 뿐 아니라 독실한 기독교 장로로 삶을 누리신 큰 어른이다. 이런 맥락에서 작품의 내용이나 문학에 대한 성취의 관점이 아닌 시각과 가치관에서 쓴 것이다.

상수(上壽)를 앞에 둔 아흔넷이라는 연세에 지난 세월의 흔적을 소환해 책으로 펴내시려는 열정을 지켜보며 존경을 넘어 경이로워 어리둥절했다. 일생 교직(교장)에 봉직하시는 한편 독실한 기독교 신자(장로)로 하느님을 섬기는 삶을 사셨을 뿐 아니라, 망백의 언저리에서 늦깎이로 시인에 등단한 큰 어른으로 모두의 사표이며 길라잡이시다. 이런 당신의 일대기를 응축해 빚어낸 책을 통해 또 다른 가르침과 길을 일깨워 주실 것으로 믿어 의심치 않는다. 왕성한 노익장을 과시하는 성품을 흠모하며 무조건 닮고 싶다는 욕심을 잠재울 수 없다. 아울러 감히 말씀 올린다. "오래오래 강녕하셔서 미욱한 우리를 바르게 이끌어 주십사!"라고.

B 회장의 시집『바다가 보이지 않는다』의 내용이다. 시인은 꼬장꼬장하다고 평할 만큼 대쪽같이 청직하게 살아온 문인의 표상이다. 등단 40년에 이르는 이때까지 책으로 펴내지 않고 작품 활동에 전념해 왔다. 그러다가 삶터의 정년을 코앞에 두고 뒤늦게 처녀 시집을 출간할 정도로 자기 관리가 철저한 공인이다. 게다가 계간지 '시와 늪'을 창간한 발행인이며 '시와 늪 문인회장'이기도 하다. 오랫동안 묵혀둬 곰삭아 주옥같은 아람들은 사실의 묘사나 전달에 머물지 않는다. 이들은 단순히 이 시대의 아픔이나 문제 제기가 아니라 오늘을 사는 지식인의 고뇌를 승화시켜 작품에 녹여내고 있다. 격변기에 화자(話者)가 노래하는 작품에서 청자(聽者)들이 그 참된 정수를 올곧게 건져냈으면 하는 바람에서 이렇게 썼다.

배성근 시인은 천연기념물을 떠올릴 만큼 자기 철학과 사상의 범주를 엄격히 지키며 문학의 길을 매진했던 글쟁이로서 청직하게 살아온 대쪽 같은 문인의 표상이다. 그렇지만 차거나 모나지 않은 성품이기에 닮고 싶은 이웃 아저씨 같다. 그동안 시인이며 수필가인 동시에 계간지 '시와 늪'을 창간(2008)해 발행인과 '시와 늪 문인회장'을 역임해 오며 지역 문단 발전의 밀알로서 헌신해온 신사이며 멋쟁이다.

　요즘 글쟁이로 등단하기 무섭게 문집을 발간해 대는 경우가 부지기수이다. 그런데 배 시인은 거의 40년 전(1982) 문단에 들어서 수많은 작품을 발표하면서도 정작 책으로 펴내지 않다가 평생을 바쳐온 일터에서 정년을 몇 해 앞두고 『바다가 보이지 않는다』라는 시집을 펴냈다. 이를 계기로 그동안 갈무리해 둔 알토란 같은 아람들을 일깨워 연이어 책으로 출간하리라.

　이번 책은 '바다가 보이지 않는다'를 위시해서 100개의 주옥같은 아람들로 얼개를 구성하고 다듬은 반듯한 귀골의 옥동자이다. 하나하나 작품의 기저에 흐르는 문학적 맥락은 단순한 사실의 묘사나 전달이 아니다. 이 시대의 아픔과 문제에 대해 청자에 던지는 화두이자 지식인의 고뇌가 적지 않다. 혼탁한 시대에 화자가 펼쳐놓은 보고에서 그 참된 정수(精髓)를 되새기며 옹골찬 맛과 멋을 만끽하는 즐거움에 여러분 모두를 초대하고프다.

　진목(眞木) K 선생님은 나와 같은 을유생(乙酉生)이라서 아주 각별한 느낌이다. 해방둥이인 까닭에 올해 희수의 강을 건너며 그동안 다양한 매체에 발표하거나 써두었던 작품을 『진목』이라는 시조집으로 펴내시려는 열정에 우선 응원과 박수를 보낸다. 유난히 맑은 영혼에 걸출한 직관력과 통찰력을 바탕으로 빚어낸 뛰어난 작품을 대하다가 가까스로 그 이면을 어렴풋이 헤아렸다. 역사에 대한 뚜렷한 의식과 탁월한 식견, 고결한 선비정신, 애향심과 가족애, 갈고닦으며 다진 품성 등은 이 시대를 지켜주는 표상이 되고도 남았다. 험한 세상에서 삶을 누리며 버겁다고 지조를 꺾거나 매명을 스스럼없이 해대는 어릿광대 같은 엿돈이들에게 이 시대 마지막 선비의 전형을 보여주는 품격에 반해 기쁜 마음으로 썼다.

　진목(眞木) 김명길 박사의 작품을 대하면 부지불식간에 작가의 철학에 동화된다. 그 연유를 생각해 봤다. 님은 지금 희수라는 세월의 강을 건너고 있다. 하지만 영혼이 맑고 뛰어난 직관력과 자연의 섭리나 세상을 꿰뚫는 통찰력을 바탕으로 빚어낸 걸출한 아람들이 찬연한 빛을 발하기 때문이 아닐까. 그런데 세상에 뿌려 놓은 시조를 넉걷이 하듯이 그러모아 시조집 『진목(眞木)』으로 펴내려는 과정을 구경하다가 깨달았다. 넘볼 수 없는 역사에 대한 탁월한 이해와 식견, 세시풍속에 대한 박학다식, 고결한 선비 정신과 강직함을 미루어 짐작케 하는 매화에 대한 신뢰와 사랑, 애향심과 지극한 가족애를 지니신 고고한 성품은 누구도 흉내 낼 수 없기에 뭇사람들의 표상이 되고도 남으리라고. 혼탁한 디지털 시대에 한 치의 흐트러짐이 없으며 세파에 물들지 않은 이 시대의 마지막 청청한 선비의 정형을 넘겨다보다가 내 일처럼 마냥 흐뭇했다. 모쪼록 건강하시고 좋은 작품을 통해 후학들을 이끄는 선구자로 자리하시기를 기원드린다.

  표사는 역사의 기록이나 연구보고서 또는 논문과는 완전히 결이 다른 갈래이다. 이는 작가의 정신이나 이념과 철학, 작품의 문학적 맥락과 장르, 시대정신, 작품의 얼개와 전개, 가치관 따위를 바탕으로 내용의 전개가 달라질 개연성이 다분하다. 부족할지라도 위에서 제시한 바와 같이 내용이 다르듯이 말이다. 한편 이는 작품의 평이나 질을 따지는 평론과 성격을 달리하기에 어느 정도 광대덕담 같은 요소가 포함될밖에 도리가 없다는 한계를 내포하고 있다. 그래도 앞으로 쓸 때는 대상 작품의 핵심적인 특징을 족집게로 집어내듯이 콕 찍어 생명력을 불어넣어 보고 싶은 소망이다.

(2021년 9월 22일 수요일)

책을 펴내는 마음

　임인(壬寅)의 새봄에 책을 새로 펴낼 심산으로 시월 초하루 날 출판사에 원고를 보냈다. 처음이 아니련만 출판사로 원고를 보내려면 공연히 가슴이 콩닥거리며 설렌다. 다른 사람이 보기엔 그저 그런 평범한 원고에 지나지 않을 터임에도 불구하고 매번 각별하다는 착각에 빠지기 일쑤이다. 책을 가까이하는 직에서 일하면서 자연스럽게 전공 서적을 꾸준히 집필해 왔었다. 그러다가 지천명을 지나면서 발을 들여놓게 된 글쓰기 결실로 얻은 수필들을 그러모아 작품집으로 발간하고 있다. 물론 설익고 부족해 부끄러울지라도 숨겨진 민낯을 더덜이 없이 온새미로 드러낸 그들 속엔 참된 혼과 삶의 흔적이 고스란히 적바림되어 숨 쉬고 있어 진정한 지난 세월의 증적이기도 하다.

　컴퓨터가 도입되기 시작했던 초기에 컴퓨터공학을 공부하고 대학에서 같은 분야를 연구하다 정년퇴임 했다. 이런 까닭에 컴퓨터가 도입되면서 국내에 이 분야를 공부한 1세대에 해당한다. 따라서 초창기 전공 서적은 거의 외국에서 수입한 원서였다. 그처럼 열악한 환경이라서 누구나 열정과 관심을 가지고 노력하면 전공 서적을 집필할 기회가 활짝 열려 있었다. 전통적인 학문이었던 철학이나 국문학 같은 분야에서는 젊은 신진학자들이 꿈도 꿀 수 없었던 환경이 무한정 개방되었던 셈이다. 감당해 내기 어려울 정도로 주어진 자유스러운 분위기에 편승하여 겁 없이 전공 서적을 집필하기 시작해 정년퇴임까지 얼추 3, 40권을 펴냈다. 초창기 덕을 단단히 봤다. 어렵지 않게 세상에 얼굴을 내민 내 분신들이 널리 독자들의 사랑을 받았던가 하면 많은 대학에서 교재로 채택되는 영광도 누렸었다. 한편 글을 쓰기 시작하고 나서 이제까지 수필집 15권과 칼럼집 1권을 발간했음에도 독자에게 크게 주목을 받거나 사회적 관심의 대상이 되었던 적이 없다. 그동안 글쓰기의 결실인 아람들을 묶어 펴낸 책들은 풋내 나는 아마추어적인 습작의 경지에 머물러 있음이 틀림없다.

중국엔 수천수만 종(種)의 책이 전해진다. 그러나 그 실체를 가름해 보면 첫째로 경(經)과 둘째로 사(史) 두 가지라는 얘기이다*. 육경(六經)*이 그 근원을 열었고 뒷사람들이 이를 이어서 발전시켰다는 주장이다. 여기서 "경(經)"이란 '도(道)'를 싣는 것이며, "사(史)"란 '사(事)'를 기록하는 것이라는 일갈이다. 이런 갈래의 기준을 현재에 대입해도 큰 틀에서 별 무리가 없지 싶다. 그렇다면 여태까지 내가 펴냈던 전공 서적이나 수필집 따위는 정확히 어느 부류로 나뉠 수 있을까. 아마도 두 부류의 경계선상에 겹치는 내용이 아닐까 생각하면서 한편으로 객쩍은 마음이 들기도 한다. 왜냐하면 어느 쪽이든 변변하게 내세울 게 없다는 부족함 때문이다.

까마득한 그 옛날 종이가 발명되기 전까지는 동물의 가죽이나 비단을 비롯해 대나무를 엮은 죽간(竹簡)이 글씨를 쓰는 매체로 사용해 왔다. 그 이후 책 내용을 나무에 판각(板刻)하여 찍어내다가 금속활자가 발명되고 현대적인 종이책이 널리 보급되었다. 현재는 분명 디지털 시대임에도 불구하고 지난 세월인 아날로그 시대의 산물인 종이책이 아직도 대종을 이루고 있다. 따라서 아직도 책을 만드는데 나무에 절대적으로 신세 지고 있는 꼴이다. 아직 나무를 희생시키면서도 디지털 시대의 상징인 전자책(eBook)을 곧바로 채택하지 못하는 이유는 뭘까.

오래전 책을 판각할 때는 목질이 단단하고 내구력이 강한 배나무와 대추나무를 사용했다. 그 시절 서적용 판목(版木)의 대명사는 누가 뭐라 해도 그들이었다. 그런데 동주열국지에 나타나는 재리화조(災梨禍棗)라는 말은 배나무(梨)와 대추나무(棗)가 재난과 화를 입는다는 뜻이다. 이는 "가치 없는 책을 쓸데없이 함부로 판각함으로써 배나무와 대추나무를 낭비하는 것을 비유한" 표현이다.

터무니없는 공명심 때문이 아니었을까. 입때까지 살면서 전공 서적을 위시해서 수필집 등을 상당히 많이 출간했다. 그렇다고 그들을 출간하지 않으면 세상에 문제가 발생한다거나 혼탁한 세상을 바로 잡을 비책을 제시하는 비법이 아님에도 만용을 부렸다. 어쩌면 그들이 세상에 나와서 그 어디에도 뚜렷하게 기여한 게 하나도 없다. 오로지 나 자신의 만족이고 욕심의 발로였을 따름이다. 그럼에도 매번 원고를 정리해 출판사로 보낼 즈음이면 제발 '재리화조'를 면했으면 하는 바람이 강하게 고개를 든다. 아울러 단 한 사람이라도 누군가의 마음속에 또렷이 각인되는 옥동자가 탄생했으면 하는 마음을 접을 수 없어 설레어 달뜨기도 한다.

* 채원방(蔡元放)의 동주열국지(東周列國志) 서문. 원래 동주열국지는 중국의 역사소설로서 주말(周末)부터 진(秦)의 천하통일까지의 춘추전국시대 역사를 다루고 있다. 명나라의 문장가 풍몽룡(馮夢龍)이 민간에 전해져 오던 판본을 개작하여 현재의 형태로 완성했다.

* 육경(六經) : 중국 춘추시대의 여섯 가지 경서(經書)로서 역경(易經), 서경(書經), 시경(詩經), 춘추(春秋), 예기(禮記), 악기(樂記)를 이른다. 그런데 악기(樂記) 대신 주례(周禮)를 포함시키기도 한다.

(2021년 10월 3일 일요일)

천역의 터널 끝을 기대하며

그 옛날 마마, 염병(장티푸스), 콜레라 따위는 역신(疫神)의 노여움 때문이라고 여겨 주술(呪術)로 다루기 일쑤였다. 이들은 나라님인 임금도 속수무책이었기에 천역(天疫)이라고 했다. 현재 우리가 호되게 시달리고 있는 신종 코로나바이러스 감염증(코로나19)은 현대판 천역인 셈이다. 언제쯤이면 이 지루하고 답답한 터널의 어둠으로부터 자유선언이 가능할까. 지난해 초부터 공포의 대상으로 등장하며 벼랑 끝으로 몰리면서 사회적 거리 두기나 마스크 착용, 비대면 온라인 같은 낯선 환경에 지혜롭게 적응해 왔다. 별다른 묘책이 없다는 견지에서 군소리 없이 수굿하게 버텨왔다. 지겹게 일 년 이상 이어지다 보니 나도 모르는 사이에 짜증이 나는가 하면 스트레스를 이겨낼 임계점 가까운 언저리에 이른 게 아닐까.

모든 생활이 통째로 뒤틀리고 위축된 채 비대면의 온라인 위주로 바뀌면서 허구한 날 집지킴이 노릇을 면할 수 없다는 심리적 압박감이 날로 팽대하고 있다. 지난해 정월 이후 밖에서 지인들과 만났던 적은 불과 너덧 차례가 고작이다. 그만큼 사회적 교류가 단절됐다는 방증이다. 게다가 이제 겨우 희수에 이른 처지임에도 기저질환을 신줏단지처럼 떠받들고 살아가는 군색(窘塞)한 처지인 까닭에 겁이 나서 함부로 나들이를 나설 용기가 나지 않아 움츠러들기도 한다. 이러다가 주위의 지인들을 비롯한 다양한 대인관계에 연관된 선연의 연결고리가 단절되고 서로의 얼굴마저도 잊는 것은 아닌지 엉뚱한 걱정이 앞서기도 한다.

괴팍한 괴질 소식 이후 지난해 4월에 서울 나들이를 단 한 차례 했었다. 오랫동안 뜻을 같이해 온 글동무들과 강남에서 만났던 자리였다. 그 이후로는 내 둥지가 자리한 마산을 떠난 적이 없다. 쥐 죽은 듯이 납작 엎드려 지내다 보니 열 살 위인 큰누님과 일곱 살 위인 작은 누님도 찾아뵙지 못했고 지난 초가을엔 선조들의 벌초에도 참석하지 못했다. 영어(囹圄)의 신세처럼 집안에서 머물다가 지난 수요일(3월 24일)에는 큰 모험을 감행했다. 평소 교분을 쌓아왔던 C 님이 '한국수필가협회 이사장'에 취임하는 자리에 구경 오라는 초대를 받았다. 특별한 연이 없음에도 정중한 초대에 박정하게 내치는 게 도리가 아니라는 판단을 했다. 그에 따라 망설임 없이 행사장인 퇴계로의 예장동에 자리한 '문학의 집 서울(옛 안기부장 공관)'에 참석했다가 돌아왔다. 오랜만에 나선 나들잇길인 때문일까. KTX로 당일치기로 새벽에 나섰다가 자정을 넘겨서 돌아왔던 강행군 때문이었던지 입술이 부르트는가 하면 힘들고 지루해서 애를 먹었다.

    동네 뒷산일지라도 등산에 빠져든 지 어언 20여 성상을 훌쩍 넘겼다. 요즘도 일주일에 대여섯 차례씩 정상까지 왕복 12km쯤 되는 길을 대충 3시간에 걸쳐 걷는다. 만일 이 취미가 없었다면 기약 없이 집에 머물러야 하는 난감한 세월을 어떻게 견뎌냈을지 생각만 해도 끔찍하다. 매일 인적이 드문 청정하고 고요한 숲속을 거닐며 마음의 치유를 받을 수 있다는 게 얼마나 큰 축복이며 행운인지 모른다. 지난 삼동의 등산길은 청아한 공기와 알싸한 바람결이 모든 걸 잊게 해 발길을 가볍게 했지만 삭막함까지 떨쳐낼 수는 없었다. 몹시 지쳐갈 즈음 바다 건너 따뜻한 남쪽 나라의 훈풍이 밀려오며 노란 생강나무, 연분홍 진달래, 매화, 백목련과 같은 봄의 전령사들을 활짝 피우는가 싶었다. 그런가 했더니 어느 결에 화려한 벚꽃 잔치까지 펼친 게 어저께 같다. 그런데 오늘 보니 낙화에 이르러 바람결에 하얀 꽃잎을 이리저리 마구 휘날리며 내년 봄을 기약하는 작별 인사를 했다.

    손주 유진이가 중학교 2학년으로 진급했다. 지난해 괴질의 몽니 때문에 입학식도 치르지 못한 채 사상 초유의 온라인 개학(4월 16일)을 하고 격주로 온라인 수업과 등교수업을 하며 겨우 1학년을 마쳤다. 지난해에 이어 2학년이 된 올해도 온라인 수업과 등교, 수업을 격주로 번갈아 하고 있다. 한데, 학교의 온라인 방송 시설이 미비하고 각자의 집에 컴퓨터 장비나 필요한 소프트웨어를 제대로 갖추지 못했기 때문인지 주로 휴대폰을 통한 수업이 주류를 이룬 상태이다. 이런 이유에서 어쩌면 무늬만 온라인 수업으로 그 질을 걱정하지 않을 수 없다. 온라인 수업을 할 때 옆에서 물끄러미 건네다 보다가 현재의 수업을 방법이 지속된다면 대부분 학생의 학업 성취도는 바닥권을 맴돌 개연이 다분하다고 느꼈다. 이런 아이들이 과연 정상으로 3학년에 진급할 수 있을지 모르겠다. 언제나 정상적인 학교 교육을 제대로 받을 수 있을까. 뜻하지 않게 교육에 짙게 드리워진 어두운 그림자로 크나큰 역병 폐해의 단면이다.

천역에 의해 막다른 골목의 외길로 내몰린 격이 되어 선택의 여지가 없던 우리 사회는 온라인 기반의 새로운 언택트(untact) 시대의 서막이 열렸다. 그렇지만 필요할 경우 거리낌 없이 길을 나설 수 있고 원하는 사람을 만나는 보편적인 삶 또한 활짝 열려 있어야 정상이다.

벌써 한 해 이상을 비정상적으로 일상이 닫히고 막힌 단절에서 오는 심리적 갈등과 스트레스를 지혜롭게 이겨내기 어려운 비등점에 다다른 현실이다. 현대 과학이 총동원되었음에도 괴질에 대한 대응책은 살얼음판을 건너는 것처럼 불안하기 짝이 없다. 며칠 전 통장(統長)이 75세 이상인 노인들을 상대로 내달부터 정부에서 화이자 백신 접종을 시작할 방침이라며 접종 동의 여부를 조사해 갔다. 내일이면 4월의 시작인데 언제 어디로 가서 백신을 접종하라는 통보는 감감무소식이다. 언제쯤이면 백신을 접종할 것이며 아울러 대다수 국민이 접종하여 전체적으로 집단 면역력을 갖출까. 그 수준에 이를 때쯤 되면 무겁고 우울한 공포의 터널에서 벗어나 밝은 빛이 찬연한 날을 구가하는 기쁨을 만끽할 터인데. 역시 인간은 자연 앞에 미약한 존재일 밖에 하늘의 뜻을 거역하거나 거스를 똑 부러질 묘책은 어디에도 없나 보다.

(2021년 3월 31일 수요일)

나의 롤 모델 L 박사

　　L 박사와 인연 얘기이다. 대학 1년 선배인가 하면 나이는 나보다 한 살 아래이고 대학원 석사과정은 입학 동기이다. 이런 애매한 관계 때문일까. 평소엔 친구처럼 탁 터놓고 자별하게 지낸다. 내가 L 박사의 아내를 호칭할 때는 그냥 Y 박사라고 한다. 왜냐하면 영문학박사로 K 대학 영문과 교수로 재직하다 정년퇴임했기에 특별한 존칭보다 무난하다는 생각에서 그리 부른다. 하지만 L 박사의 대응은 다르다. L 박사가 내 아내를 호칭할 때는 꼭 '형수님'이라는 존칭을 쓴다. 이런 호칭을 들을 때마다 L 박사에 대한 정확한 호칭 없이 어물쩍하며 얼렁뚱땅 넘기는 게 바람직하지 않다고 여겼다. 그렇지만 묘수가 떠오르지 않아 구렁이 담 넘어가듯이 적당히 넘긴 세월이 어언 50년째로 팔순이 눈앞에 어른거리는 세월의 징검다리를 건너고 있다. 적지 않은 세월 잊은 듯 무심하게 지나치기 일쑤이다.

L 박사는 나의 롤 모델로서 닮기를 바라며 한편으로는 따라보고도 싶었다. 그런 마음과 달리 언제나 저만큼 앞서가기 때문에 늘 그림자를 쫓을 뿐이다. 군 복무를 마치고 나서 절친의 사업에 손을 보태다가 대학원에 진학했었다. 대학원에서 동일한 전공의 유일한 입학 동기가 바로 L 박사였다. 비록 출신 학교는 다를지라도 청주에서 고등학교에 다녔다는 공통분모를 지니고 있어 곧바로 친해질 수 있었다. 양갓집 막내도련님으로 태어나 곱게 자라 양반 냄새가 물씬 나는 귀공자풍으로 흠잡을 데가 없었다. 그렇게 어울려 대학원에 적응하며 허물없는 사이가 되어갈 무렵 제대로 공부할 요량에서 표표히 유학길에 오르는 모습을 담담히 지켜봤다.

대학원을 마치고 곧바로 보따리장사라는 이름의 시간강사 생활을 하던 중에 결혼했다(1975년 11월 8일). 수유리에서 단칸방의 전셋집에 신혼 둥지를 틀었다. 한데, 결혼하던 해 크리스마스 무렵에 L이 방학을 맞았다며 잠시 귀국했었다. 그 어느 날 우리 집을 찾아와 놀다가 자고 가겠다고 했다. 각별한 친구로서 이해가 되지만 그날 아내는 무척 당황하고 놀라 어쩔 줄 몰라 쩔쩔맸다. 하여튼 좁은 단칸방에서 함께 자고 다음 날 갔다. 물론 태릉의 S 여대 교수로 재직하던 자기 형님댁에 가면 대궐같이 넓고 편안한 잠자리가 있으련만 하룻밤을 함께 보내며 추억을 여투려는 마음 씀씀이가 고마웠다. 그날 몹시 놀랐던 아내가 두고두고 그 얘기를 꺼내곤 했는데 이젠 잊었는지 입에 올리지 않는 걸 보면 기억에서 흐릿해졌다는 증좌가 아닐까.

학업을 마친 L 박사는 잠시 S 대학에 자리 잡았다가 곧바로 모교로 옮겼다. 유학으로 결혼은 나보다 한참 늦었다. 결혼을 위해 신붓감을 찾던 때였다. 하루는 유학 시절 알고 지내던 친구를 만나려는데 동석하여 살펴봐 달라는 청을 했다. 엉거주춤하게 따라나섰다. 그 대상이 바로 Y 박사였다. 뒤늦게 가정을 이루고 두 딸에 이어 늦둥이까지 득남하는 복을 누리면서 하나 같이 반듯하게 기름으로써 자식 농사도 옹골지게 지었다.

L 박사는 어느 모로 살펴도 완벽한 인품을 자랑한다. 모교에 재직하며 후배들에게 열성을 다하는 교수이며 학자로서 연구실적도 타의 추종을 불허했다. 아울러 학교 행정에도 밝아 주요 보직을 두루 섭렵했을 뿐 아니라 학자들의 학술모임을 이끄는 학회장을 역임해 우뚝한 족적을 남기기도 했다. 그런가 하면 전공 분야 연구 결실로 수십 권에 이르는 서적을 비롯해 다양한 장르를 넘나드는 문집을 여남 권 펴냄으로써 부지런함을 여실히 증명했다. 이런 경우를 부창부수라고 하지 싶다. 원래 영문학을 전공한 Y 박사 역시 많은 글을 쓰는 문객으로 이름을 날리면서 한편으로는 책으로 펴낸 것으로 알고 있다. 분명히 부러운 부부이다. 이런 L 박사는 내가 따라가고 싶었을 뿐 아니라 닮고 싶어 어리바리 뒤따라가는 시늉을 하며 허둥댔지만 언제나 저만큼 앞서 달아나 그림자도 잡을 수 없었다.

우연히 경남대학교에 안착했다가 정년퇴임 했다. 초임 시절부터 L 박사를 닮아 보려고 강의에 최선을 다하며 전공 서적을 30

여 권 집필했어도 부질없는 몸부림이었다. 내가 한 발 따라가면 L 박사는 저만큼 앞서가 족탈불급이었다. 50대 후반부터 전공이 아닌 부문에서 길을 모색하려는 마음에서 수필에 빠져들어 여태까지 수필집 15권과 칼럼집 1권을 펴냈다. 나름대로 최선을 다했다고 자부했다. 몇 해 전 L 박사를 만나 얘기를 나누다 보니 자기는 이미 시와 수필, 소설까지 등단하여 문인으로서 여러 장르에서 활동하며 여전히 앞서가고 있었다.

지지난해 여름이었지 싶다. L 박사가 마산을 지나칠 일이 있어 들리려 하니 잠시 만났으면 좋겠다는 연락이 왔다. 하당영지(下堂迎之)의 마음으로 마산 전체를 조감할 '브라운 핸즈(brown hands)'라는 커피 전문점에서 만났다. 부인인 Y 박사와 함께 인근인 통영의 어느 섬으로 이주한 친구를 방문하고 상경하는 길에 일부러 나를 만나기 위해 마산으로 길머리를 바꿨다는 사실을 알았다. 그때 비록 서로 멀리 떨어져 살더라도 이따금 만나자고 굳은 약속을 했었다. 하늘의 훼방일까. 지난해부터 신종 코로나바이러스 감염증(코로나19)이 기승을 부려 왕래가 끊겨 기껏해야 한두 번 통화하거나 서로의 신간 서적을 보내고 받았던 게 소식을 주고받은 전부이다. 자고로 "눈에서 멀어지면 마음에서도 멀어진다(Out of sight, out of mind)"고 했는데.

(2021년 6월 1일 화요일)

우리말 겨루기와 J 여사

환갑에 이른 초로의 할머니가 '우리말 겨루기'*에 도전했다. 그런 J 여사가 예사롭지 않게 보일 뿐 아니라 한없이 미덥다. 보통의 경우 팬스레 방송에 출연했다가 전국적으로 남세스러운 꼴을 당하지 싶어 꿈도 꾸기 어려운 언감생심의 도전이었다. 그동안 우리말에 대해 깊은 관심을 두고 꾸준히 공부해 왔기 때문에 해박한 지식을 여뤘을 뿐 아니라 우월한 유전자를 지니고 태어나 투미한 우리와 비교할 수 없다. 그런데 뒤늦게 도전 기회를 잡은 게 되레 만시지탄이라는 생각이 들기도 했다. 이런 '우리말 겨루기' 방송을 마음 졸이며 지켜보면서 우리말 실력이 턱없이 모자라는 터수에 외람되게 글을 쓰겠다고 아등바등해온 나 자신에 관해 많은 생각을 했다.

해방둥이로 6·25 전쟁 휴전 무렵의 혼란기부터 시작된 배움은 부실하기 짝이 없었다. 엉성한 배움임에도 맞춤법이나 표기법 등이 대폭으로 바뀌는 변화에 제대로 대응하지 못했다. 이런 영향일 게다. 우리글의 문법이 영문법보다도 어렵다고 느꼈던 적이 숱했다. 이런 취약점을 보완할 요량에서 우수마발 같은 글일지라도 한편 새로 쓰면 몇 번 되풀이해 퇴고를 하며 바로잡으려 무진 애를 쓴다. 그래도 자신이 없어 내용을 출력하여 아내의 눈치를 봐가며 슬며시 코앞에 밀어 놓는다. 오류를 더덜이 없이 지적해 달라는 뜻이다. 딴에는 몇 차례 퇴고했는데도 매구같이 오류를 찾아냄으로써 나를 머쓱하게 몰아세우기도 한다. 그럴 경우 때로는 묘한 낭패감이 엄습해도 내색하지 않고 묵묵히 수정해 적당한 기회를 엿보다가 은근슬쩍 단골 카페에 올리기도 한다.

카페에 글을 올리면 주위의 지인들이 댓글을 달기도 한다. 그런데 댓글 대부분은 예식장에서 주례의 주례사처럼 덕담 일색이다. 해당 글에 대한 부족한 점을 날카롭게 파헤치거나 잘못된 점을 신랄하게 비판하며 대안을 제시하는 경우는 거의 없다. 처음 글을 써서 카페에 발표하던 시절 얘기이다. 나름 완성한 내용을 올리면 칭찬 일색의 댓글로 도배했었다. 그렇지만 그 시절 J 여사는 다른 이들과 달랐다. 내 글에 섞인 오류들을 족집게로 집어내듯 들춰내 이메일(e-mail)이나 휴대전화로 넌지시 전하며 일깨워 주기를 수없이 되풀이했다. 그렇게 오랫동안 지적해도 도로 아미타불이라서 실망했던지 어느 때부터인가 뚝 끊겼다. 아무리 생각해도 개전의 가능성이 없어 정나미가 떨어졌던 때문이리라.

장장 50분간 겨루기를 하는 모습을 숨을 죽이며 잔뜩 긴장한 채 빠짐없이 지켜봤다. 함께 출연했던 이들도 쟁쟁했다. 일방적으로 앞서거나 뒤지는 경우 없이 엇비슷해 더더욱 긴장을 고조시켰다. 그러다가 1단계에서 둘은 탈락했다. 2단계에서 초로의 신사와 치열한 경쟁을 하다가 끝끝내 우승의 영광을 거머쥐었다. 그 순간 우리 내외는 약속이라도 한 것처럼 만세를 부르며 박수를 쳤다.

겨루기가 계속되는 동안 텔레비전 앞으로 바짝 다가가 앉았다. 좀 더 자세하게 살펴보고픈 욕심 때문이었으리라. 만일 내가 출전했다면 초반에 무참하게 나가떨어졌을 게다. 왜냐하면 생각보다 까다로운 문제가 대거 출제되었기 때문이다. 그렇게 어쭙잖은 나에 비해 그날 출전했던 넷은 다른 행성에서 온 별종들 같아 무척 부러웠다. 그들에 비해 허송세월하며 나잇값도 못 한 채 살아온 게 무척 겸연쩍을 뿐 아니라 민망스러웠다.

그날 J 여사는 평소에 비해 지나치게 긴장했던 게 분명했다. 녹화를 진행하던 중간에 카메라가 자기를 비추지 않는 순간 탁자 밑으로 앉는 모습이 언뜻 잡혔다. 순간 화들짝 놀랐다. 몸이 약해 주저앉는 것은 아닌지 걱정됐기 때문이다. 기우였다. 그 행동은 입이 바짝바짝 타들어 갔던지 탁자 밑에 있던 생수병을 찾았던 것이었다. 그 순간 오랜 진행으로 위기에 대응이 능한 아나운서가 물을 마셔도 좋다는 멘트를 날렸다. 그 말이 떨어지기 무섭게 나머지 셋도 일제히 물병을 들어 목을 축이는 진풍경이 연출되어 실소를 금할 수 없었다.

　2단계에서 둘의 겨루기를 승리로 이끌며 우승을 거머쥔 뒤의 정황이다. '우리말 달인'에 도전하는 첫 단계에 이르러서도 긴장을 풀지 못한 모습이 더욱 또렷했다. 그 첫 과정에서 바른 것을 고르도록 제시된 3개의 문제였다. 평소 이런 초보적인 문제에 헷갈릴 리가 만무하다. 그런데 뭔가 씌었던가. J 여사가 고른 답은 아래 고딕체로 표시한 것과 같았다.

　　"**단오날** : 단옷날", "희노애락 : **희로애락**", "**생각건대** : 생각컨대"

　위 문제 중의 첫 번째에서 "**단오날**"이라고 선택했다. 절대로 "사이시옷" 쓰임새를 제대로 꿰뚫지 못할 리 없는데 어처구니없게도 그렇게 답했다. 내 일 이상으로 애통했다. 왜냐하면 J 여사 지식의 곳간에 차곡차곡 갈무리해 놓은 보따리를 풀지도 않은 상태에서 순간적인 착각으로 나동그라져 추락한 모양새 같아 억울하다는 생각 때문이다. 어쨌든 도전은 거기에서 멈추며 아쉽게도 달인 도전에 실패했다.

　글동무로 만난 지 열아홉 해째가 되나 보다. 그동안 한 번도 흐트러진 모습이나 행동을 보였던 적이 없으며 바늘로 찔리도 피 한 방울 흘리지 않은 만큼 완벽한 모습의 단아한 자태를 일관되게 보여 왔다. 부군은 은행에서 고위직으로 재임하다 퇴임

했고 큰 아드님 부부에게는 손자가 하나 있으며 부부 교사로서 결혼식에서 내가 주례를 맡았었다. 한편 작은 아드님은 제대하지 않았다면 중견 장교로 근무할 게다. 아울러 어려서부터 글쓰기를 좋아해 지금까지 각종 백일장 등에서 수상했던 상장이나 상패가 물경 60여 개에 이를 정도로 글머리가 뛰어났다.

조물주의 천려일실이었을까. 아무것도 부러울 게 없는 J 여사의 건강이 썩 좋은 편이 아니었던가 보다. 그 때문에 부군이 퇴직하면서 미련 없이 서울을 떠나 산 좋고 물 좋은 춘천 외곽으로 이주했다. 한편 J 여사와 부군의 금슬이 남다른 것으로 짐작된다. 춘천으로 이사를 한 뒤에 내외가 함께 남해안 쪽을 겨냥해 여행길에 나섰다가 일부러 마산에 들러서 내게 밥을 사기도 했었다. 그뿐이 아니다. 그동안 내외가 함께 10차례에 걸쳐 20여 나라 여행을 했다는 전언이다. 그 여행담의 일부가 『집 나가면 개고생? Oh, no!』라는 수필집이다. 이 외에도 『엿을 사는 재미』, 『발가벗고 춤추마』, 『연필 이야기』 등의 수필집을 펴낸 중견 수필가이다. '우리말 겨루기'에서 보여줬던 신선하고 아름다운 도전을 끊임없이 지속하는 역동적인 모습을 간원하며 응원의 박수를 보낸다.

---

* 우리말 겨루기 : KBS1에서 매주 월요일 저녁 7시 40분부터 방영하는 시사교양 프로그램(J 여사가 출연한 방송은 제861회, 2021년 5월 24일 방영됨).

(2021년 5월 27일 목요일)

장관을 그리도 하고플까

최근 장관 후보자들에 대한 청문회 과정을 지켜보면서 무척 당혹스러웠다. 후보자로 지명된 이들의 면면을 소개하는 홍보 기사를 훑어보면서 남들이 부러워할 성공을 거둔 전문가로서 흠잡을 데 없어 보였다. 문제는 그 이후였다. 지명되고 시간이 지나면서 다양한 매스컴이 촘촘한 그물망을 통해 취재해 보도하는 소식마다 구린내가 진동해 겉과 속이 이렇게 다를 수 있을까 하는 의구심에 갸우뚱했다. 그중에는 지나치게 불순한 의도를 저변에 깔고 있는 경우들도 섞여 있을 개연성을 감안해 모든 내용을 온새미로 믿고 싶지 않기도 했다. 한데, 막상 국회 청문회가 열리면서 그동안 흉흉하게 떠돌던 숙덕공론 대부분은 거의 사실일 가능성이 농후했다. 게다가 그중에 몇몇 사례는 구역질이 날 정도라서 저잣거리에서 줏대 없이 살아온 막돼먹은 패거리들의 막가파식의 행위보다 나을 게 하나도 없어 보였다.

후보자 중에 크게 문제가 되었던 P, Y, N에 대한 편감이다. 그들은 한결같이 명문 대학에서 제대로 된 교육을 받고 교수나 고위 공직자로서 승승장구하며 부러울 게 없이 살아온 선민들이었다. 완벽한 후보를 기대함은 턱없이 무리한 꿈일까. 제기되었던 문제점을 바탕으로 그 후보자들을 생각한다. 그들은 재학 시절 명석한 머리를 바탕으로 공부에 뛰어났을 뿐 아니라 사회에서 치열한 경쟁에 앞서며 혁혁한 업적을 일궈냄으로써 장관 후보자로 지명되었으리라. 하지만 실망이 컸다. 뛰어난 머리나 출중한 경쟁력과 도덕성은 정비례하지 않는가 보다. 만약 그릇이 크고 장래 나라에서 쓸 큰 재목이었다면 시정잡배나 망나니가 법을 농락한다고 함께 어울려 부화뇌동했겠는가. 별로 떳떳하지 못하게 처신해 왔음에도 하나를 제외하고 나머지 둘은 전전긍긍하다가 끝내 판서(判書) 자리를 꿰찼으니 개인의 영달이며 가문의 광영일까.

정부 여당에서는 청문회 제도를 탓한다. "현행 청문회 제도에서는 예수나 부처가 후보자로 지명되어도 통과하지 못한다"라는 불만을 마구 쏟아내고 있다. 현 청문회 제도를 되새겨 본다. 유감스럽게도 현행 청문회 기준은 지난날 정치판에서 묵시적으로 합의한 결과이다. 그런 기준을 바탕으로 지난 정권에서 현재의 여당이 야당이었던 시절 조자룡(趙子龍) 헌 칼 휘두르듯이 보도의 검처럼 마구 휘두르며 여당(현 야당)에서 지명했던 후보를 혹독하게 몰아세우며 질타하던 제도가 아니던가. 그런데 처지가 바뀌자 다른 얘기를 하며 또 다른 잣대가 필요하다는 철면

피한 모습은 해괴할 뿐만 아니라 무척 황당하다. 결국 같은 제도를 두고 여의 입장이 되었을 때와 야의 입장이 되었을 때 정반대의 태도를 보인다면 가방끈이 짧은 무지렁이들이 봐도 웃을 일이다. 이 같은 관점에서 볼 때 같은 사안을 두고 진정 관점이 판이하게 졸속으로 만들어진 제도가 분명하다. 이런 모순을 해결하기 위해 제대로 법을 개정해서 후보자의 도덕성 검증과 전문성 검증(정책 능력이나 지도력)을 올곧게 할 수 있는 묘책을 진지하게 검토해야 한다.

믿고 싶지 않은 의혹들이다. 아무리 평가 절하된 자리라고 하지만 왕조 시대 판서에 해당하는 장관 후보자들이 받는 혐의가 하도 민망하여 자괴감을 떨칠 수 없었다. 발 없이 항간을 떠도는 풍문들이 어디까지 진실이고 어디까지 거짓인지 속속들이 파헤칠 재간이 없었다. 매우 곤혹스럽지만 매스컴이나 국회 청문회장에서 거론됐던 의혹들의 대강은 이렇다.

먼저 Y 후보 혐의이다. 국가 지원금으로 남편과 자녀 가족 여행, 위장진입, 다운 계약서 작성, 논문 표절(남편을 자기 제자 논문 저자로 올림), 미국 국적인 두 딸의 국내 의료비 혜택 등이다. 이들 제목만 보면 마치 무슨 의혹의 종류를 정리한 리스트 같다. 한편 N 후보의 경우는 세종시 아파트를 특별 공급받아 수억 대 차액 챙김, 거주 이전비 불법 수령, 소득세와 취득세 불법 감면, 위장 전입, 아들 실업 급여 부정 수령, 아내 절도(?) 따위의 혐의가 설왕설래했다. 아울러 P 후보는 아내가 수천만 원 대의 영국

산 도자기 1,250여 점과 샹들리에 따위를 외교관 이삿짐을 이용해 밀반입해 국내에서 판매함으로써 범죄 행위를 저질렀다는 혐의로 호된 빈축을 샀다. 이런 그의 신고 재산이 기껏해야 1억 몇 천만 원이 전부라는 사실을 어떻게 받아들여야 할지 어리둥절했다.

아무리 생각해도 이해가 되지 않는다. 엘리트 코스의 탄탄대로를 내달리며 생을 구가했던 그들이 자신이나 가정에 결코 예사롭지 않은 흠결이 있음에도 왜 후보 지명에 동의했을까. 이전의 공직 후보자들이 자신의 처신이나 가족 문제로 매스컴과 세인의 입방아에 올라 여론의 뭇매를 맞으며 만신창이가 되는 망신을 당하고 조롱거리로 전락했다가 끝끝내 꿈을 접어야 했던 경우를 수없이 지켜봤을 터인데 말이다. 이번에 문제가 되었던 후보자 중 하나는 스스로 꿈을 접으며 사퇴했고 나머지 둘은 타고난 관운이 좋았던지 원하는 자리를 꿰찼다. 가족 전체의 사생활 영역까지 무참하게 탈탈 털리며 난도질을 당한 뒤의 상처뿐인 영광이 과연 어떤 의미가 있을까. 예로부터 "양반은 얼어 죽어도 곁불을 쬐지 않는다"라고 정중하게 일렀거늘.

됨됨이가 변변치 않을뿐더러 걸맞은 그릇이 못 되는 탓에 내게는 그럴듯한 기회가 주어졌을 리 없다. 하지만 나나 가족에게 그들과 유사한 흠결이 있는 경우라면 만에 하나라도 기회가 주어져도 단칼에 단호하게 내쳤으리라. 괜스레 과욕을 부렸다가 자신이나 가족의 치부가 발가벗은 모양새로 송두리째 까발려지는 수모를 감내하고도 얻을 게 별로 없다는 이유 때문이다. 그런 치욕을 자초하지 않고 원래의 자기 자리를 묵묵히 지켰다면 일그러진 자화상이 백일하에 드러날 리 없었을 게다. 언제나 과욕은 그에 상응하는 대가를 요구하게 마련이던가. 자고로 매화를 꽃의 우두머리라는 뜻으로 화괴(花魁)라고 한다. 이같이 고결한 이름값을 한다는 단면의 칭송으로 우매한 우리에게 던져주는 화두일까. 선인들의 일깨움이다. "매화는 일생을 춥게 살아도 향을 팔지 않는다"라는 뜻으로 매일생한불매향(梅一生寒不賣香)이라고 일렀다.

(2021년 5월 15일 토요일)

정지용문학관을 다녀와서

 소설(小雪) 하루 전인 어제 일요일에 정지용문학관을 다녀왔다. 이웃인 이원에서 중학교에 다녔으며 그동안 수십 차례 옥천읍을 오갔음에도 정작 문학관에 들를 기회가 없었다. 하기야 6·25라는 민족상잔의 참혹한 전쟁의 격랑을 헤쳐나가던 모진 세월에 어떤 이유였던 월북 인사로 분류되어 수면 밑에 묻혀있다가 1988년 납북으로 판명되었던 우여곡절도 영향을 미쳤으리라. 진작 찾으려 했건만 연(緣)의 끈이 쉽게 이어지지 않아 어제서야 어렵사리 기회를 포착해 소원을 이뤘다.

 한적한 옥천의 구읍 작은 냇가 골목에 자리한 생가와 문학관은 상상 이상으로 옹골찼다. 길거리 담엔 '향수(鄕愁)'를 연상시키는 벽화가 많이 그려져 있고 문학축제를 연상시킬 정도로 여기저기에 시화가 즐비하게 게시되어 있었다. 또한 생각보다 너른 주차장이 두 군데나 마련되어 불편이 없도록 배려하는 마음

쏨쏨이가 나그네의 마음을 확 휘어잡았다.

문학관으로 향하다가 왼쪽에 자리한 '정지용 생가'로 먼저 발길을 옮겼다. 사립문을 향해 걷는데 작은 도랑을 건너야 했다. 그 도랑 위에 거대한 널빤지(폭 1.5m이고 길이 4m 정도) 같은 검은 돌이 상판(上板)으로 놓여있었는데 이를 '청석교'라고 부르는 모양이다. 길옆에 별도의 오석(烏石)에 새겨진 사연을 살피니 이랬다. "청석교 상판인 돌은 일제 강점기 시인의 모교인 죽향초등학교에 '황국신민서사비'로서 비문(碑文)이 새겨져 있었단다. 광복 후에 그 비문을 갈아내고 '통일탑'으로 이름을 바꿔 세웠다. 그러다가 1994년 현재의 위치로 옮겨져 상판으로 쓰이고 있다"라는 안내였다. 비록 무생물로서 하찮은 바위일지라도 질곡의 세월에 상처를 켜켜이 새긴 역사의 증좌라고 자리매김하니 뭇생각이 밀려와 심란했다.

원래의 '정지용 생가'는 언젠가 수재를 겪으며 완전히 유실된 자리에 복원된 초가였다. 조붓한 대지 위에 안채와 바깥채로 복원되었다. 전문적인 시각이 아닌 청맹과니 눈에 안채는 부엌과 아랫방과 윗방 구조였다. 한편 안채와 마주 보는 바깥채 역시 3칸(間) 건물로 양쪽에 세간이나 곡식 따위를 넣어두는 곳간 같은 광이 하나씩 있고 가운데는 농기구나 허드레 물건의 보관소로 사용되고 있었다. 외형적으로 특이할 게 없었다. 가는 날이 장날이라 했던가? 때마침 초가지붕에 새로운 이엉*을 잇고 용마루를 얹고 나서 마무리하는 작업이 진행되어 방문이 꼭꼭 닫혀 내부는 전혀 볼 수 없었다. 한 가지 인상 깊었던 것은 적어도 7~8년 정도 지붕 위에 매년 새로운 이엉을 얹었기 때문에 지붕의 두께가 1m 가깝지 싶었다.

한국 현대시의 새로운 시대를 개척한 선구자로 평가를 받는가 하면 참신한 이미지와 절제된 시어(詩語)로 우리 현대시의 성숙에 결정적인 기틀을 마련했다고 칭송을 받았다. 지난 학창 시절 그 주옥같은 시를 대했던 적이 없다. 월북 인사로 자리매김하여 멀리했던 때문이리라. 하지만 사회생활을 하면서 이런저런 사연이 촘촘하게 얽히면서 자연스레 작품에 심취하기도 했었다. 문학관에 들어서며 오른편에 걸려있는 '호수'가 먼저 눈에 들어왔다.

    얼굴 하나야
    손바닥 둘로
    폭 가리자만

    보고 싶은 마음
    호수만 하니
    눈 감을 밖에

한편 왼편에 '향수(鄕愁)'가 세로쓰기 붓글씨로 그 옛날 표기법 그대로 쓰여 걸려있었다. 이 시를 가요로 만든 곡을 가수 이동원과 테너 박인수 교수가 듀엣(duet)으로 부르며 더욱 유명해졌지 싶다. 주지하는 바와 같이 이렇게 시작되는 시이다.

넓은 벌 동쪽 끝으로
옛이야기 지줄대는 실개천이 휘돌아 나가고
얼룩빼기 황소가
해설피 금빛 게으른 울음을 우는 곳
그곳이 차마 꿈엔들 잊힐리야

 문학관을 한 바퀴 돌며 자료를 자세히 살펴보니 호랑이 담배 먹던 시절의 작품인 때문에 요즘 맞춤법이나 표기법과 상당히 많이 달라 고전을 대하는 기분이 들기도 했다. 또한 예사롭지 않은 시적 자아와 자연과 일체감을 통해 고향의 숨결을 느끼게 한다는 주장에 동의하지 않을 수 없었다. '지줄대는', '해설피', '풀섶', '함초름' 따위의 시어 선택은 우리말의 아름다움 일깨워 주고 '실개천', '얼룩빼기 황소', '질화로', '짚베개' 등은 아련한 고향의 모습을 소환한다는 맥락 때문이다. 한편 각 연(聯)의 마지막에 반복되는 "그곳이 차마 꿈엔들 잊힐리야"라는 후렴구는 시각 및 청각적인 자극을 유도하며 누구도 시도하지 못했던 탁월한 발상으로 여겨졌다.

 북한에서 몰(沒)한 해를 특정할 수 없지만 대략 50년 안팎이 선생의 일생이다. 게다가 북한에 있을 때 작품은 깜깜한 상태이다. 현재 전해지는 시집으로 정지용시집(鄭芝溶詩集 : 시문학사, 1935), 백록담(白鹿潭 : 문장사, 1941), 지용시선(芝溶詩選 : 을유문화사, 1946) 등이 있단다. 그리고 산문집으로 문학독본(文學讀本 : 박문서관, 1948)과 산문(散文 : 동지사, 1949)이 전해진다. 한편 앞의 간행본에 실리지 않은 시와 산문들을 모아 정지용전집(鄭芝溶全集 : 민음사, 1988)이 시와 산문으로 나뉘어 2권으로 발간되었다.

금강과 대청호에서 민물고기가 많이 잡혔기 때문이다. 점심은 문학관에서 약간 떨어진 민물고기 전문점에서 어탕국수*와 도리뱅뱅*을 먹었는데 매우 인상적이고 감칠맛이 있었다. 한편 저녁은 문학관 인근에 있는 식당을 찾아 들어가 호박고지*찌개를 먹었는데 맛이 일품이고 반찬을 정갈하게 차려내는 숨겨진 맛집이었다. 여덟이 식사를 했는데 모두가 호박고지를 전혀 모른다고 했다. 어려서부터 많이 먹던 호박고지를 왜 다들 모르는 걸까?

온종일 문학관 주위를 맴돌다가 해가 설핏해질 무렵에 대청호가 만들어지며 생겨난 관광지로 '옥천 9경' 중에 하나인 '장계관광지'를 대충 둘러보고 문학관 주차장으로 돌아왔다. 저녁 식사를 마치고 나니 노루 꼬리만큼 남았던 해가 서산마루를 넘어가 땅거미가 내려앉고 있었다. 귀갓길을 서둘렀다. 옥천에서 6시쯤에 출발하려는데 사위가 어둑어둑했다. 길눈이 밝은 B 회장의 빼어난 운전 실력 덕에 9시 전에 둥지로 돌아왔다.

---

* 이엉: 초가집의 지붕이나 담을 잇기 위하여 짚이나 새 따위로 엮은 물건.

* 어탕국수: 민물고기를 삶아서 뼈는 체로 걸러내고 그 국물에 매콤한 양념을 하고 거기에 국수를 넣어 끓인 음식이다.

* 도리뱅뱅 : 피라미 혹은 빙어를 프라이팬에 동그랗게 돌려 담아 기름에 튀긴 후 매콤한 양념에 조린 음식이다. 충북 옥천 지역의 향토음식으로 고소하고 바삭한 맛이 일품이다

* 호박고지 : 호박고지는 애호박과 늙은 호박으로 만드는 두 가지 방법이 있다. 먼저 애호박을 얇고 둥글게 썰어 채반에 널어 말리거나 실에 꿰어 공중에 매달아 바짝 말렸다가 겨울철에 볶아 먹거나 다양한 음식으로 조리해 먹을 수 있다. 어제 먹었던 게 애호박으로 만든 호박고지였다. 한편 늙은 호박의 껍질을 벗겨내고 속을 파낸 다음 칼로 기다랗게 삐져서 채반에 널거나 실에 꿰어 공중에 매달아 완전히 말려서 반찬으로 만들어 먹는다. 이 늙은 호박고지는 당분이 애호박보다 훨씬 많이 함유되어 있기 때문에 조리할 때 용도를 충분히 고려해야 한다.

2021년 11월 26일 정지용문학관의 "이야기가 있는 풍경"의 "자유게시판"에 올려 두었음(https://www.oc.go.kr/jiyong/index.do)

(2021년 11월 22일 월요일)

아흔넷에 책을 펴내시는 열정

그 옛날 중국에서 여든인 산수(傘壽)와 아흔인 졸수(卒壽)를 모(耄:八十九十曰耄)라고 하고, 7세를 도(悼:七年曰悼)라고 했다. 이들 "도(悼)와 모(耄)는 죄를 지어도 형(刑)을 받지 않는다(悼與耄 雖有罪 不加刑焉)"라고 했다. 세상의 때가 묻지 않은 순진무구한 어린이와 오랜 세월 다양한 경험을 통해 달관에 이른 노인들은 중죄를 지을 리 없을 뿐 아니라 설혹 법도에 어긋나는 행동을 했을지라도 가벼울 개연성에서 너그러운 관용으로 포용하려는 사회적 합의를 넌지시 엿볼 수 있는 대목이다. 흔히들 오늘날을 백세시대라고 말해도 졸수(卒壽)를 넘기고도 젊은이를 능가할 정도로 활동하는 경우는 매우 드문 편이다. 이런 현실에서 아흔넷에 흐릿흐릿해진 지난 흔적을 추억의 곳간에서 불러내 정리하여 책을 집필하는 범상치 않은 모습을 옆에서 조용히 지켜보다가 깜짝 놀랐다.

무진생(戊辰生 : 1928)으로 기축년(己丑年 : 1949)에 초등학교 교사로 부임하여 지난 계유년(癸酉年 : 1993)에 정년퇴임(교장)하기까지 44년간 교직에 봉직해온 큰 어른이며 어린 시절부터 돈독한 개신교 신자(장로)로서 하나님을 섬기며 봉사해온 종교인이기도 하다. 연세가 들면 건강 문제로 바깥나들이도 자유롭지 못한 게 보통이다. 놀랍게도 당신은 여든여덟인 미수(米壽)를 지나서 '시 창작반 교실'에 적을 두고 파고들어 지난해(2020)에는 '시와 늪'의 신인상에 공모하여 당선됨으로써 시인으로 등단한 어엿한 문인이다. 아마도 생소한 시(詩)에 대해 입문하여 정진하기 시작하면서 마음속으로 생을 아우르는 문집 하나 펴낼 꿈을 어렴풋이 꿔 오셨지 싶다.

백세(百歲)인 상수(上壽) 혹은 기이(期頤)를 몇 해 앞두었기에 여느 노인이라면 기껏해야 당신의 건강을 챙기며 조심조심 나서는 바깥나들이가 고작이었으리라. 하지만 무한한 축복을 받았는지 청장년 같은 정신력을 바탕으로 시를 쓰고 아스라한 옛 기억을 되살려 거침없이 새로운 목표에 도전하는 추진력을 한껏 과시하는 자신감이 마냥 부럽고 신기할 뿐이다. 이제 겨우 일흔일곱인 희수에 이른 처지인데도 지난 기억이 희미해서 끝탕을 치며 애를 먹는 경우가 허다해 허둥대기 일쑤인 나에 비하면 믿어지지 않는 건강이다. 나도 저 연세까지 건강하고 거리낌 없이 활동할 수 있으며 집필도 지속할 수 있을까.

해방둥이인 내가 다섯 살 때(1949) 초등학교 교원으로 첫발을 내디디셨다. 한데, 당신이 등단하기 한두 해 전의 일이다. 어쩌다가 선생님 앞에서 수필에 관한 짧은 강의를 했다. 그 뒤 정상적인 절차를 거쳐 시인으로 등단했다. 끊어질 듯했던 연의 끈이 책 출판 과정에서 다시 끈끈하게 이어지고 있다. 우연찮게 원고 교정에서 아주 쪼끔 힘을 보태는 영광뿐 아니라 책의 뒤표지에 들어갈 표사(表辭)*도 써 달라고 청탁해 오셨다.

여태까지 글을 쓰면서 대폭으로 개정된 맞춤법이나 띄어쓰기가 무척 어렵고 까다로워 두 손 번쩍 들고 백기 투항했던 적이 숱했다. 선생님에 비하면 청춘 격인 나도 그 지경인데 하물며 일제 강점기와 건국 초기에 교육을 받으셨던 관계로 더더욱 힘든 일이었지 싶었다. 이런 맥락에서 볼 때 허점투성이일 터이지만 정성을 다해 원고 교정에 힘을 보탰다. 그 옛날 교육의 영향일까. 내 대학 시절의 교재 얘기다. 거의 모든 책에 나오는 단어는 한자로 표기하여 지금 들춰보면 마치 '한자책' 같다. 오늘날 그런 책을 한글세대들에게 읽으라고 들여 미는 즉시 곧바로 퇴짜를 놓으리라. 그렇지만 한자 교육을 받은 세대들은 여태까지도 한자를 습관적으로 많이 혼용하고 있다. 그 옛날 교육을 받으셨던 선생님 원고에도 옛날 책처럼 한자가 즐비하게 깔려있어 과감하게 솎아냈다. 무척 서운해하실지도 모르지만 그렇게 매정하게 칼질을 하지 않으면 철저히 배척당할 수밖에 없어 비상 처방을 했다.

책의 뒤표지에 들어갈 표사는 존경의 마음을 담아서 조심스럽게 적었다. "상수(上壽)를 앞에 둔 아흔넷이라는 연세에 지난 세월의 흔적을 소환해 책으로 펴내시려는 열정을 지켜보며 존경을 넘어 경이로워 어리둥절했다. 일생을 교직(교장)에 봉직하시는 한편 독실한 기독교 신자(장로)로 하느님을 섬기는 삶을 사셨을 뿐 아니라 망백(望百)의 언저리에서 늦깎이로 시인에 등단한 큰 어른으로 모두의 사표(師表)이며 길라잡이시다. 이런 당신의 일대기를 응축해 빚어낸 책을 통해 또 다른 가르침과 길을 일깨워 주실 것으로 믿어 의심치 않는다. 왕성한 노익장을 과시하는 성품을 흠모하며 무조건 닮고 싶다는 욕심을 잠재울 수 없다. 아울러 감히 말씀 올린다. '오래오래 강녕하셔서 미욱한 우리를 바르게 이끌어 주십사!'라고".

주위의 어른 중에 가장 오래 사셨던 분이 장모님인데 교통사고 후유증으로 반년 가까이 병상을 지키다가 아흔여섯이던 임진년(壬辰年 : 2012) 봄 벚꽃이 흩날리던 날 세상을 뜨셨다. 장모님도 이승을 하직하실 때까지 강단 있고 총기를 잃지 않았다는 점에서 선생님과 닮은꼴이었다. 내 장모님이나 선생님처럼 사는 날까지 건강하게 지내며 주위에 폐를 끼치지 않고 묵묵히 내 생을 누리다가 미련 없이 이승과 작별하면 좋겠다. 이런 맥락에서 아흔넷의 버킷리스트(bucket list)*에 적바림된 '책 출간'에 진력하시는 당신은 결국 나의 사표이다. 앞으로 열일곱 해 뒤인 아흔넷까지 산다고 가정할 때 나의 버킷 리스트에 어떤 바람이 담겨 있을까.

* 표사(表辭) : 매체 표지에 실려 책을 소개하고 추천하는 글. 본문을 읽기 전 작품의 요점을 함축적으로 제시하며 안내하는 기능을 수행하기도 하는가 하면 독자의 마음을 사로잡아 매출을 높이는 역할도 한다.
* 버킷 리스트(bucket list) : 죽기 전에 해보고 싶은 일을 적은 목록을 이른다. '죽다'라는 뜻으로 사용하는 속어인 '킥 더 버킷(kick the bucket)'으로부터 만들어졌다.

시와늪, 2021년 가을호(통권 53호), 2021년 10월 23일
(2021년 5월 2일 일요일)

과거제도 엿보기

입신양명의 첩경이며 왕도였던 과거제도와의 만남이다. '사람 위에 사람 없다'라는 말은 현대에 이르러 누구나 신봉하고 있다. 그럴지라도 인류 역사 이래 지배자와 피지배자, 귀족과 평민, 양반과 천민이 공존했었다. 이런 사회 구조에서 하위계층에서 지배계급으로 신분 상승을 위한 사다리 역할을 톡톡히 했던 제도 중의 하나가 과거제도이다.

중세 유럽에는 과거제도와 같은 제도가 없었다. 이 때문일 게다. 지배 계층의 혈족을 중심으로 한 세습과 무력 통치자들이 지배하는 봉건제도가 근세까지 이어졌다. 이에 비해서 중국이나 우리 선조들이 택했던 과거제도는 통치 권력의 세습이라는 폐해를 최대한 줄이고 합리적이며 공정한 방식으로 관료를 선발해 임명하는 묘책이었다.

과거제도 도입의 효시는 중국의 수(隋)나라 수문제(隋文帝)였다. 수나라는 원래 나라를 다스리는 관리들의 선발과 운영 조직을 구품중정제(九品中正制)*에 의존했다. 그러다가 수문제가 처음으로 관리 선발을 위한 제도를 새로 도입해 시행했다. 그는 황건적의 난을 평정하고 중국을 재통일한 뒤에 지역별로 토착화한 토호 세력들을 견제하는 방안으로 관리 선발을 위한 선거제를 채택했다. 이 선거제가 과거제도 시발이다.

우리 선조들이 최초로 도입했던 과거제도는 신라 원성왕(788년)이 도입했던 독서삼품과(讀書三品科)이다. 신라는 골품제를 채택해 이를 바탕으로 나뉜 신분에 따라 관리를 등용했다. 한편 원성왕은 성골과 진골을 견제하고 왕권을 강화하는 한편 소외되었던 6두품(六頭品) 계층을 과감하게 등용할 요량으로 이 제도를 도입했다. 유교 경전을 토대로 시행한 시험 성적을 삼품(상품, 중품, 하품)으로 구분하여 합격자를 정하고 채용 시 그 성적을 반영했다. 이는 골품제도를 근간으로 했던 등용 문호를 대폭 넓혀 학문적 소양을 갖춘 인재들에게 벼슬길을 여는 계기가 되었다. 하지만 기득권층인 진골을 위시한 귀족들의 골품제 배척으로 크게 빛을 보지 못했다. 그럴지라도 우리 역사상 가장 먼저 시도했던 관리 선발제도라는데 의미가 있다.

신라에 이어 고려 역시 도입했다. 후백제를 괴멸시키고 신라를 흡수하는 과정에서 다양한 토호 세력들과 혼맥(婚脈)을 형성하며 불안정해진 왕권을 강화할 필요성이 제기되어 광종(958

년)이 과거시험을 채택했다. 기득권 계층을 중심으로 집요하게 반발하던 정적들을 숙청하면서 정착시켜 나갔다. 고려 역시 정해진 신분에 따라 귀족들이 관직을 독점하고 세습하는 사회로 음서제(蔭敍制)가 존재했던 까닭에 상민들이 과거에 합격한 경우가 드물었다. 이 때문에 크게 각광받지 못했을지라도 인재 등용에 공정성을 확보했던 정책이 틀림없었다. 어찌 되었든 과거제도가 조선 말기까지 존속됨으로써 공정한 관료 등용 원칙을 확립하는데 톡톡히 한몫했다.

조선 시대의 과거제도 얘기이다. 조선 말기인 갑오개혁 때(1894년) 폐지되어 역사의 뒤안길로 사라졌다*. 존속되던 시절 신분 사회에서 양민들이 상류사회로 진입할 수 있던 사다리로서 걸출한 정책이었다. 그 시절 왜 과거에 한사코 매달렸을까. 입신양명의 지름길이며 신분 수직 상승의 첩경인 사다리이기도 하지만 양반이라는 품위 유지에 필요한 품계가 필요했던 때문이었을 게다. 다시 말하면 '양반이 되려면 4대 이내에 관에서 인정하는 품계'가 필요충분조건이었던 때문이었지 싶다. 한편 이름 없는 향리의 양인들로 과거에 급제하면 양반이 될 수 있었기에 목을 맸을 개연성이 높다. 또한 과거를 통해 양반으로 신분 상승한 부류들이 지속적으로 양반 신분을 유지하기 위한 가장 확실한 보증수표가 과거시험에 합격하는 길이었다.

오늘날과 가장 가까운 조선 시대 과거시험에 대한 미시적 접근이다. 이 시절 치러진 문과를 중심으로 살핀다. 먼저 과거는 소과

(小科)와 대과(大科)로 나뉘고 범죄자나 천민이 아닌 양인이라면 누구나 응시자격이 부여되었다.

　소과는 진사시(進士試)와 생원시(生員試)로 구분된다. 이들은 각각 1차 시험인 초시(初試)와 2차 시험인 복시(覆試)로 구성되어 있는데 합격했을 경우 진사(進士)와 생원(生員)이라는 칭호가 주어졌다. 한편 소과에서는 최종적으로 진사와 생원을 각각 100명씩 합격시켰다. 결국 전국의 수많은 응시자 중에서 두 영역에서 상위 100명씩 합격했기 때문에 상당히 어려웠다. 그런 까닭에 양반들은 신분 유지를 위해서 무모할 정도로 모두 걸기(all in)를 했다. 소과에 합격하면 칭호 부여와 함께 성균관에 입학하거나 대과에 응시할 자격이 부여되었다.

　대과는 '3년에 한 번씩 치르는 정기시험'인 식년시(式年試)와 비정기적 시험(별시(別試), 증광시(增廣試), 알성시(謁聖試), 정시(庭試), 외방별시(外方別試))가 있었다. 한편 대과는 3단계로 치러진다. 즉, 1차 시험인 초시와 2차 시험인 복시를 거쳐서 전시(殿試)로 이어진다. 첫째 단계인 초시에는 관시(館試), 한성시(漢城試), 향시(鄕試)를 통해 240명을 합격시켰다. 둘째 단계인 2차 시험인 복시에서는 초시에서 합격했던 240명 중 33명만 합격시킨다. 셋째 단계인 전시에서는 복시에서 합격한 33명에게 임금이 시험문제를 내고 임금 앞에서 시행한 시험 답안의 채점 결과에 따라 등수를 매겼다.

전시(殿試)에서 결정된 으뜸(1등)인 장원(壯元)에게는 정6품을 제수했다. 그리고 버금(2등)은 방안(榜眼), 세 번째(3등)를 탐화(探花)라고 불렀으며 이들에게는 정7품이 부여되었다. 4~10위는 정8품, 11~33위는 정9품이 내려졌다. 한편 1~3위는 품계와 함께 관직도 하사 되었지만 4~33위는 품계만 주어졌다.

해방 이후 정부가 수립된 뒤에 인재 발굴을 위해 도입한 제도가 '고시'이다. 대표적으로 화려한 조명을 받았던 게 '사법고시, 행정고시, 외무고시'였다. 이들 3개의 고시에 모두 합격했을 때 '고시 3관왕'이라는 칭송과 함께 선망의 대상으로 존경받기도 했다.

그렇다면 조선 시대 수많은 과거 합격자(15,151명) 중에 가장 뛰어난 사람은 누구였을까. 관점에 따라 견해를 달라질 게다. 보편적인 관점에서 볼 때 아홉 차례 과거시험에서 장원했다는 뜻으로 구도장원공(九度壯元公)으로 불리는 율곡(栗谷) 이이(李珥)가 언뜻 떠오른다. 오늘날 선생의 존영은 천 원 권 지폐, 그의 어머니인 신사임당의 존영은 오만 원 권 지폐에 새겨진 게 그런 맥락이 고려된 결과가 아닐까.

---

* 구품중정제(九品中正制) : 지방마다 중정(中正)이라는 관리가 관내 관리들을 1~9품인 향품(鄕品)으로 분류하고 중앙 정부에 천거하던 제도이다.
* 조선 시대 418회의 문과가 실시됐고, 총 15,151명의 급제자를 배출했다는 기록이 보인다.

(2021년 4월 23일 금요일)